1986

IDEAS Y MOTIVOS

IDEAS Y MOTIVOS

DE CONVERSACIÓN Y COMPOSICIÓN EN ESPAÑOL

Mireya Camurati

*State University of New York
at Buffalo*

with the assistance of
Dorothy B. Rosenberg

D. C. HEATH AND COMPANY
Lexington, Massachusetts   Toronto   London

International Standard Book Number: 0-669-90845-2

Library of Congress Catalog Card Number: 74-4734

This book has been designed for students who already
have an elementary knowledge of Spanish and who want
to improve and increase their ability to express
themselves in writing and speaking the language. At the
university level the book can be utilized in
intermediate and advanced courses in Spanish
Conversation/Composition.

The text has been organized to achieve two basic
goals: First, to strongly engage the students' interest and
to provide an *imperative motivation.* This, of course, is
the basic goal of all textbooks, but the need is much
more critical when students must express themselves in
a foreign language. Thus, the book tries to capture
student interest and make the students want to express
themselves and carry on discussions in Spanish, even
though they have not mastered the language. Second, to
offer an *open structure* for the course, in the sense that
the instructor and students can select the units that
interest them most, that they can use the units in the
order they prefer, and that within each unit they can
select the materials or elements they want to discuss.
The open structure itself can enhance the students'
motivation.

To achieve these goals, the book is divided into
thematic units that cover a heterogeneous group of
literary, philosophical, social, artistic, technical, and
practical topics. Each unit revolves around a central
theme, which is developed principally through the use
of selected texts. The readings are accompanied and
illustrated by photographs, reproductions of paintings,
diagrams, etc.

The basic contents of each thematic unit include:
1. A brief introduction to the theme and, where
   necessary or appropriate, short paragraphs relating
   the visual materials to the readings.
2. Two or more readings, that is, short stories, essays,
   articles, or poems. (The great majority of these were
   written in Spanish by authors who are important
   figures in Spanish and Spanish-American literature.
   In a few instances, translated fragments of works
   originally written in other languages are used. This is
   the case with *Las Confesiones* of St. Augustine,

PREFACE

originally in Latin, and *La risa* by Bergson, written in French.) Marginal notes which offer synonyms or short explanations of the more difficult or less common words accompany the readings.

3. One or two pages of visual or graphic material.

4. Footnotes explaining and clarifying historical, literary, and artistic points in the readings and visual materials.

5. Nucleus of vocabulary, which includes lists of words used in the readings or basically related to them, grouped as synonyms or near synonyms, and a list of verbs and examples of their usage. (These lists, and the exercises that can be developed from them, are useful and effective in enriching vocabulary.) The other method of vocabulary enrichment is the constant use of a good bilingual dictionary and a good Spanish dictionary. In this regard, we should note that a Vocabulary does not appear at the end of the book. The reason for this is that we feel a Vocabulary, giving the unique definition of a word specifically in relation to the context in which it is used, is justified only in limited cases. Thus, such a Vocabulary is appropriate in elementary textbooks and in courses where beginning students have great difficulty comprehending the language and when it takes them a disproportionate amount of effort to select which of several meanings is appropriate to the context. However, at the intermediate and advanced levels the use of a dictionary is one of the best exercises to increase the number of known words, to increase the possibilities for their use, and to increase the ability to discern meanings. Thus, the inclusion of a Vocabulary in this book would be limiting and counterproductive for students at this level.

6. Variations in expression, including a variety of possible ways to express the same idea or concept, schemes of syntax, writing forms (description, narration, portrait, dialogue, etc.).

7. Topics for oral and/or written comment, which include five or more suggestions that deal with or are related to the central theme of the unit and represent various points of view. (As we point out in the note in Unit I, *Las meninas:* "As you can see, some of the discussion themes that we propose deal not only with literature, but painting, history, and sociology. In other units, themes will appear that are technical, artistic, metaphysical, etc. None of us are specialists in these various disciplines, and we need not pretend to have expert opinions. The only requirement is that the discussion be related to the theme, *Las meninas.* You can select one of the suggested topics, can amplify or limit any of the suggestions, or you can ignore the suggestions entirely and discuss a topic of your own choosing.")

8. Brief bibliographies are included in those units where they are appropriate.

9. Optional activities, which suggest several special activities related to the

central theme of each unit. These supplementary projects can be organized and carried out in any way the students choose.

In addition to the thematic units, there are grammatical units dealing specifically with those aspects of Spanish grammar that generally are studied only superficially or appear as appendices in elementary texts. These include "Accentuation", "Division of Words into Syllables", "Punctuation and the Use of Capital Letters", "Formation of Words", "Impersonal Sentences", etc. These units are in English because what is most important here is that the students comprehend the material as rapidly as possible and get a clear idea of the rules and norms of Spanish grammar. This goal can be achieved more easily by presenting the grammatical material in the students' mother tongue.

The book contains *fifteen basic units,* which could be studied one unit a week during the average semester. As we indicated, the book has an open structure; that is, each of the units is self-contained so that the instructor can use the units in almost any order or can plan to spend more time with some of the units while omitting others and still achieve the course goals. Because it starts the book and more importantly, because it is related to other units in many ways, we recommend that *Las meninas* not be omitted. We suggest that it be one of the first units to be studied; the instructor may consider it best to introduce the course with Unit II, *Instrucciones,* or one of the other units, and then go back to *Las meninas.* Other than this suggestion there is no need to follow any special order. The grammatical units can be taught in class along with the discussions of the thematic units, can be treated as reference materials by the students, or can serve in any manner the instructor feels is most appropriate.

At the end of the book the preceding part of the Preface appears in Spanish, in the form of an Evaluative Epilogue. The instructor and students can discuss and analyze the various ideas and concepts presented in the Preface in relation to their course in general and the utility of this book in particular. With this purpose in mind, the Evaluative Epilogue includes several questions to guide discussion.

We wish to express our appreciation to Professor Angeline Prado, Indiana University Northwest, who read and commented on the grammar units. Her suggestions were an important contribution to their clarity and appropriateness.

We are also grateful to Mr. Mario Hurtado, Project Editor, Modern Languages Department, D. C. Heath and Company, for his assistance and encouragement during the preparation of this book.

AGRADECIMIENTOS

Se agradece a las siguientes personas y entidades el haber concedido gentilmente los correspondientes permisos de reproducción:

Revista de Occidente, Madrid, por "Las meninas o la familia", de las *Obras completas*, 2a. edición, Tomo VIII, de José Ortega y Gasset.

Don Vicente Aleixandre, por su poema "Las meninas", en *Obras completas*. Madrid: Aguilar, 1968.

Ediciones Minotauro S.R.L., Buenos Aires, por "Instrucciones para subir una escalera" y "Conducta en los velorios", de *Historias de cronopios y de famas*, 7a. edición, de Julio Cortázar.

Emecé Editores S.A., Buenos Aires, por "Everything and nothing" (en *El hacedor*) y "Edipo y el enigma" (en *Obra poética*) de Jorge Luis Borges.

Editorial Losada S.A., Buenos Aires, por las selecciones de *La risa* de Henri Bergson, 3a. edición, y de *Poesías* de Garcilaso de la Vega.

Editorial AHR, Barcelona, y Don Eduardo A. Ghioldi, por "Autógrafos de animales" de las *Obras completas* Tomo II. Barcelona: Editorial AHR, 1957, de Ramón Gómez de la Serna.

Ediciones de la Flor, Buenos Aires, y Quino (Joaquín Lavado), por cinco tiras cómicas de *Mafalda*, números 5 y 6.

Espasa-Calpe Argentina S.A., Buenos Aires, por la selección de *Obra completa*, 6a. edición, de Jorge Manrique, y los fragmentos de *Obras escogidas* de Sor Juana Inés de la Cruz, ambos volúmenes de la Colección Austral.

Universidad Nacional Autónoma de México, México D.F., por el poema de *Poesía indígena de la altiplanicie*. Selección, versión, introducción y notas de Ángel María Garibay K.

Granica Editor S.A., Buenos Aires, por la selección de "Contra el trabajo invisible" de Isabel Larguía en el volumen colectivo *La liberación de la mujer: Año Cero*.

New Directions Publishing Corporation, por los poemas "La monja gitana" y "La aurora", y la "Carta a Guillermo de Torre", de Federico García Lorca. *Obras completas*. Copyright © Aguilar, S.A. de Ediciones. All Rights Reserved. Reprinted by permission of New Directions Publishing Corporation, agents for the Estate of Federico García Lorca.

La Editorial Católica S.A., Madrid, por los fragmentos de *Las Confesiones* de San Agustín.

Espasa-Calpe, S.A., Madrid, por los fragmentos de *El Greco y Toledo* de Gregorio Marañón (1956), y *Picasso y el cubismo* de José Camón Aznar (1956).

Aguilar S.A. de Ediciones, Madrid, por los fragmentos de *Obras completas*, 3a. edición, de Luis Góngora y Argote.

Ediciones Guadarrama, S.A., Madrid, por los fragmentos de *Análisis de los Estados Unidos* de Julián Marías.

Don Fernando Díaz-Plaja, por los fragmentos de *Los siete pecados capitales en los Estados Unidos.* 7a. edición. Madrid: Alianza Editorial, 1971.

Don Rafael Verde Pérez Galdós, por los fragmentos de *La corte de Carlos IV. Episodios nacionales.* Primera serie. Madrid: Sucesores de Hernando, 1919, de Benito Pérez Galdós.

Editorial Schapire, Buenos Aires, por los fragmentos de *Orígenes del teatro español* de Leandro Fernández de Moratín.

Editorial Columba, Buenos Aires, por los fragmentos de *Qué es el arte abstracto,* 3a. edición, de Jorge Romero Brest.

Eastman Kodak Company, Rochester, N.Y. por los fragmentos de *Cómo tomar buenas fotografías,* 33a. edición. "Reprinted with permission from the copyrighted Kodak publication *Cómo tomar buenas fotografías.*"

Don Jorge del Mazo, por los fragmentos de *La Reforma Universitaria y la Universidad Latinoamericana.* Buenos Aires: Compañía Editora y Distribuidora del Plata S.R.L., 1957, de Gabriel del Mazo.

Editorial El Ateneo, Buenos Aires, por "Espíritu y técnica en la Universidad" de Alfredo L. Palacios, en *Estudiantes y gobierno universitario* de Gabriel del Mazo.

Editorial Universitaria S.A., Santiago de Chile, por los fragmentos de *Siete ensayos de interpretación de la realidad peruana* de José Carlos Mariátegui.

H. G. Heinz Company por la etiqueta de sopa de hongos, (Page 20). Reproduction of trademark by permission of H. G. Heinz Company, Pittsburgh, Penna., U.S.A. Trademark owner.

Luis Cardosa y Aragón, y la Universidad Autónoma de México, México, D. F., por los grabados de José Guadalupe Posada.

CONTENIDO

FORMATION OF WORDS   113

Composition • Prefixion • Suffixion • Parasynthesis

8   EL TIEMPO   123

9   TOLEDO   135

PREPOSITIONS   147

Use of the Spanish prepositions • Some Spanish prepositions
that present special problems: **a, en, para, por**

10   LOS ESTADOS UNIDOS VISTOS POR ESCRITORES HISPÁNICOS   153

CONJUNCTIONS   167

Meanings and use • **Y, o, pero, mas, sino, que**

IMPERSONAL SENTENCES   233

With verbs that do not take subjects • With subjects
purposely unstated

15 LA REFORMA UNIVERSITARIA EN LATINOAMÉRICA   237

Gabriel del Mazo: "El movimiento de la reforma universitaria
en la América Latina" (fragmentos) 239
Alfredo L. Palacios: "Espíritu y Técnica en la Universidad"
(fragmentos) 242
José Carlos Mariátegui: "La Reforma Universitaria"   244
Variaciones de expresión Estilo indirecto libre   248

EPÍLOGO EVALUADOR   251

Discusión y análisis del Prefacio (aquí en español) en relación
con los resultados generales del curso, y en especial con la
utilidad del libro

APÉNDICE   255

Nomenclaturas y conceptos gramaticales básicos usados en
este libro • Modelo de la conjugación completa de un verbo
en español

MANUAL PARA EL INSTRUCTOR

Estimado colega:

La intención de estas páginas es discutir con usted algunas ideas generales acerca del libro, y compartir experiencias que hemos recogido a través de la utilización de sus materiales.

Según lo indicamos en el Prefacio, este texto se destina a todos aquéllos que ya posean conocimientos elementales de español, y que deseen aumentar sus posibilidades de expresión en el idioma oral o escrito. Básicamente pensamos en un estudiante de cursos intermedios o avanzados de conversación y composición.

De modo que, en cuanto al alumno, debemos tener presente que éste es alguien que posee un caudal de información en distintos campos y disciplinas; que es capaz de organizar sus pensamientos, reflexionar, discutir y, en general, expresarse en su lengua materna, ya sea oral o escrita, sin dificultades. Pero cuando este mismo estudiante encara el aprendizaje de una lengua extranjera, en este caso el español, parece que hubiera retrocedido a los primeros años de la escuela primaria con el estudio de sílabas, verbos, y formas de pronunciación. Esto puede provocar una doble reacción negativa. El estudiante se siente limitado, incómodo, frustrado y esto puede avivar una animosidad, velada o manifiesta, contra el estudio del idioma extranjero. El profesor tal vez olvide que la limitación del alumno es sólo idiomática, y tienda a simplificar no solamente el vocabulario y los esquemas de expresión sino también los temas y el contenido conceptual de las clases con la consecuencia de que éstas se tornan irrelevantes.

Todos conocemos, y alguna vez hemos enfrentado estos problemas. No pretendemos con este libro dar soluciones definitivas o eliminar dificultades que existen en la base misma de todo proceso de aprendizaje. Nuestra intención se limita a ofrecer formas de aproximación al tratamiento de los materiales, y procedimientos que creemos en gran medida nuevos y útiles.

INTRODUCCIÓN

xvii

OBJETIVOS Y PUNTO DE PARTIDA

El propósito básico de una clase de conversación y composición en español es conseguir que el estudiante se exprese en esta lengua, ya sea en forma oral o escrita, con propiedad y riqueza. Esto se obtendrá mediante la práctica y ejercitación de distintos elementos y estructuras idiomáticos, pero ante todo, para que el alumno hable o escriba no sólo en español sino en cualquier lengua, inclusive la materna debe tener algo que decir, deben existir temas o ideas sobre los que pueda conversar o discutir.

Muchas veces podemos caer en el error de suponer que la escasa participación o el silencio de los estudiantes en una clase de conversación, o la presentación de ejercicios de redacción lacónicos y convencionales en una de composición se deben a pobreza del vocabulario que los alumnos manejan, a un dominio insuficiente de las formas sintácticas, al temor de cometer errores en el uso de los elementos morfológicos, a timidez o haraganería. Aceptamos que, en alguna proporción, éstas pueden ser las razones del fracaso —el silencio en lugar de la charla; las líneas en blanco en lugar de la composición—, pero con más frecuencia puede probarse una causa básica y evidente: el alumno no habla o no escribe simplemente porque no tiene nada que decir. Si queremos verificar este hecho pidámosle que se exprese en inglés, en su lengua materna con la cual no rigen las limitaciones inherentes a la lengua extranjera, y veremos que los resultados son bastante semejantes: cuatro o cinco frases hilvanadas trabajosamente, y con el solo propósito de cumplir una obligación.

De modo que la primera conclusión básica a la que arribamos es que para conseguir que el estudiante se ejercite en el dominio oral o escrito de un idioma, primero debemos darle temas o ideas que capten su interés y le permitan discutirlos o comentarlos. Y si bien esto es un principio válido en el uso de cualquier lengua, se torna mucho más importante si se trata de una lengua extranjera cuando, como dijimos en el Prefacio, es necesario lograr una *motivación imperativa,* o sea interesar al estudiante al extremo de hacerle desear expresarse, aun cuando deba hacerlo en un idioma que no domina completamente.

El siguiente paso era decidir qué temas eran más atractivos, y en qué forma debían organizarse. Esto no es tarea fácil si tenemos en cuenta que, con mucha frecuencia, los alumnos en cursos de conversación y composición forman grupos heterogéneos, con diferentes edades, intereses personales y profesionales, experiencias, y métodos de aprendizaje. De modo que estas últimas consideraciones mostraron la necesidad de ofrecer temas variados, no sólo literarios sino también artísticos, filosóficos, psicológicos, socio-políticos, y de comentarios generales y de actualidad.

Por fin, impusimos a estos materiales una *estructura abierta,* o sea que queda a criterio del instructor, o del alumno, decidir qué temas prefiere tratar, con qué intensidad, duración, o desde qué punto de vista. Esto se aplica tanto a la totalidad de las Unidades las que si bien guardan ciertas relaciones entre sí son al mismo tiempo perfectamente autónomas, como a una Unidad en particular si nos referimos a los diversos materiales que la componen.

De acuerdo con estas ideas básicas, pasemos ahora a considerar en detalle la utilización de los distintos materiales que integran el texto.

USO DE LOS MATERIALES

El libro consta de quince Unidades temáticas, nueve Unidades gramaticales, y un Epílogo-evaluador.

Unidades temáticas

Como dijimos anteriormente, y también en el Prefacio, las quince Unidades temáticas son de contenido independiente, de manera que pueden estudiarse en su totalidad y en el orden en que aparecen en el texto, o pueden suprimirse algunas, y también alterar el orden establecido.

En términos generales, el estudio de cada Unidad lleva, como mínimo, tres horas o sesiones: una para la introducción al tema y lectura de los textos; otra para los ejercicios con núcleos de vocabulario y variaciones de expresión; una tercera para comentario y discusión. No queremos sugerir que ésta sea la distribución del tiempo más apropiada o única, sólo dar una idea aproximada de la relación entre los contenidos del libro y el tiempo necesario para ejercitarlos. Según esto, si pensamos en un curso de quince semanas de clase, y si el instructor decide asignar algunas sesiones a la discusión de las Unidades gramaticales, resulta que necesariamente habrá que suprimir alrededor de cinco Unidades temáticas. La única que aconsejamos no eliminar es la primera, *Las meninas,* porque en muchos sentidos inicia el libro, está relacionada con muchas otras, y en las *Variaciones de expresión* ofrece los esquemas que es bueno ejercitar en todas las otras Unidades.

Si para la selección el instructor o el alumno desean atender a las características predominantes de los contenidos de cada Unidad, tal vez sea útil la siguiente lista, en la que los detallamos entre paréntesis:

1. *Las meninas*   (artístico-literario)

2. *Instrucciones*   (práctico-general)

3. *Autor-personaje-lector*   (literario)

4. *La risa y el humor*   (general-psicológico)

5. *La muerte*   (filosófico)

6. *La liberación de la mujer*   (general-tema de actualidad)

7. *El ritmo poético*   (literario)

8. *El tiempo*   (filosófico-psicológico)

9. *Toledo*   (artístico-literario)

10. *Los Estados Unidos vistos por escritores hispánicos*   (general-sociopolítico)

11. *Retratos*   (artístico-literario)

12. *El teatro*   (literario)

13. *La pintura contemporánea*   (artístico)

14. *La fotografía*   (práctico-general)

15. *La Reforma Universitaria en Hispanoamérica*   (político y de actualidad)

Así, si los alumnos y el instructor están más interesados en lo **literario** pueden trabajar especialmente con las siguientes Unidades:

1. *Las meninas*

3. *Autor-personaje-lector*

7. *El ritmo poético*

9. *Toledo*

11. *Retratos*

12. *El teatro*

Si se orientan hacia las *artes plásticas,* con:

1. *Las meninas*

9. *Toledo*

11. *Retratos*

13. *La pintura contemporánea*

14. *La fotografía* (en su relación con la pintura)

Todo el material ilustrativo del libro (grabados, retratos, etc.)

Si piden **temas generales o de actualidad,** con:

2. *Instrucciones*

4. *La risa y el humor*

6. *La liberación de la mujer*

10. *Los Estados Unidos vistos por escritores hispánicos*

14. *La fotografía*

15. *La Reforma Universitaria en Hispanoamérica*

También es posible tomar una Unidad, por ejemplo *La risa y el humor,* y relacionarla con los materiales de otras:

Tema   *La risa y el humor* (Unidad 4)

Cortázar, "Instrucciones para subir una escalera" (Unidad 2)

Cortázar, "Conducta en los velorios" (Unidad 5)

J. G. Posada, "Calaveras" (Unidad 5)

Quino, dos tiras cómicas de *Mafalda* (Unidad 6)

Díaz-Plaja, fragmentos de *Los siete pecados capitales en Estados Unidos* (Unidad 10)

En la misma forma con otros temas:

Tema   Relación Autor-personaje-lector /Creador-criatura

Autor-personaje-lector (Unidad 3)

Velázquez (autor) como personaje en *Las meninas* (Unidad 1)

Goya (autor) como personaje en *La familia de Carlos IV* (Unidad 11)

Sor Juana, autora de un soneto a su propio retrato (Unidad 7)

J. Benavente, "Prólogo" a *Los intereses creados* (Unidad 12)

Tema   Retratos y autorretratos

Retratos (Unidad 11)

Autorretrato de Velázquez en *Las meninas* (Unidad 1)

Autorretrato de Goya en *La familia de Carlos IV* (Unidad 11)

Retrato de Unamuno (Unidad 3)

Retrato de Sor Juana, y soneto "A su retrato" (Unidad 7)

J. Gris, *Retrato de Picasso* (Unidad 13)

Retrato fotográfico (Unidad 14)

Estos temas resultan muy útiles para escribir un trabajo o ensayo final al término del curso, si así es requerido.

MATERIALES DE LECTURA   Los materiales de lectura son parte fundamental de las **Unidades temáticas**. Siempre con la intención de otorgar al libro la mayor variedad posible se han agrupado alrededor de la idea central de la Unidad dos o más textos de diversa índole. Se ha procurado ofrecer textos completos. En el caso de las poesías, la casi totalidad aparecen completas. Con los textos en prosa, esto fue posible sólo cuando se trataba de cuentos o narraciones breves. En el caso de novelas, ensayos, o estudios extensos, hemos tratado de presentar capítulos o pasajes que posean unidad y coherencia en sí mismos, y que a su vez se complementen con los otros textos, y la idea central de la Unidad.

Acerca del uso de los materiales de lectura hay una advertencia fundamental que debemos hacer llegar a los alumnos desde un comienzo. Esta es la de que no es necesario que "aprendan" los textos transcriptos en cuanto a estar completamente informados del contenido o haber analizado al detalle todos los puntos. No debemos perder de vista que este es un libro para la práctica de la Conversación y Composición en Español. De modo que el objetivo básico aquí no es estudiar psicología, sociología, historia del arte, ciencia política, o cualquier otra de estas disciplinas sobre las cuales pueden versar los textos utilizados, o dar opiniones especializadas sobre ellas. *La finalidad esencial del libro y de las clases es obtener un dominio más completo del español oral y escrito. Los textos de lectura son medios para obtener este fin, no fines en sí mismos.* Por lo tanto, *el instructor y el alumno deben sentirse libres de utilizar los materiales de lectura en la forma que les resulte más conveniente.* Pueden leerlos todos, seleccionar algunos textos o algunos fragmentos del texto completo, o si les resultan muy complicados o no les interesan en absoluto, pueden omitir la lectura de los textos y sólo trabajar intensamente con los núcleos de vocabulario y variaciones de expresión junto con los materiales ilustrativos. Contrariamente a lo que ocurre en muchos libros de texto donde se exige aprender y recordar el máximo del material ofrecido, en éste no nos preocupa que el estudiante suprima u olvide mucho de lo que ha leído si al final del trabajo le han quedado como remanente de todo el contenido de la Unidad una o dos ideas que pueda discutir con interés, y un vocabulario y esquemas de expresión más ricos.

Algunos textos y autores (Aleixandre, Borges, San Agustín, Camón Aznar) pueden aparecer difíciles para el estudiante limitado en el manejo y discusión de ideas abstractas o teóricas. Pero en cambio interesan sobremanera al alumno más maduro y habituado a este tipo de reflexiones. Por lo tanto la selección de los materiales de lectura fue hecha sobre la base de este doble punto de vista: ofrecer algunos textos más elevados para satisfacer los requerimientos de los estudiantes en niveles avanzados, pero al mismo tiempo *dejar bien en claro que la lectura y el análisis de los mismos no es obligatorio* para aquéllos que los hallan por sobre el nivel de sus posibilidades o intereses.

Si se trabaja con un grupo homogéneo, el instructor puede decidir de entrada las supresiones o inclusiones convenientes. Si el grupo es heterogéneo, se dejará a criterio del alumno la selección más oportuna.

NÚCLEOS DE VOCABULARIO   Esta parte de la **Unidades temáticas** presenta núcleos de palabras análogas o sinónimas; núcleos de palabras afines, y una lista de verbos de uso común con referencia al tema central de la Unidad.

El criterio con que se han seleccionado las palabras de los grupos de vocablos análogos y afines fue el de tomar palabras fundamentales para la idea central de la Unidad. Generalmente éstas aparecen en los textos, pero no se las organiza siguiendo el orden de aparición en los mismos. En cuanto a la lista de verbos, se procedió en la misma forma. Fundamentalmente se enumeran verbos cuyo significado y uso está directamente relacionado con la idea básica de la Unidad. Además, y en especial en aquellas Unidades que como *Instrucciones* no presentan una idea central tan clara (excepto en este caso la idea de dar instrucciones), se utilizan verbos que aparecen en los textos.

Aquí también insistimos en la conveniencia de no dar un material rígido. Lo importante es captar la intención de agrupar estas palabras como una forma de

enriquecer el vocabulario mediante el hallazgo de sinónimos y palabras afines.
Se dan solamente algunos ejemplos. Los más comunes o importantes. *Pero esto no
quiere decir que debamos limitarnos a estos grupos, o lo que es peor, sintamos la
obligación de leerlos y recordarlos.* De acuerdo con el ritmo y orientación de la
clase, y a veces con algún comentario incidental u ocasional, *pueden y deben
organizarse otros grupos.* Cualquier vocablo que se mencione en la clase puede
servir para iniciar un ejercicio de sinonimia, y en ciertos casos también de
antonimia. *Estos ejercicios no deben convertirse en algo artificial o fijo.
El propósito es tratar de crear en los alumnos el hábito de buscar sinónimos o formas
distintas de expresar la misma idea.*

VARIACIONES DE EXPRESIÓN   Como lo indica el título, esta sección tiene
como propósito fundamental demostrar y ejercitar las diversas formas de
expresar una misma idea o concepto sobre la base de las variaciones léxicas, y
las del orden de los elementos oracionales.

Específicamente, damos muestras de estas variaciones en la Unidad 1, *Las
meninas.* Allí tomamos primero una oración, y la modificamos utilizando los
grupos de palabras sinónimas o afines.

Una segunda variación se logra cambiando el orden de los elementos
sintácticos.

Hemos hallado sumamente útiles estos ejercicios de variaciones léxicas y
oracionales, y como en el caso de los Núcleos de vocabulario, creemos que éstos
deben practicarse siempre que sea posible, utilizando cualquier oración que
aparezca en los textos de lectura o en las exposiciones orales o escritas de los
alumnos.

Además de estas variaciones básicas, a lo largo de las distintas Unidades
presentamos en esta sección otros esquemas diversos que enriquecen de por sí
los medios de expresión, como es el caso con el uso de las cláusulas
subordinadas. Lo que intentamos aquí no es explicar el uso de las subordinadas,
lo que creemos el estudiante ha cumplido en cursos anteriores, sino demostrar
cómo gracias al uso de las subordinadas se consigue, en general, una expresión
más rica y precisa que si se usan oraciones simples. En una palabra, guiar al
estudiante hacia la utilización de un lenguaje más elaborado y complejo.

En un segundo grupo, damos ejemplos de diferentes formas de composición
(descripción, retrato, diálogo, carta, estilo directo e indirecto, etc.) procurando
evitar la preceptiva o la retórica. Según esto, las distintas Unidades cuyo número
ponemos entre paréntesis podrían ordenarse en dos grupos, con los siguientes
propósitos:

Enriquecer y variar las formas de expresión	Ofrecer ejemplos de distintas formas de redacción
Variaciones léxicas y oracionales (1)	Narración en tercera persona, en primera persona, etc. (3)

Variaciones en las formas de ordenar o aconsejar (2)	Descripción (9)
Enriquecimiento de la expresión a través del uso de las subordinadas (4)	Narración (10)
Enriquecimiento de la expresión a través del uso de las subordinadas nominales (5)	Retrato (11)
Enriquecimiento de la expresión a través del uso de las subordinadas adjetivas (6)	Diálogo (12)
Enriquecimiento de la expresión a través del uso de las subordinadas adverbiales (7)	Carta (13)
Variaciones de tiempo y aspecto verbal (8)	Variaciones a través del uso del *estilo directo,* y del *estilo indirecto* (14)
	Variaciones a través del uso del *estilo indirecto libre* (15)

TEMAS DE COMENTARIO ORAL O ESCRITO   En cada Unidad se proponen siete temas distintos en los que se enfoca el tema central de la Unidad desde distintos ángulos. En todas se mantienen las posibilidades del comentario literario de los textos ofrecidos, pero al mismo tiempo se intenta dar otros enfoques para aquéllos más interesados en otras disciplinas o aspectos (histórico, artístico, sociológico, psicológico, político, religioso, etc.)

Además, y según la Aclaración previa de la Unidad 1, que también repetimos en el *Prefacio,* el alumno puede elegir alguno de los temas propuestos, ampliarlos, limitarlos, o desecharlos y encontrar otros. En el mismo lugar, insistíamos en que no se pretende una opinión crítica o erudita acerca de los temas diversos que integran las Unidades. Como dijimos antes, los textos son sólo medios para motivar una conversación o composición más variada y rica. No tenemos que probar nuestros conocimientos en estos campos especializados, sólo nuestra eficacia para expresarnos en español.

ACTIVIDADES OPTATIVAS   Como el título de la sección lo indica, ofrecemos aquí algunas sugerencias para cumplir tareas relacionadas con el tema de la Unidad, y a través de las cuales se logrará un mejor aprendizaje y ejercitación de los materiales de ésta, en una manera libre y voluntaria por parte del alumno. Por supuesto, el instructor puede estimular u orientar la práctica de estas actividades.

BREVE BIBLIOGRAFÍA   En todas las Unidades se da una lista bibliográfica mínima. En los casos en que se han utilizado en la Unidad fragmentos de obras completas, y cuando se considera que su lectura es importante en relación con el tema central del capítulo, se anota la referencia bibliográfica correspondiente en esta lista. En general estas guías bibliográficas resultan útiles para aquellos estudiantes interesados en analizar el tema de la Unidad con mayor profundidad, o cuando el alumno debe escribir un trabajo monográfico más extenso o completo.

UTILIZACIÓN DEL MATERIAL CON CLASES DE DISTINTOS NIVELES

Seguidamente, discutamos algunas sugerencias acerca de cómo utilizar una misma Unidad (ejemplificaremos con *Las meninas*) con clases de distintos niveles de conocimientos, y aprendizaje del español:

Curso intermedio de conversacion y/o composición con estudiantes de nivel limitado

a. Leer el párrafo que ponemos como introducción a la Unidad. Detenerse en los siguientes temas: el Museo del Prado; Velázquez; *Las meninas.*

b. Mostrar láminas o diapositivas (slides) del Museo del Prado, y de otras obras de Velázquez.

c. Discutir los datos más importantes acerca de la vida y obra de Velázquez (Previamente se habrá solicitado a los alumnos que busquen esta información en cualquier enciclopedia, en inglés o en castellano).

d. Observar detenidamente la reproducción de *Las meninas.* Analizar los elementos del cuadro sobre la base de preguntas sencillas, tales como:

¿Cuántos personajes aparecen en este cuadro?

¿Qué observa en el primer plano de la tela?

¿Qué observa en el plano del fondo?

¿Cuál es la zona más iluminada del cuadro?

¿Cuál la más oscura?

¿La escena representada le parece natural o artificial?

¿Los personajes están en actitud estática o dinámica?

¿Quién le parece el personaje principal en este cuadro?

¿Quién le interesa o atrae más?

¿Puede separar los personajes en grupos?

Compare la imagen de la princesita, en el centro, con la de la enana de la derecha. ¿Cómo explica esta antítesis entre belleza y fealdad?

e. Leer la primera mitad del texto de Ortega y Gasset (hasta donde dice: . . .no

se ocupan de precisar.). Detenerse en discutir especialmente las siguientes
oraciones o ideas:

"En Palacio reinaba, además de Felipe IV, el aburrimiento".
"Había, sin embargo, un aposento donde siempre podía esperarse
encontrar ocasión para la tertulia . . . era el taller de Velázquez".
"Velázquez trabaja en un cuadro cuyo asunto desconocemos".
"El rey y la reina están en el taller y sus figuras −otra ingeniosa idea− se
reflejan en un espejo".

f. Ejercitar los **Núcleos de vocabulario**[1] No sólo practicar los que aparecen en
la Unidad sino formar otros nuevos con cualquier palabra tomada del texto, o
que surja en la conversación. Por ejemplo, se puede tomar la palabra **rey**, y
organizar los siguientes núcleos:

rey	rey, reina
monarca	príncipe, princesa
soberano	conde, condesa
príncipe	duque, duquesa
	marqués, marquesa
gobernante	vizconde, vizcondesa
autoridad máxima	virrey, virreina
cabeza del reino	cortesano, cortesana
	corte
	palacio
	castillo
	alcázar
	mansión
	residencia

g. Ejercitar los **verbos relacionados con el tema**, practicando sinonimia al
reemplazar un verbo en una oración por otros con significado análogo. Por
ejemplo: Velázquez pinta (dibuja, representa, bosqueja, esboza, colora, etc.).
Practicar cambios en el Modo y los Tiempos del verbo.

h. Practicar las **Variaciones de expresión** en las dos formas básicas de: 1)
variaciones léxicas. Aquí deben practicarse variaciones empleando palabras
que aparezcan en el texto, surjan en la conversación, formen parte de las
Palabras análogas o sinónimas y las *Palabras afines* de los *Núcleos de vocabulario*
o pertenezcan a nuevos núcleos preparados por el alumno. 2) variaciones en
la colocación de los elementos oracionales. También aquí deben practicarse
variaciones con cualquier oración que aparezca en el texto, o con la que surja
de la conversación, o nos interese elaborar.

---

[1]Los núcleos de vocabulario resultan particularmente útiles en la práctica de
las **Variaciones de expresión** como veremos en el apartado *h.*

EJEMPLOS: **El rey y la reina están en el taller**

Los monarcas aparecen en el cuarto.

Los soberanos están presentes en la sala.

Los reyes imponen su presencia en el recinto.

El rey y la reina están en el taller.

En el taller están el rey y la reina.

En el taller el rey y la reina están.

El rey y la reina en el taller están.

Están en el taller el rey y la reina.

Están el rey y la reina en el taller.

NOTA Debe hacerse notar a los alumnos que, de hecho, todas estas construcciones anteriores en las que variamos el orden oracional son correctas. La construcción más común para expresar simplemente el concepto es la primera: **El rey y la reina están en el taller** (Sujeto-verbo-complemento de lugar). Pero si queremos insistir en el lugar en donde están los monarcas, entonces encabezamos la oración con el complemento de lugar: **En el taller.** Si la intención es precisar la situación de los monarcas, entonces podemos comenzar con el verbo: **Están.**

Resulta muy útil tomar algunas oraciones de los ejercicios de composición que presenten los alumnos y hacerlos practicar a ellos mismos individualmente, o si se prefiere, practicar con el conjunto de la clase, todas las variaciones posibles con esas oraciones.

i. Con este grupo de alumnos más limitado en sus posibilidades, puede ser beneficioso escribir una primera composición en la clase sobre la base de las cuatro partes o aspectos que sugerimos. Escribir toda la información y comentarios relativos a: 1) el cuadro, 2) el autor, 3) los personajes, 4) los distintos planos que presenta el cuadro.

Curso intermedio de conversación y/o composición con estudiantes especialmente interesados en literatura

a. Leer la introducción a la Unidad. Comentarios generales.

b. Mostrar láminas o diapositivas de obras de Velázques. Discutir datos sobre la vida y obra de Velázquez.

c. Observar y analizar la reproducción de *Las meninas.*

d. Leer la primera mitad del texto de Ortega y Gasset.

e. Leer el poema de Vicente Aleixandre. Analizar detenidamente cada estrofa o grupo de versos. Destacar las referencias a los personajes del cuadro: el mastín, Nicolasillo, Maribárbola, Margarita, meninas, un hombre (Velázquez), la dueña, el guardadamas, José Nieto, las dos figuras (los reyes). Comentar las alusiones al espectador del cuadro: "El que mire. . ."/ "Vertiéndose hacia ti que lo miras. . ."/ "Nunca tú más pedido, tú la sola, la suprema respuesta a la enorme demanda"/ "Donde tú estás que miras, ellas, las dos figuras, aquí tendrían que estar, oh, sobre-estar."

Separar los grupos de *sustantivo/adjetivo*. Por ejemplo: salón cuidado; lápida fría; loor académico; vacuo espejo; comprobación inútil; ventanas grandes; colgantes cortinas, etc. Observar cómo estas agrupaciones y la forma en que a veces se anticipa el adjetivo (vacuo espejo), tienen un valor estilístico. Ejercitar, siempre que se pueda, la sinonimia: salón cuidado, sala organizada, recinto pulcro. Analizar otros recursos poéticos: repeticiones, comparaciones, metáforas.

f. Ejercitar los Núcleos de vocabulario.

g. Ejercitar los verbos relacionados con el tema.

h. Practicar las Variaciones de expresión.

Curso avanzado de conversación y/o composición

a. Comenzar con el comentario del epígrafe de Ortega y Gasset: ". . . *Las meninas*", donde un retratista retrata el retratar."

b. Mostrar láminas o diapositivas de obras de Velázquez en el siguiente orden: Serie de retratos reales o de personajes de la corte; Serie de enanos y bufones; *Las Lanzas, Las hilanderas, Las meninas.*

c. Comentar la situación de España en el siglo XVII en el plano político, económico, y social. Mencionar a algunos de los grandes artistas contemporáneos de Velázquez en las artes y las letras.

d. Observar y analizar la reproducción de *Las meninas*, en especial en relación con los distintos planos que aparecen en el cuadro, la perspectiva, y el espacio.

e. Leer el texto de Ortega y Gasset completo.

f. Leer el poema de Vicente Aleixandre.

g. Ejercitar los **Núcleos de vocabulario** y los **Verbos relacionados con el tema.**

h. Practicar las **Variaciones de expresión.**

i. En los **Temas de comentario oral o escrito,** el estudiante de este nivel puede tratar aquéllos que estén más de acuerdo con sus intereses, y en un nivel superior. Por ejemplo, el alumno interesado en problemas históricos puede concentrarse en el análisis de la época de Felipe IV; el preocupado con el aspecto psicológico puede analizar la personalidad de los enanos y bufones; aquél atraído por los problemas sociales, observar si hay en el cuadro una clara estratificación de clases; al que le interesa el arte, tratar los rasgos pictóricos específicos; el orientado claramente hacia la literatura, cumplir un análisis estilístico de los textos.

Unidades gramaticales

En las páginas de estas Unidades se tratan exclusivamente problemas gramaticales. En las **Variaciones de expresión** de las Unidades temáticas se revisan ciertos esquemas de gramática (Subordinación, Aspecto y tiempo verbal, Cambios gramaticales por el uso del Estilo Indirecto, etc.) pero sólo como apoyo o explicación que permita utilizar o variar estos esquemas y obtener así un enriquecimiento en el uso de la lengua.

Un primer grupo de estas Unidades de gramática está relacionado con los problemas comunes que se presentan al tener que utilizar la lengua escrita (Acentuación; División en sílabas; Puntuación). El resto con aquellos aspectos que muchas veces no figuran en los textos elementales o intermedios, o a los que no se trata en forma completa (Formación de palabras; Preposiciones; Conjunciones; Formas no personales del verbo; Perífrasis verbales; Oraciones impersonales).

También, como en el caso de las temáticas, estas Unidades son autónomas, y pueden ser utilizadas en el orden, momento, o forma que se considere más conveniente. Es posible intercalarlas para la discusión en clase entre las Unidades temáticas; es posible estudiarlas por grupos, o sólo ofrecerlas como material informativo cuando se presente algún problema en la clase que tenga su solución o respuesta en estas páginas.

Epílogo evaluador

Teniendo en cuenta las características de estructura abierta y utilización libre de este texto, creemos que puede resultar provechosa la evaluación que los alumnos puedan hacer del curso en general, y del texto y los métodos empleados en particular, sobre la base de los propósitos expuestos en el Prefacio.

IDEAS Y MOTIVOS

Goya, Retrato de la reina María Luisa, esposa del rey Carlos IV, (Unidad XI)

Goya, La familia del rey Carlos IV, (Unidad XI) *Ambas fotos, cortesía del Museo del Prado, Madrid, España*

Velázquez, Retrato del rey Felipe IV,
(Unidad XI) *Cortesía del Museo del
Prado, Madrid, España*

Zuloaga, Retrato de Miguel de Una-
muno, (Unidad III) *Courtesy of the
Hispanic Society of America, New
York*

Anónimo, Retrato de Sor Juana Inés
de la Cruz, (Unidad VIII) *Phila-
delphia Museum of Art: The Dr.
Robert H. Lamborn Collection*

El Greco, Vista de Toledo, (Unidad IX) *The
Metropolitan Museum of Art, Bequest of Mrs. H. O.
Havermeyer, 1929. The H. O. Havermeyer Collection*

(*derecha*) Vista de Toledo que muestra el Tajo en un primer plano. Observar los dos edificios prominentes de Toledo; a la derecha el Álcazar, en el centro, la Catedral. (*debajo*) Foto de Toledo con el Tajo y el puente de Alcántara en un primer plano, en el centro se observa el Alcázar. (Ambas fotos, Unidad IX)

Juan Gris, Retrato de Picasso, (Unidad XIII) *Courtesy The Art Institute of Chicago*

(*derecha*) Vista de Toledo que muestra el Tajo en un primer plano. Observar los dos edificios prominentes de Toledo; a la derecha el Álcazar, en el centro, la Catedral. (*debajo*) Foto de Toledo con el Tajo y el puente de Alcántara en un primer plano, en el centro se observa el Alcázar. (Ambas fotos, Unidad IX)

Juan Gris, Retrato de Picasso, (Unidad XIII) *Courtesy The Art Institute of Chicago*

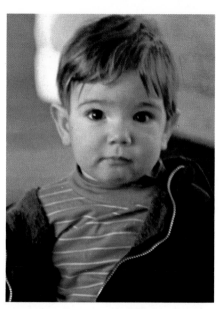

Velázquez, Las meninas *Courtesía del Museo del Prado, Madrid, España*

Al recorrer el Museo del Prado, la célebre pinacoteca madrileña que guarda una de las colecciones artísticas más importantes del mundo, comprobamos que entre todos los cuadros de valor incalculable que allí existen, hay uno al que se le ha concedido el particular privilegio de ser expuesto separado, en una sala especial. Es el de *Las meninas* de Velázquez[1]. La tela está ubicada en un ángulo del cuarto, y en el opuesto hay un espejo que la refleja. En un costado, la puerta de acceso. En el otro, la ventana con la luz. La impresión que esta obra causa en el visitante es profunda. Desde que fue pintada, en 1656, ha despertado el asombro y la admiración de críticos y profanos, y ha sido y es el motivo de una abundante bibliografía.

Hemos pensado que tal vez no hay mejor medio de iniciar estos ejercicios de comentario de temas hispánicos que a través de este cuadro que nos ofrece las máximas y más variadas posibilidades de análisis.

La primera tarea es observarlo largamente, tratar de interpretar la suma de elementos que lo integran y, quizás, dejarnos penetrar por él.

Luego proponemos la lectura de dos escritos que lo ilustran literariamente. El primero es un capítulo del libro *Velázquez* de José Ortega y Gasset[2], redactado entre 1943 y 1954. El segundo es el poema que aparece en el Capítulo V, "Incorporación temporal" del libro *En un vasto dominio* de Vicente Aleixandre[3].

En una primera parte, la prosa de Ortega nos aclara aspectos materiales del cuadro, noticias acerca de los personajes que en él aparecen, y características en el estilo y modalidad del pintor.

[1]DIEGO RODRÍGUEZ DE SILVA Y VELÁZQUEZ (1599–1660). Nació en Sevilla, y murió en Madrid. Pasó gran parte de su vida al servicio de Felipe IV, como pintor de cámara primero, y hasta llegar a ser aposentador real. En este carácter pintó muchas veces a los miembros de la familia real y de la nobleza. Junto a esta galería de retratos figuran, entre sus obras más famosas *La Venus del espejo, Las lanzas o la rendición de Breda, Las hilanderas.*

[2]JOSÉ ORTEGA Y GASSET (1883–1955). Filósofo, escritor, y maestro de toda una generación. Fundó la *Revista de Occidente.* Obras principales: *Meditaciones del Quijote, España invertebrada, La rebelión de las masas.*

[3]VICENTE ALEIXANDRE (1900). Uno de los más importantes poetas españoles contemporáneos. Obras: *Ámbito, Espadas como labios, La destrucción o el amor, Sombra del paraíso, Historia del corazón, En un vasto dominio, Picasso.*

. . . Las meninas, donde un retratista retrata el retratar.
Ortega y Gasset

LAS MENINAS

Se ha dicho de Velázquez que era un hombre de pocas ideas. No se entiende bien lo que con ello se quiere decir. Probablemente la observación se origina en que no se sabe ver cuáles son las ideas de un pintor naturalista. Velázquez pintó poco porque no sintió nunca su arte como un oficio, pero cuando se repasa su obra desde el punto de vista de la originalidad, de la fertilidad en el modo de hallar nuevos temas o nuevas maneras de tratar los usadizos°, nos sorprende caer en la cuenta de que no ha habido pintor con más ideas. Casi cada uno de sus lienzos es una nueva idea. Velázquez, salvo en los retratos reales, no se repite nunca. Y el hecho incuestionable es que sus tres grandes cuadros — *Las Lanzas, Las Meninas* y *Las hilanderas* — son tres creaciones imprevistas en la pintura y que revelan el más genial poder de invención.

Las Meninas es el ejemplo extremo de ello. La idea de exorbitar° o monumentalizar°° en un gran lienzo una escena cotidiana de su taller palatino° y hacer de este modo lo que Justi[4] ha llamado "el cuadro ideal para un historiador" es, de puro sencilla, fabulosamente sublime. En Palacio reinaba, además de Felipe IV[5], el aburrimiento. Lope de Vega[6], temperamento nada palatino, hombre de la calle, nos dice que "en Palacio hasta las figuras de los tapices bostezan". Había, sin embargo, un aposento° donde siempre podía esperarse encontrar ocasión para la tertulia°, para presenciar algún espectáculo menos sólito°; era el taller de Velázquez. A él iba con suma frecuencia el rey y, a veces, con él la reina. Allí iba la princesa Margarita[7] con sus "criadas" o azafatas. Nos hallamos en 1656, tres años antes de morir el pintor. Velázquez trabaja en un cuadro cuyo asunto desconocemos. El rey y la reina están en el taller y sus figuras —otra ingeniosa idea— se reflejan en un espejo. Las criadas de la princesa, jóvenes de la nobleza, atienden a la real niña. Dos monstruos —una criada obesa de origen alemán, a quien llaman Maribárbola y un enano italiano, Nicolasillo Pertusato—, entretenían a las damitas. Una señora vagamente monjil° —una "dueña°°"— y un "guardadamas°'" vigilan el grupo infantil. Al fondo, un empleado de Palacio, director de la fábrica de tapices y pariente de Velázquez, don José Nieto, abre una puerta por donde el sol intenta una invasión. Nada más. Pura cotidianeidad°.

usadizo: habitual, acostumbrado, común

exorbitar: agrandar, engrandecer
monumentalizar: engrandecer, destacar
palatino: perteneciente a palacio o propio de los palacios

aposento: cuarto, pieza, habitación
tertulia: reunión informal
sólito: acostumbrado, ordinario, común

monjil: propio de las monjas
dueña: dama con autoridad sobre otras
guarda-damas: empleado en la corte
cotidianeidad: calidad de cotidiano, diario

[4]CARLOS JUSTI (1832–1912). Crítico de arte e historiador alemán.

[5]FELIPE IV (1605–1665). Rey de España desde 1621 hasta su muerte. Durante su gobierno, confiado con frecuencia a privados como el conde-duque de Olivares, se acentuó la decadencia política y económica de España.

[6]LOPE FÉLIX DE VEGA CARPIO (1562–1635). Grande y fecundo escritor español, incursionó en todos los géneros, y se destacó especialmente en la lírica y dramática. Autor de *La dama boba, El mejor alcalde, el rey, Peribáñez y el Comendador de Ocaña, El caballero de Olmedo.*

[7]PRINCESA MARGARITA. Infanta de España nacida en 1651. Hija de Felipe IV y de Mariana de Austria. Velázquez pintó varias veces a esta niña.

Cuando en Palacio se hablaba del cuadro solía denominársele *La familia*. No ha sido bien entendido este nombre por no haberse tenido en cuenta que las clases superiores usaban aún el vocablo "familia" en su sentido original que viene de <u>famulus</u>, "criado" y significaba, por tanto, más que la unidad de padres e hijos una unidad de mayor amplitud en que ocupaban el primer término los "criados". Pero a su vez "criados" significaba los servidores en cuanto que han sido, en efecto, criados en la casa. En este cuadro, pues, los protagonistas son las muchachas que sirven a la princesa y los enanos adjuntos con la pareja de ambos sexos que los cuida. Por aquellos años existía un cierto bilingüismo castellano-portugués en los círculos aristocráticos y literarios, especialmente en Palacio. Portugal perteneció a la corona de España hasta pocos años antes de pintarse este cuadro. De aquí que se le llamase también *Las Meninas* —hoy diríamos "las señoritas", sean nobles o de la burguesía.

La infanta Margarita es el centro pictórico del cuadro por su traje blanco y oro, sus cabellos áureos°, su tez blanca empapada de luz. Pero, repetimos, el sentido de este cuadro no es hacer un retrato de la princesita. Basta compararlo con el que en la misma fecha le hizo y que está en la Galería de Viena. Este retrato, como casi todos los reales, ha sido hecho reteniendo Velázquez su modo impresionista. En *Las Meninas*, por el contrario, la infanta, al igual que las demás figuras, está sólo sugerida con pigmentos sueltos que dan valor atmosférico a carne y trajes, pero no se ocupan de precisar.

áureo: de oro

Seguidamente el escritor analiza la manera en que Velázquez integra el espacio en el cuadro.

En este lienzo, Velázquez acomete plenamente el problema del espacio —de un espacio no abstracto y de pura perspective, sino lleno de cosas en cuanto que estas impregnan el aire.

Conviene señalar brevemente las relaciones de Velázquez con el espacio una vez que abandona la manera de los tenebrosos[8]. Hay gran probabilidad de que fue Rubens[9] quien le hizo apreciar el encanto que da a un cuadro lo que podemos llamar "apertura hacia espacios", que él mismo había aprendido en Tiziano[10] y luego perfeccionado y acentuado. Pero esos espacios hacia los cuales se abre

[8]"TENEBROSOS", denominación que se da a un grupo de pintores que, en la línea de Caravaggio y Bassano, destacan con un haz de luz los objetos que se hallan en un lugar oscuro.

[9]PEDRO PABLO RUBENS (1577–1640). Pintor flamenco, de Amberes. Autor de *Descendimiento de la Cruz*, la serie *Historia de la vida de María de Médicis*, *Retrato de Elena Fourment y de sus hijos*.

[10]TIZIANO (Tiziano Vecellio, llamado el) (1477–1576). Pintor italiano, jefe de la escuela veneciana. Obras: *Baco y Ariadna*, *Amor sagrado y amor profano*, *La Virgen de la familia Pésaro*.

espaciosidad: anchura, capacidad

lucido: claro, sobresaliente

contorno: líneas que limitan una
figura o composición; perímetro

repujar: resaltar, destacar

rigoroso: rígido
pulido: agraciado, pulcro, primoroso

arrostrar: resistir, enfrentar

rompiente: irrupción

cebarse: alimentarse
faena: trabajo, tarea

el cuadro no son espacio real, presente; son alusiones a la espaciosidad°, referencias a ellas. Estos son los espacios que Velázquez pondrá detrás de sus retratos reales. No tienen unidad propiamente pictórica con la figura. Ésta ha sido pintada en otro espacio —el del taller, que en el cuadro es sustituido por un espacio ideal con el carácter de tela de fondo. Espacio y figura se son de este modo externos y extraños uno a otro. Que en Velázquez los telones de paisajes recuerden los rasgos de la Sierra de Guadarrama en las líneas como en la tonalidad de color, no quiere decir que él se propusiese pintar un espacio real. El ejemplo más lucido° de este método se halla en las lejanías, clara pero convencionalmente iluminadas, que aparecen tras de las figuras de *Las lanzas*.

Sólo en *Las Meninas* y en *Las hilanderas* se propone Velázquez retratar también el espacio real en que las figuras están sumergidas.

En muchos cuadros de Velázquez hay una presencia de lo atmosférico. Se ha dicho que pintaba el aire. Pero este efecto no tiene nada que ver con su modo de tratar el espacio. Este "aire en torno" lo tienen sus cuadros incluso cuando estos no tienen espacio en torno a la figura e incluso, como en el *Pablillos,* donde ni siquiera tienen fondo.

El ambiente aéreo proviene en Velázquez de las figuras mismas y no de su contorno°, espacio o ámbito.

El "naturalismo" de Velázquez consiste en no querer que las cosas sean más de lo que son, en renunciar a repujarlas° y perfeccionarlas; en suma, a precisarlas. La precisión de las cosas es una idealización de ellas que el deseo del hombre produce. En su realidad son imprecisas. Ésta es la formidable paradoja que irrumpe en la mente de Velázquez, iniciada ya en Tiziano. Las cosas son en su realidad poco más o menos, son sólo aproximadamente ellas mismas, no terminan en un perfil rigoroso°, no tienen superficies inequívocas y pulidas°, sino que flotan en el margen de imprecisión que es su verdadero ser. La precisión de las cosas es precisamente lo irreal, lo legendario en ellas.

En cuanto a su modo de tratar el espacio en cuanto tal, es decir, su profundidad, habría que decir, aún arrostrando° la paradoja, que es un modo más bien torpe. No obtiene la dimensión profunda mediante una continuidad, como Tintoretto[11] o Rubens, sino, al revés, merced a planos discontinuos. En general, emplea tres: el primero y el último luminosos, sobre todo este último, buscando pretexto para "rompientes°" de luz. Entre ambos intercala un tercer plano oscuro, hecho con siluetas sombrías, que entristece sus cuadros y en que, por cierto, se ha cebado° más la faena°° mordiente del tiempo.

En *Las lanzas* sorprende ese telón intermedio de figuras arbi-

[11]TINTORETO (Jacobo Robusti, el) (1518–1594). Pintor italiano nacido en Venecia. Autor de *Caín y Abel, La muerte de Holofernes, Anunciación.*

trariamente oscuras y sordas de color. En *Las hilanderas* hace el mismo servicio la criada que en medio recoge ovillos o copos y todo lo que hay en su plano. En *Las Meninas* representan esta función de ensombrecer la dueña y el guarda-damas, y el ritmo de luces y muros ciegos.

Está, pues, obtenido el espacio en profundidad mediante una serie de bastidores como en el escenario de un teatro.

El poema de Vicente Aleixandre se inicia con una primera estrofa en la que se alude a la sala del Museo del Prado donde está expuesta *Las meninas*.

Luego el autor desarrolla a través de alusiones líricas el tema de la relación existente entre la tela con sus personajes, y el espectador.

LAS MENINAS

El que mire al pasar en el salón cuidado
verá una lápida° fría, convenida expresión de un loor°°
    académico.
A un lado el vacuo° espejo, comprobación inútil de
    una profundidad que sin vidrios se ahonda.
Y dos ventanas grandes, con colgantes cortinas
dirigiendo una luz que el pintor quiso libre.

    Después . . . El mundo se abre en un rompiente
        súbito que desborda y no espanta.
Vertiéndose hacia ti que lo miras como si de una
    verdad profunda aquí cayese:
estuviese cayendo.
Roto un cielo que es mundo
total, ingresa un orbe por el rompiente: invade.
Ah, perpetua invasión rodando en orden, hacia ti que
    contemplas.

    En esa material suma orgánica se adelanta diario
el más humilde ser, también quizá el más próximo:
el mastín° que a tu mundo incorpora mediatamente el
    mundo donde tú aún no respiras.
La distancia, ese supremo arte del pintor que respeta,
    está aquí tensa, al borde,
y late con diafanidad, en su filo, ahora ya casi
    equívoco,
frente a ti humano mismo que eres ya de otro reino.
Nunca tú más pedido, tú la sola, la suprema respuesta
    a la enorme demanda.
Y casi salta o mira ese can° que establece con tu ser
    la atadura.
Realidad: fácil copia. Oh, verdad: más profunda.

(glosas al margen)

lápida: piedra con una inscripción
loor: elogio, alabanza

vacuo: vacío

mastín: perro grande

can: perro

Y ese ala más terrible de la luz no son plumas,
aunque tiemblen sus fuerzas.
Mas ve: Nicolasillo,
un instante detenido cuando pone su pie en la piel
leonada,
grita o suspende un aire.
Maribárbola triste, Margarita, meninas: un ritmo del
espacio, en su curva rodando.
Y allí, engarzado, el lienzo y su sombra: el pincel, su
pensamiento: un hombre.

Si aquí quedase todo, sin dimensión girara solo un
mundo primero,
y el vasto allá, con cósmica alianza, solo un gemido
fuese.
Pero en los ojos graves del pintor que no vemos,
pues que vemos su imagen,
se pinta el orbe a fondo.
Son las fuerzas que invaden el espacio las solas
protagonistas vivas
de esos ojos oscuros.

insondado: desconocido, inexplorado

Y no hay revelación de la sombra insondada°, sino
por esa espalda que es su luz: sombra ilustre.
Inmerso en tiempo está el espacio, y es la luz quien
lo mide mientras se expande, exalta como puro
universo.
Y va ganando ser, realidad, existencia: mientras crece
en sus límites,

numen: dios, inspiración

en la total conciencia de su existir, que es numen°
donde todo es presencia.
Experiencia de vida revelada, y la luz
reconoce, y son formas.

Una oleada más, y allí está inmóvil ahora:
la dueña, el guardadamas: agua oscura; es la misma.
Y otra oleada, y más compartimentos de la luz, rota
en fueras.

rútilo: resplandeciente

La puerta, y más allá la luz yéndose en fugas,
y una figura neutra sobre el gran fondo rútilo°: José
Nieto día a día.
Y aún más allá la otra, la suprema realidad delantera
que aquí no está. ¿Son sombras?
Donde tú estás que miras, ellas, las dos figuras, aquí
tendrían que estar, oh, sobre-estar.
a tu lado, sin vérselas.
Y se ven sólo al fondo del otro reino, sumas,

aguas: reflejos, resplandores

coronadas, en vidrio de un espejo o unas aguas°.

Y tú que lo contemplas casi arrojas la piedra
por romper el espejo: ¡ahora el gran cuadro a
   oscuras!

   Largamente has mirado del mastín a las sombras
del fondo: solo el tiempo en espacios.
Y los bordes quemados de las formas, hirviendo
en las luces: vividos, como en síntesis constan.
La gran obra es recinto. La distancia, respeto.
Y el allá, en su oleaje, deposita los seres, un instante
   presentes,
sorprendidos, perpetuos

Núcleos de vocabulario

PALABRAS ANÁLOGAS O SINÓNIMAS
la pinacoteca   pinacotheca
el museo (pictórico)   museum
la galería (pictórica)   gallery
la exposición (pictórica)   exposition
la exhibición (pictórica)   exhibition
la colección (pictórica)   collection
el salón (pictórico)   salon

el cuadro   picture, painting
el lienzo   canvas
la obra pictórica   painting
la pintura al óleo, el óleo   oil
 painting

la pintura al pastel   pastel
la pintura al fresco   fresco

el boceto   rough sketch
el esbozo   rough sketch
la mancha   rough sketch
el borrón   rough sketch
el estudio   rough sketch
el croquis   rough sketch
el apunte   rough sketch
el esquicio   rough sketch

PALABRAS AFINES
la pintura   painting
el dibujo   drawing
la acuarela   water-color
la aguada   water-color
el grabado   engraving
la, el aguafuerte   etching
el retrato   portrait
el paisaje   landscape

el color   color
el colorido   colorfulness
el tono   tone
el matiz   shade
la luz   light
la sombra   shadow
el claroscuro   light and shade,
 chiaroscuro

el espacio   space
la extensión   expanse
el lugar   place
la superficie   surface
la longitud   length
la distancia   distance
el vacío   void
el centro   centre, center
el medio   middle
el ángulo   angle
el ámbito   scope
el marco   frame
la amplitud   amplitude
el límite   limit

la perspectiva   perspective
la dimensión   dimension

la profundidad depth   *el objeto* object
la lejanía distance, remoteness   *el primer plano* foreground
la figura figure   *el fondo* background

Algunos verbos relacionados con el tema

pintar   to paint
Se ha dicho que Velázquez **pintaba** el aire

dibujar   to draw
El artista **dibujaba** el perfil del niño

pincelar   to paint
Quería **pincelar** todos los colores

colorar, colorir   to color
Debes **colorar** el fondo de la tela

copiar   to copy
A veces **copiando** se aprende

representar   to represent
El cuadro **representa** una escena familiar

presentar   to present, to depict
Esta obra **presenta** al rey y al bufón.

bosquejar   to sketch
Antes de pintar, es necesario **bosquejar** el contorno.

esbozar   to sketch
Trata de **esbozar** la escena.

abocetar   to sketch
Puedes **abocetar** tu idea.

historiar   to depict
Rubens **historió** en varios cuadros la vida de María de Médicis.

describir   to describe
Debes **describir** esta obra.

estilizar   to stylize
Velázquez **estiliza** la figura de la princesa.

expresar   to express
El artista se **expresa** a través de su obra.

empastar   to paste, to impaste
Su técnica consiste en **empastar** el fondo.

matizar   to shade, to blend
Matizó el azul con unas pinceladas blancas.

retocar   to retouch
Voy a **retocar** ese ángulo.

realzar   to emboss
La luz **realza** la imagen de Margarita.

definir   to define
Velázquez **define** varios planos.

destacar   to emboss
El pintor **destaca** el movimiento de las manos de los personajes.

esfumar   to stump
Las figuras en los cuadros del fondo están **esfumadas**.

sombrear   to shade
Trata de **sombrear** la figura del primer plano.

oscurecer   to darken
No necesitas **oscurecer** más esa parte.

pintarrajear   to daub
Sólo sé **pintarrajear** un poco.

reflejar   to reflect
El espejo **refleja** a los reyes.

VARIACIONES DE EXPRESIÓN

Variaciones léxicas y oracionales

Sobre la base de "oraciones generadoras" vamos a ejercitar variaciones de
estructura y vocabulario:

1. El cuadro de *Las meninas* se exhibe en el Museo del Prado.
    El célebre óleo   figura en la galería madrileña.
    La famosa tela   está expuesta en una sala especial.
    Esta pintura   forma parte de la colección del Museo del Prado.
    El lienzo velazqueño   aparece en un salón de la pinacoteca.

Es posible intercambiar sujetos y predicados, pero deben observarse las
concordancias correctas en género y número. Por ejemplo: El célebre óleo está
expuesto (masculino, concordando con **óleo**). La famosa tela está expuesta
(femenino, concordando con **tela**).

También puede alterarse el orden de los elementos sintácticos (En los
ejemplos anteriores, el orden era: sujeto, verbo, complementos: S/V/C). Así, si
se quiere destacar en qué lugar está el cuadro, se anticipa el complemento
correspondiente, según el orden: C/V/S.

En el Museo del Prado se exhibe el cuadro de *Las meninas*.
En la galería madrileña figura el célebre óleo.
En una sala especial está expuesta la famosa tela.
En un salón de la pinacoteca aparece el lienzo velazqueño.

Obsérvese que no es correcto decir: De la colección del Museo del Prado forma
parte esta pintura, porque **parte de la colección** es un grupo sintáctico nominal
o grupo de sustantivos, que no conviene separar.

Si deseamos insistir en la situación o existencia del cuadro, iniciamos la oración con el verbo, según el orden: **V/S/C.**

> Se exhibe el cuadro de *Las meninas* en el Museo del Prado.
> Figura el célebre óleo en la galería madrileña.
> Está expuesta la famosa tela en una sala especial.
> Forma parte de la colección del Museo del Prado esta pintura.
> Aparece el lienzo velazqueño en un salón de la pinacoteca.

También podemos usar el orden: **V/C/S.**

> Se exhibe en el Museo del Prado el cuadro de *Las meninas.*
> Figura en la galería madrileña el célebre óleo.
> Está expuesta en una sala especial la famosa tela.
> Aparece en un salón de la pinacoteca el lienzo velazqueño.

La construcción con el verbo al final, a la manera del latín clásico, no es incorrecta, pero es completamente inusitada en la conversación, y rara aun en la prosa literaria.

> El cuadro de *Las meninas* en el Museo del Prado se exhibe.
> El célebre óleo en la galería madrileña figura.
> La famosa tela en una sala especial está expuesta.
> El lienzo velazqueño en un salón de la pinacoteca aparece.

En general, salvo éste y algunos otros pocos casos en los que la posición de las palabras puede crear confusión en el sentido, el español es sumamente libre en la forma en que permite ordenar los elementos sintácticos.

Demos otro ejemplo, con algunas posibles variaciones:

> Velázquez pintó *Las meninas,* pocos años antes de morir,
> Sujeto   Verbo Objeto Directo   Complemento de tiempo
> en su taller de palacio.
> Complemento de lugar

La anterior sería una de las construcciones más comunes, con el orden: **S/V/O.D./ Complementos.** Pero también son correctas y comunes las siguientes:

> Pintó Velázquez *Las meninas* en su taller de palacio,
> V   S   O.D.   C.L.
> pocos años antes de morir.
> C.T.

> En su taller de palacio, pocos años antes de morir, Velázquez pintó
> C.L.   C.T.   S   V
> *Las meninas* .
> O.D.

> Pocos años antes de morir, en su taller de palacio, Velázquez pintó
> C.T.   C.L.   S   V
> *Las meninas.*
> O.D.

Velázquez pintó *Las meninas,* pocos años antes de morir,
   S   V   O.D.   C.T.
en su taller de palacio.
      C.L.

Las meninas pintó Velázquez, pocos años antes de morir,
   O.D.   V   S   C.T.
en su taller de palacio.
      C.L.

La preferencia por una u otras formas se rige no sólo por la exigencia de claridad lógica sino también por razones de ritmo fonético, y de intención psicológica.

2. En *Las meninas* Velázquez pinta una colorida escena de su taller, con varios personajes, y en diferentes planos.

Dividamos esta oración en cuatro partes: En *Las meninas*/Velázquez pinta una colorida escena de su taller,/con varios personajes,/y en diferentes planos. Podemos ensayar variaciones de expresión en cada una:

En *Las meninas*

En esta obra

En el lienzo

Sobre la tela

A través de este cuadro

Velázquez pinta una colorida escena de su taller,

Velázquez describe un momento de trabajo en su estudio

El pintor representa una colorida escena de su taller

Velázquez bosqueja una escena de la vida de palacio

El pintor historia una escena de la vida palaciega

con varios personajes,

con grupos de personajes

con la princesa Margarita como centro de una cantidad de personajes

con algunos personajes agrupados (la princesa y las damas; los enanos y el perro; la dueña y el guardadamas; los reyes en el espejo) y otros individuales (Velázquez; el mayordomo que aparece en el fondo)

y en diferentes planos.

en un primer plano iluminado, un plano intermedio de sombras, y un fondo también iluminado en el espejo y la puerta.

en planos que se multiplican: el primer plano del perro y los enanos; el de la princesita y las damas; el de Velázquez; el de la dueña y el guardadamas; el de los reyes reflejados en el espejo; el del mayordomo en la puerta del fondo.

Siempre sobre la base de la división de la "oración generadora" en cuatro partes o temas, puede organizarse una composición completa. Los temas o momentos serían: *Las meninas*/Velázquez/varios personajes/diferentes planos.

PRÁCTICA: Puede escribir toda la información que posea, y todas sus reflexiones y observaciones acerca de: (1) el cuadro, (2) el autor, (3) los personajes, (4) el uso del espacio y de los planos pictóricos que el artista ilustra en esta tela.

TEMAS DE COMENTARIO ORAL O ESCRITO

Aclaración previa. Como verá, algunos de los temas de discusión que proponemos versan no sólo sobre literatura sino también sobre pintura, historia, sociología. En otras unidades podrán aparecer temas técnicos, artísticos, metafísicos, etc. Sabemos que no somos especialistas en estas disciplinas, por lo tanto no se pretende una opinión crítica o erudita. Sólo sus comentarios acerca del tema Las meninas. *Este es el único requisito. Usted puede elegir algunos de los temas que siguen, ampliarlos, limitarlos, o desecharlos y encontrar otros.*

1. Observe y describa a los personajes del cuadro. Puede estudiarlos en su totalidad; limitarse a un grupo (por ejemplo: al de la princesita y sus damas, al de los enanos y el perro, al de los reyes), o a un solo personaje.

2. Comente la frase de Lope de Vega que transcribe Ortega: "en Palacio hasta las figuras de los tapices bostezan". Relacione esto con la vida social, política y económica en la España de Felipe IV.

3. Analice la función que en este cuadro, y en el más amplio de la corte y sociedad españolas, tienen los bufones y enanos.

4. Analice los distintos planos pictóricos, y sus relaciones.

5. Analice cualquier aspecto del cuadro que le interese, por ejemplo, la dirección de la mirada de cada uno de los personajes (recordando que los reyes, lo mismo que nosotros los espectadores, están frente al cuadro); o los movimientos de las manos de los personajes; o la importancia del espejo que refleja a los reyes, etc.

6. Comente en general el estudio de Ortega, o algún párrafo en especial.

7. Comente en general el poema de Aleixandre, o algunos versos en particular.

Actividades optativas

1. Vaya a un museo de su localidad y busque alguna obra de Velázquez, Rubens o Tiziano (Si no la hay búsquela en algún libro de arte). Prepare un comentario oral o escrito indicando quién es el artista, qué obra escogió, y cuál es su impresión acerca de la misma.

2. Prepare un breve apunte biográfico y un comentario de la obra en líneas generales, de uno de los siguientes artistas: Tiziano, Rubens, Velázquez.

3. En el artículo sobre **Velázquez (Diego de Silva)** de la *Enciclopedia Universal Ilustrada Europeo-Americana Espasa-Calpe,* lea en la Parte III, "La mano como elemento de expresión en la obra de Velázquez". Prepare un comentario general sobre esta lectura, o sobre algún párrafo que le interese en especial.

4. Lea el siguiente poema que aparece en el libro *Apolo* (1911) de Manuel Machado, y haga un comentario del mismo. La base de esta poesía es el retrato de la infanta Margarita pintado por Velázquez, y que figura en el Museo del Prado.

Velázquez
La infanta Margarita

Como una flor clorótica el semblante,
que hábil pincel tiñó de leche y fresa,
emerge del pomposo guardainfante,
entre sus galas cortesanas presa.

La mano —ámbar de ensueño— entre los tules
de la falda desmáyase, y sostiene
el pañuelo riquísimo, que viene
de los ojos atónitos y azules.

Italia, Flandes, Portugal . . . Poniente
sol de la gloria, el último destello
en sus mejillas infantiles posa . . .

Y corona no más su augusta frente
la dorada ceniza del cabello,
que apenas prende el leve lazo rosa.

5. Sobre una reproducción de *Las meninas* (o una fotocopia) marque las dos diagonales y las dos líneas medias en alto y ancho. Comente cuál es el centro geométrico del cuadro, y dé su opinión al respecto.

Describa el cuadro en dos mitades: lo que contiene en la mitad superior, y la inferior. Dé su opinión al respecto.

BIBLIOGRAFÍA

Díaz-Plaja, Guillermo. "El secreto de *Las meninas*" en *El estilo de San Ignacio y otras páginas.* Barcelona: Editorial Noguer, S.A., 1956.

Díaz-Plaja, Guillermo. "Velázquez, tema literario" en *Cuestión de límites.* Madrid: Revista de Occidente, 1963.

Foucault, Michel. "Las meninas" en *Las palabras y las cosas.* México: Siglo XXI Editores, S.A., 1968.

Justi, Carl. *Velázquez y su siglo.* Madrid: Espasa-Calpe, S.A., 1953.

Ortega y Gasset, José. "Velázquez" en *Obras Completas.* Tomo VIII (1958–1959) Madrid: Revista de Occidente, 1962.

Vista de la Plaza Mayor construida en 1619. La
escultura representa al rey Felipe III, Madrid, España.
Fotografía de Peter Menzel.

ACCENTUATION

Knowing which syllable of a word is the accented one is a major practical problem in learning any language. This unit presents the rationale and basic rules for Spanish accentuation in the first section and special cases of accentuation in the second section.

Accent

In general, the term **Accent** refers to fundamental qualities of sound, such as tone or pitch (high, low), amount or duration (long, short), and intensity or force. Different types of accents appear individually or in combination in all ancient and modern languages.

The accent in Spanish is an accent of stress. According to the definition given in the *Diccionario de la Real Academia de la Lengua*, it is "**la mayor intensidad con que se hiere determinada sílaba al pronunciar una palabra**". To put it another way: *The accent is the greater intensity with which a syllable is pronounced.*

Classification of Words by Their Accent

According to the position of the accent —which syllable of a word receives the emphasis or stress— Spanish words are classified as **agudas**, **graves** or **llanas**, and **esdrújulas**. (The names **agudas** and **graves** do not refer to the different tones in which syllables are pronounced. The confusion comes from the use of the Latin word *accentus*, which the Romans used to translate the Greek concept. In Ancient Greek an accent of tone or pitch was used and it was appropriate to speak of syllables as **agudas** and **graves**. In Spanish, where the accent is an accent of intensity, these terms are used to name classes of words.)

agudas: Words that are accented or stressed on the last syllable.

EXAMPLES: lau*rel*, man*tel*, a*mar*, te*mer*, par*tir*, cora*zón*, emo*ción*, com*pás*, de*trás*, ma*má*, llo*ré*, vi*ví*, sal*tó*, om*bú*

graves: Words that are accented or stressed on the next to the last syllable.

EXAMPLES: sal*ta*ban, es*ta*ban, *ma*tas, *al*tas, *ca*sa, es*cue*la, *ma*dre, *co*ro, *o*ro, *zo*rro, *ú*til, *ár*bol, *dó*cil, *pró*cer

esdrújulas: Words that are accented on the syllable before the next to
               the last.

      EXAMPLES: pa*cí*fico, *á*nimo, *ló*gico, *óp*timo, océano, *rí*gido,
                 *ú*nico, *é*xito, pro*pó*sito, ex*ó*tico, ri*dí*culo,
                 ma*niá*tico

sobresdrújulas: Words that are accented before the syllable preceding the
                   next to the last.

      EXAMPLES: *pí*daselo, ex*plí*quesenos, *lím*pidamente,
                 *cuén*temela

The **graves** are the predominate class of words in Spanish, appearing four times more frequently than **agudas** and twenty times more frequently than **esdrújulas**. This can be related to accentuation in Latin, the language from which Spanish originated. In Latin there was a distinct preference for stressing the next to the last syllable (**graves**) and if this syllable was short, the immediately preceding one (**esdrújulas**). Of the languages derived from Latin, Italian, with its large proportions of **esdrújulas** and **graves** has followed the Latin most faithfully. Next is Spanish, which has many **graves** but very few **esdrújulas**. In contrast, French, with its predominance of words accented on the last syllable (**agudas**), is the farthest from the Latin model in this sense.

There are no general rules to govern which syllable of a word bears the stress; that is, the syllable of stress is determined from the pronunciation of the word, so this must be taken into consideration. For example, with the words **laurel** and **madre** we should remember that in the first, the stress is on the last syllable: lau*rel;* in the second, the stress is on the next to the last syllable: *ma*dre.

In trying to determine the location of the stress, it is helpful to keep in mind that in Spanish the majority of stressed words (approximately 80%) are classified as **graves**. In addition, according to a lexical study most words ending in *n, s,* or a *vowel* are **graves**. Thus, when in doubt about the location of the stress in a word, the choice that at least offers the greatest probability of accuracy is to pronounce the word as if it were **grave** (stressing the next to the last syllable), especially if the word ends in *n, s,* or a *vowel*.

As a matter of fact, it is unusual for a word ending in *n, s,* or a *vowel* not to be **grave**. To indicate the exceptions (words ending in *n, s,* or a *vowel* that are **agudas** or **esdrújulas**) it was considered useful to distinguish them by a graphic symbol. This graphic symbol is known as an **acento escrito, ortográfico** or **tilde** (´).

In written Spanish the use of this graphic symbol is necessary to identify the words ending in *n, s,* or a *vowel* that are not **graves**. For example, if we write the word **composicion** and apply the usual norms of the language, we might suppose that it is a word that is stressed on the next to the last syllable (**grave**) because the majority of words in Spanish are **graves**, this particular word ends in *n.* and most words ending in *n* are **graves**. By these criteria we probably would be led to pronounce **composicion** in the same way as its English cognate *composition,* stressing the next to the last syllable. However, **composición** bears the stress on the last syllable; it is **aguda** and for this reason the exception must be indicated by a written accent.

We can make similar observations about the word **pacifico**. If it is written without an accent, we would pronounce it with the stress on the next to the last syllable (grave): paci*fi*co. In this case we are using one of the inflected or conjugated forms of the verb **pacificar**, specifically the first person singular present indicative: **Yo paci*fi*co a los enemigos.** The same verb in the third person singular preterite indicative is pronounced as an aguda with the stress on the last syllable: paci*ficó*. **Él paci*ficó* a los enemigos.** But, if we want to refer to the ocean we must pronounce the word as **esdrújula**: pa*cí*fico. The aguda and esdrújula uses are indicated with the written accent.

Rules for the Use of the Written Accent

To summarize, the general rules for the use of the written accent are as follows:

1. Words that are stressed on the last syllable (**agudas**) have a written accent when they end in *n, s*, or a *vowel*.

   EXAMPLES: can*ción*, cora*zón*, com*pás*, det*rás*, ma*má*, be*bé*, vol*vió*, Pe*rú*

   Those terminating with other letters do not have a written accent.

   EXAMPLES: cris*tal*, estupi*dez*, ver*dad*, o*lor*

2. Words that are stressed on the next to the last syllable (**graves**) have a written accent when they do not end in *n, s*, or a *vowel*.

   EXAMPLES: *dó*cil, *ár*bol, *ú*til, *már*tir, *pró*cer

   Words terminating in *n, s*, or a *vowel* do not have a written accent.

   EXAMPLES: llo*ra*ban, *ma*tas, *ca*sa, *pa*dre, *cam*po

3. Words stressed before the next to last syllable (**esdrújulas** and **sobresdrújulas**) always have a written accent.

   EXAMPLES: o*cé*ano, *ló*gico, *á*nimo, *pí*daselo, *cuén*temela

In addition to the general rules for the use of the written accent, there are special cases when the written accent is used to indicate the grammatical function or meaning of a word.

Accentuation: Special Cases

Accentuation of Monosyllables

As a general rule, words of one syllable do not have written accents, for example: **dos, fe, bien, sol, van, dar, sal.** (Since the *Real Academia Española de la Lengua* decisions in 1952, the preterite verb form monosyllables **fui, fue, vio** and **dio** have been included in this general rule. Previously they required the use of the written accent, consistent with the forms for the first and third person of the preterite tense.)

However, when two monosyllables are spelled the same but have different meanings or grammatical functions, a written accent is used to differentiate one from the other.

Without written accent		With written accent	
el	(article) Dio el libro a su madre	él	(personal pronoun) Trabajé con él ese mes.
mi	(possessive) Mi casa es verde.	mí	(personal pronoun) Lo quiero para mí.
tu	(possessive) Tu obra as buena.	tú	(personal pronoun) Tú trabajas mucho.
te	(personal pronoun) No te gusta la idea.	té	(noun) Compró té en el mercado.
se	(pronoun) Se lo dio.	sé	(first person singular present indicative of the verb saber) Sé la lección.
		sé	(familiar imperative, singular of the verb ser) Sé generoso.
si	(conjunction) Si trabajas, triunfarás.	sí	(pronoun) Lo quiere para sí.
si	(musical note) Falta un si bemol.	sí	(noun) Le dio el sí.
		sí	(affirmative adverb) ¿Quieres venir? Sí.
mas	(conjunction) Leo, mas no entiendo. (In this case, mas can be replaced by pero.)	más	(comparative adverb) Quiero más agua.
de	(preposition) Casa de madera	dé	(subjunctive or imperative of the verb dar) Quiero que le dé la razón.

The Conjunction *o* Between Numbers

When the conjunction o appears between two Arabic numerals it can be confused with the zero. In this case, to avoid possible error, the written accent is used.

EXAMPLES: 8 ó 9 meses   50 ó 60 soldados

Accentuation of Demonstratives

The demonstratives —este, esta, estos, estas, ese, esa, esos, esas, aquel, aquella, aquellos, aquellas— have a written accent when they are used as nouns.

EXAMPLES: Quiero **éste.**
Sólo **aquél** lo sabía.

When the demonstratives accompany nouns the written accent is not used.

EXAMPLES: Quiero **este** libro.
Sólo **aquel** niño lo sabía.

The neuter demonstratives —esto, eso, aquello— never have a written accent.

Accentuation of Pronouns and Adverbs of Interrogation and Exclamation

Qué has a written accent when it is used in a question or an exclamation.

EXAMPLES: ¿**Qué** quieres?   ¡**Qué** suerte!

Que does not have a written accent when it is a relative pronoun or conjunction.

EXAMPLES: Le digo **que** estaba triste. *(Conjunction)*
La promesa **que** no cumplió. *(Relative Pronoun)*

Quién has a written accent when it is used in a question or an exclamation.

EXAMPLES: ¿**Quién** viene?   ¡**Quién** supiera escribir!

Quien does not have a written accent when it is a relative pronoun.

EXAMPLE: No había **quien** lo ayudara.

Cuál, cuánto, cuándo, dónde, cómo, and **adónde** have written accents when they are used in a question or an exclamation.

EXAMPLES: ¿**Cuál** es tu decisión?   ¡**Cuánto** pides!
¿**Cuándo** llegas?   ¿**Dónde** estás?
¡**Cómo** lo lograste!   ¿**Adónde** vas?

The Case of *Aun*

Aún has a written accent when it is synonymous to or can be replaced by **todavía.**

EXAMPLE: **Aún** no he llegado. (**Todavía** no he llegado.)

Aun does not have a written accent when its meaning signifies hasta, inclusive, **también.**

EXAMPLES: **Aun** de madrugada, acudiré.
Aun ayudándolo, no pudo aprobar el examen.

POSTRE Royal sabor caramelo
TAMAÑO DOBLE

Como se prepara:

1. Se vierte el contenido de este paquete en una cacerola. Se agrega lentamente 1 litro (4 tazas) de leche fría, revolviendo bien para que no se formen grumos.

2. Se cuece a fuego moderado, revolviendo constantemente, hasta que espese y hierva durante 1 minuto.

3. Se retira del fuego y se vierte en un molde grande o en moldes individuales de loza o cristal. Se sirve frío. Se obtienen 8 porciones.

Para un postre de menos consistencia debe usarse más leche; uno más espeso requiere menos leche.

Si se desea un postre más dulce, agréguese azúcar antes de cocinar.

CARAMELOS CASEROS

Se combina el Postre Royal de Caramelo con 1 taza de leche y 4 tazas de azúcar molida (800 grs.) y se hierve, revolviendo de vez en cuando, hasta que un poco de esta mezcla introducida en agua fría forme una bolita blanda (de 8 a 12 minutos). Se retira del fuego y se deja entibiar. Se agregan 50 grs. de manteca y 1 taza de maníes o nueces picados y se bate hasta que esté cremoso. Se vierte sobre un mármol enmantecado, se enfría y se corta en cuadraditos.

PROD. REG. S.E.S.P. CERT. N° 14.947

HEINZ 57
SOPA CONDENSADA DE CREMA DE HONGOS

INSTRUCCIONES PARA SU USO:

Vacíe el contenido de la lata en una cacerola. Añada igual cantidad de agua y mezcle bien.

Caliente hasta que hierva, agite ocasionalmente. Luego sirva.

Si desea una sopa enriquecida, agréguele una lata de leche en vez de agua.

HECHO EN VENEZUELA
POR ALIMENTOS HEINZ C. A.
SAN JOAQUIN — EDO. CARABOBO

COMO SE PREPARA:

1.- Se vierte el contenido de este paquete en una cacerola. Se agrega lentamente ½ litro (2 tazas) de leche fría, revolviendo bien para que no se formen grumos.

2.- Se cuece a fuego moderado, revolviendo constantemente, hasta que espese y hierva durante 1 minuto.

3.- Se retira del fuego y se vierte en un molde grande o en moldes individuales de loza o cristal. Se sirve frío. Se obtienen 4 porciones.

POSTRE Royal sabor limón

SPUMONI DE NARANJA Y LIMÓN

Se prepara el Postre Royal de Limón con 2 tazas de jugo de naranja y se cuece a fuego moderado, durante 1 minuto. Se agregan 2 yemas batidas con 6 cucharadas de azúcar y se deja hervir 1 minuto más. Se retira del fuego. Se baten 2 claras a punto de nieve y se añaden al postre mezclando suavemente. Se vierte en copas y se sirve frío.

En el aprendizaje y uso de una lengua extranjera nos ocurre a veces que, después de haber sido capaces de interpretar algún texto extenso de literatura, historia, sociología, u otra disciplina, tropezamos con grandes dificultades para entender y seguir las breves instrucciones que trae un sobre de sopa concentrada, o la caja que contiene un juguete para armar. Esto nos hace reflexionar acerca de nuestra eficiencia para expresar pensamientos o ideas complejos, y nuestras limitaciones frente a los más simples. Si queremos hacer la prueba, tratemos primero de definir algo complicado, por ejemplo, qué es un microscopio, o qué es un silogismo. Después intentemos hacer lo mismo con elementos simples, por ejemplo, qué es una cuchara, o qué es un árbol. Veremos que los últimos nos resultan más difíciles de definir que los primeros. Tal vez porque la palabra en ellos es metafórica e insustituíble mientras que en los primeros la podemos reemplazar por sinónimos o perífrasis. Esto es lo que ocurre con las instrucciones para realizar tareas cotidianas. Generalmente en ellas se usa un vocabulario específico, y formas de expresión (órdenes, consejos) que se organizan de una manera precisa.

Por supuesto que no podemos pretender en estas páginas dar una lista completa de instrucciones dado que éstas se igualan con la infinita variedad de actividades que pueden proponerse. Sólo ofreceremos algunos ejemplos de las más comunes, y analizaremos algunos esquemas de expresión aptos para este fin.

El buen sentido es la cosa mejor repartida del mundo.
Descartes

INSTRUC-CIONES

2

ALGUNOS EJEMPLOS DE INSTRUCCIONES

Primero, algo relacionado con el automóvil: **Instrucciones para intercambiar las ruedas.**

Dado que deben cumplir distintos trabajos y soportar diferentes esfuerzos, los neumáticos delanteros se desgastan en forma desigual a los traseros. Por esto es aconsejable practicar periódicamente un cambio alternado de los mismos para obtener un mayor rendimiento. Para ello es conveniente seguir un esquema de cambio. De los varios posibles —para automóviles con rueda de auxilio adelante, con rueda de repuesto atrás, para hacer el intercambio con sólo cuatro ruedas— damos el siguiente:

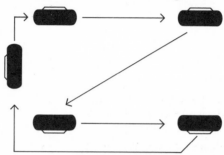

a) Se coloca la rueda auxiliar (de auxilio o de repuesto) en el lugar de la delantera derecha.

b) Se coloca la rueda delantera derecha en el lugar de la trasera derecha.

c) Se coloca la rueda trasera derecha en el lugar de la delantera izquierda.

d) Se coloca la rueda delantera izquierda en el lugar de la trasera izquierda.

e) Se coloca la rueda trasera izquierda en el lugar de la auxiliar.

Sigamos con **instrucciones para buscar un nombre en una guía telefónica.** Esto es igualmente válido para buscar el nombre de un autor en un Índice al final de un libro, o en el Catálogo general de una biblioteca. Para esto debemos recordar las normas para organizar estas listas por orden alfabético.

a) Se escribe primero el apellido, luego los nombres.

> Allende, Juan Carlos
> González, Susana Isabel
> Rodríguez, Pedro

b) Los apellidos compuestos se ordenan por el primer apellido.

> Aguilera Malta, Demetrio
> García Lorca, Federico
> Gómez de la Serna, Ramón
> Ortega y Gasset, José

c) En los apellidos que llevan las partículas <u>de</u>, <u>del</u>, <u>de la</u>, <u>de los</u>, con minúscula, éstas se colocan detrás del nombre.

> Vigny, Alfredo <u>de</u>
> Castillo, Florencio <u>del</u>
> Cruz, Ramón <u>de la</u>
> Ríos, Blanca <u>de los</u>

d) Las partículas con mayúscula, que generalmente provienen de apellidos de origen italiano, francés, o portugués, se colocan delante del apellido.

> Da Costa, Julio
> Dell' Orto, María
> D'Erzell, Catalina
> Du Pont, Pierre

e) Los nombres de las mujeres casadas se ordenan por el apellido de soltera.

> Castillo de González, Aurelia
> Lida de Malkiel, María Rosa

NOTA: En español, la mujer casada conserva su apellido de soltera, y los hijos pueden usar el apellido de la madre como segundo apellido. Por ejemplo, si Clara Muñoz se casa con Juan González, se llamará Clara Muñoz de González, y su hijo Rodolfo, Rodolfo González, o Rodolfo González Muñoz.

Ahora, **instrucciones para hacer ejercicios físicos.**

Posición inicial: De pie, con las piernas separadas y los brazos extendidos lateralmente.

Movimientos:

a) Hacer una torsión-flexión del torso de manera que la mano derecha toque el piso frente al pie izquierdo.

b) Enderezarse.

c) Hacer una torsión-flexión del torso de manera que la mano izquierda toque el piso frente al pie derecho.

d) Enderezarse.

e) Repetir diez veces.

Posición inicial   Movimientos

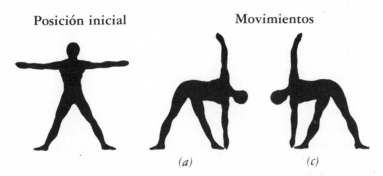

(a)   *(c)*

A continuación, probemos dar **Recetas de cocina** (una comida y una bebida).

TORTILLA DE PATATAS (PAPAS)

Ingredientes

patatas: 1 libra

aceite: cantidad necesaria

huevos: 4

sal y pimienta: a gusto

perejil: 1 cucharada sopera

— Pele las patatas, lávelas, séquelas, y córtelas en rodajas.
— Coloque en una sartén abundante aceite, y fría las papas hasta que estén cocidas, pero sin dorarlas mucho.
— Aparte, bata los huevos y agrégueles el perejil.
— Quite el exceso de aceite de la sartén, sazone las patatas con sal y pimienta, y mézclelas con los huevos batidos.
— Forme la tortilla extendiendo bien las patatas por toda la sartén, y revuelva un poco para mezclar las patatas con el líquido. Cocínela a fuego lento.
— Mientras la cocina, mueva la sartén para evitar que la tortilla se pegue al fondo.
— Cubra la sartén con un plato o tapa, y dé vuelta a la tortilla para que se dore del otro lado.

SANGRÍA

Ingredientes
(para preparar aproximadamente medio galón o dos litros)

4 tazas de vino tinto

2 tazas de jugo de naranja

½ taza de jugo de limón

una lata de coctel de frutas (de 8¾ onzas, o 248 gramos)

1 manzana

½ limón

azúcar (a gusto)

cubos de hielo

— Se cortan la manzana y el limón en trozos.
— Se ponen en una jarra o ponchera junto con el coctel de frutas, y se agrega el azúcar.
— Se vierten en el siguiente orden el jugo de limón, el jugo de naranja, y el vino.
— Se agregan los cubitos de hielo y se pone la sangría en la nevera hasta el momento de servirla.

Por fin, transcribimos las "Instrucciones para subir una escalera" de Julio Cortázar[1]. En su libro *Historias de cronopios y de famas* Cortázar incluye una sección titulada *Manual de Instrucciones,* de la que forma parte este fragmento. Como veremos, es una página plena de humorismo en la que se nos aconseja cómo realizar esta simple actividad cotidiana.

INSTRUCCIONES PARA SUBIR UNA ESCALERA

Nadie habrá dejado de observar que con frecuencia el suelo se pliega de manera tal que una parte sube en ángulo recto con el plano del suelo, y luego la parte siguiente se coloca paralela a este plano, para dar paso a una nueva perpendicular, conducta que se repite en espiral o en línea quebrada hasta alturas sumamente variables. Agachándose y poniendo la mano izquierda en una de las partes verticales, y la derecha en la horizontal correspondiente, se está en posesión momentánea de un peldaño o escalón. Cada uno de estos peldaños, formados como se ve por dos elementos, se sitúa un tanto más arriba y más adelante que el anterior, principio que da sentido a la escalera, ya que cualquier otra combinación produciría formas quizá más bellas o pintorescas, pero incapaces de trasladar de una planta baja a un primer piso.

Las escaleras se suben de frente, pues hacia atrás o de costado resultan particularmente incómodas. La actitud natural consiste en mantenerse de pie, los brazos colgando sin esfuerzo, la cabeza erguida aunque no tanto que los ojos dejen de ver los peldaños inmediatamente superiores al que se pisa, y respirando lenta y regularmente. Para subir una escalera se comienza por levantar esa parte del cuerpo situada a la derecha abajo, envuelta casi siempre en cuero o gamuza, y que salvo excepciones cabe exactamente en el escalón. Puesta en el primer peldaño dicha parte, que para abreviar llamaremos pie, se recoge la parte equivalente de la izquierda (también llamada pie, pero que no ha de confundirse con el pie antes citado), y llevándola a la altura del pie, se la hace seguir hasta colocarla en el segundo peldaño, con lo cual en éste descansará el pie, y en el primero descansará el pie. (Los primeros peldaños son siempre los más difíciles, hasta adquirir la coordinación necesaria. La coincidencia de nombres entre el pie y el pie hace difícil la explicación. Cuídese especialmente de no levantar al mismo tiempo el pie y el pie.)

Llegado en esta forma al segundo peldaño, basta repetir alternadamente los movimientos hasta encontrarse con el final de la escalera. Se sale de ella fácilmente, con un ligero golpe de talón que la fija en su sitio, del que no se moverá hasta el momento del descenso.

[1]JULIO CORTÁZAR (1914). Escritor argentino, autor de novelas *(Los premios, Rayuela)* y de excelentes colecciones de cuentos *(Bestiario, Final del juego, Las armas secretas, Todos los fuegos el fuego).* Su obra se caracteriza por el uso de elementos insólitos, fantásticos, junto con aquellos de un fino humor e incisiva ironía, que organiza a través de un lenguaje en crisis y proceso de experimentación.

Núcleos de vocabulario

PALABRAS ANÁLOGAS O SINÓNIMAS

las instrucciones directions, instructions
las indicaciones indications
las reglas rules
las advertencias remarks

cambiar to change
alternar to alternate
trocar to exchange
intercambiar to interchange

PALABRAS AFINES

el consejo advice
el precepto precept
la dirección order, advice
la norma norm, rule
el criterio criterion
la técnica technique
el método method
el principio principle
el canon canon

la guía guide
el modelo model, pattern
el modo mode
el medio mean
la fórmula formula
la receta (de cocina) recipe
la receta (médica) prescription, recipe
la prescripción prescription

la rueda wheel
el neumático tire, pneumatic tire
la cubierta covering, tire
la llanta rim, tire
la cámara de aire inner tube
la rueda auxiliar, de auxilio, o de repuesto spare tire

la guía guide, directory
el índice index
la lista list
el catálogo catalogue

el alfabeto alphabet
el abecedario alphabet
el abecé a-b-c

el escalón stair, step of a staircase
el peldaño stair, step of a staircase
el grado step of a staircase
la grada step of a staircase

la tabla de materias table of contents

cocinar to cook
cocer to cook by boiling
hervir to boil
freír to fry
guisar to cook
aderezar to cook, to season
sazonar to season
asar to roast
dorar to brown
sancochar to parboil
rellenar to stuff
mechar to lard
batir to beat

la escalera stair
la escala ladder
la escalera de mano ladder
la escalera de caracol spiral staircase
la escalera de auxilio staircase
el tramo flight of stairs
el descanso landing of stairs
el rellano landing of a stair
la rampa ramp
el pasamano handrail
el barandal railing
la barandilla railing

Algunos verbos relacionados con el tema

comprender   to comprehend
Tú **comprendiste** mis razones.

interpretar   to interpret
Juan **interpreta** las instrucciones.

seguir   to follow
Ella **sigue** las órdenes fielmente.

cumplir   to fulfil
Cumple tus obligaciones.

entender   to understand
Entendemos tu punto de vista.

cambiar   to change
Debes **cambiar** de sitio ese cuadro.

colocar   to set, to arrange, to put in due place
Coloqué el clavo en la marca sobre la pared.

buscar   to seek, to look for
Buscamos su dirección en la Guía.

ordenar   to arrange, to put in order
Ordenó el índice de acuerdo con la lista de nombres.

organizar   to organize
Se puso a **organizar** el catálogo.

mencionar   to mention
No lo **mencionan** en el Diccionario.

enumerar   to enumerate, to list
Enumeraste los temas importantes en la discusión.

separar   to detach, to take off
Debes **separar** los brazos del tronco.

agacharse   to crouch
Se **agachó** para recoger la moneda.

tocar   to touch
Toca el suelo con las manos.

cortar   to cut
Corta las verduras.

cocinar   to cook
Me gusta **cocinar**.

mezclar   to mix
La cocinera **mezcló** los ingredientes.

revolver   to stir
Revolvió la mezcla.

plegar   to fold
Plegué el papel en cuatro.

doblar   to bend
Lo **doblé** por la mitad.

VARIACIONES DE EXPRESIÓN

Tomemos algunas oraciones de los grupos de instrucciones precedentes:

> Se coloca la rueda auxiliar en el lugar de la delantera derecha.
> Se escribe primero el apellido.
> Hacer una torsión-flexión del tronco. Enderezarse.
> Pele las patatas, lávelas, séquelas, y córtelas en rodajas.

Si separamos los verbos, tendremos los siguientes grupos:

Se coloca	Hacer	Pele
Se escribe	Enderezar	Lave
		Seque
		Corte

En los dos primeros casos (**Se coloca, Se escribe**) estamos usando la forma de Pasiva con **se**, o Pasiva refleja. La forma común de Pasiva sería:

> La rueda auxiliar **es colocada.**
> El apellido **es escrito.**

pero se prefiere usar la Pasiva con **se**:

> **Se coloca** la rueda.
> **Se escribe** el apellido.

En el tercer grupo usamos el Infinitivo con valor de Imperativo:

> **Hacer** una torsión-flexión
> **Enderezarse.**

Sabemos que el Infinitivo es una forma no personal del verbo, es decir que con ella **no aludimos a una persona sujeto activo.** Por lo tanto, en los tres grupos estamos dando una orden sin aludir al sujeto personal activo. Es decir que no mencionamos quién coloca la rueda, escribe el apellido, hace la torsión, o se endereza.

En el cuarto grupo en cambio, usamos verbos en forma personal:

> (Ud.) **pele** las patatas   (Ud.) **séquelas**
> (Ud.) **lávelas**   (Ud.) **córtelas**

Notemos que estamos usando la manera formal de dirigirnos a alguien, o sea el *usted* con el verbo en tercera persona del singular. Podríamos usar la manera familiar del *tú:*

> (Tú) **pela** las patatas   (Tú) **sécalas**
> (Tú) **lávalas**   (Tú) **córtalas**

Formas para dar instrucciones, indicaciones, ordenes, o advertencias

Para dar instrucciones, indicaciones o advertencias, la lengua española presenta las siguientes formas:

Sin aludir a un sujeto activo		*Aludiendo a un sujeto activo*	
Pasiva con se	Infinitivo	Manera formal (usted)	Manera familiar (tú)
Se coloca la rueda auxiliar	Colocar la rueda auxiliar	Coloque la rueda auxiliar	Coloca la rueda auxiliar
Se escribe el apellido	Escribir el apellido	Escriba el apellido	Escribe el apellido
Se hace una torsión— flexión	Hacer una torsión— flexión	Haga una torsión— flexión	Haz una torsión— flexión
Se endereza	Enderezarse	Enderécese	Enderézate
Se pelan las patatas	Pelar las patatas	Pele las patatas	Pela las patatas
Se lavan las patatas	Lavar las patatas	Lave las patatas	Lava las patatas
Se secan las patatas	Secar las patatas	Seque las patatas	Seca las patatas
Se cortan las patatas	Cortar las patatas	Corte las patatas	Corta las patatas

NOTA: Acerca de las dos formas personales de dar una orden, la forma
Usted, y la familiar Tú, recordemos que para las órdenes afirmativas se usa
el Modo Imperativo, y para las órdenes negativas se usa el Modo Subjuntivo.
También, que estos dos Modos sólo difieren en las segundas personas.
   Ofrecemos a continuación la conjugación de algunos de los verbos
empleados en las selecciones, en sus Modos Imperativo y Subjuntivo:

colocar

MODO IMPERATIVO	MODO SUBJUNTIVO
	Presente
	Yo coloque
Coloca tú	**Tú coloques**
Coloque él	Él coloque
Coloquemos nosotros	Nosotros coloquemos
Colocad vosotros	**Vosotros coloquéis**
Coloquen ellos	Ellos coloquen

De modo que cuando cambiamos una orden afirmativa a una negativa la
dificultad o diferencia surge sólo cuando usamos el <u>tú familiar</u>, y no el <u>usted</u>
<u>formal</u> en tercera persona del verbo:

Coloque (Ud.) la rueda auxiliar.
No **coloque** (Ud.) la rueda auxiliar.

Coloca (tú) la rueda auxiliar.
No **coloques** (tú) la rueda auxiliar.

Y así con todos los casos siguientes

escribir

MODO IMPERATIVO	MODO SUBJUNTIVO
	Presente
	Yo escriba
Escribe tú	**Tú escribas**
Escriba él	Él escriba
Escribamos nosotros	Nosotros escribamos
Escribid vosotros	**Vosotros escribáis**
Escriban ellos	Ellos escriban

Escriba (Ud.) el apellido.
No **escriba** (Ud.) el apellido.

Escribe (tú) el apellido.
No **escribas** (tú) el apellido.

hacer

MODO IMPERATIVO	MODO SUBJUNTIVO
	Presente
	Yo haga
Haz tú	**Tú hagas**
Haga él	Él haga
Hagamos nosotros	Nosotros hagamos
Haced vosotros	**Vosotros hagáis**
Hagan ellos	Ellos hagan

Haga (Ud.) una torsión-flexión del tronco.
No **haga** (Ud.) una torsión-flexión del tronco.

Haz (tú) una torsión-flexión del tronco.
No **hagas** (tú) una torsión-flexión del tronco.

enderezarse

MODO IMPERATIVO	MODO SUBJUNTIVO
	Presente
	Yo me enderece
Enderézate tú	**Tú te endereces**
Enderécese él	Él se enderece
Enderecémonos nosotros	Nosotros nos enderecemos
Enderezaos vosotros	**Vosotros os enderecéis**
Enderécense ellos	Ellos se enderecen

Enderécese (Ud.).
No **se enderece** (Ud.).

Enderézate (tú).
No **te endereces** (tú).

pelar

MODO IMPERATIVO	MODO SUBJUNTIVO
	Presente
	Yo pele
Pela tú	**Tú peles**
Pele él	Él pele
Pelemos nosotros	Nosotros pelemos
Pelad vosotros	**Vosotros peléis**
Pelen ellos	Ellos pelen

Pele (Ud.) las patatas.   **Pela** (tú) las patatas.
No pele (Ud.) las patatas.   No peles (tú) las patatas.

lavar

MODO IMPERATIVO	MODO SUBJUNTIVO
	Presente
	Yo lave
Lava tú	**Tú laves**
Lave él	Él lave
Lavemos nosotros	Nosotros lavemos
Lavad vosotros	**Vosotros lavéis**
Laven ellos	Ellos laven

Lave (Ud.) las patatas.   **Lava** (tú) las patatas.
No lave (Ud.) las patatas.   No laves (tú) las patatas.

secar

MODO IMPERATIVO	MODO SUBJUNTIVO
	Presente
	Yo seque
Seca tú	**Tú seques**
Seque él	Él seque
Sequemos nosotros	Nosotros sequemos
Secad vosotros	**Vosotros sequéis**
Sequen ellos	Ellos sequen

Seque (Ud.) las patatas.   **Seca** (tú) las patatas.
No seque (Ud.) las patatas.   No seques (tú) las patatas.

cortar

MODO IMPERATIVO	MODO SUBJUNTIVO
	Presente
	Yo corte
Corta tú	**Tú cortes**
Corte él	Él corte
Cortemos nosotros	Nosotros cortemos
Cortad vosotros	**Vosotros cortéis**
Corten ellos	Ellos corten

Corte (Ud.) las patatas.   Corta (tú) las patatas.

No **corte** (Ud.) las patatas.   No **cortes** (tú) las patatas.

De manera que, en resumen, en español es posible dar instrucciones en cuatro formas diferentes: dos sin aludir a la persona a quien las dirigimos: *a)* Pasiva con se, *b)* Infinitivo con valor de Imperativo; y dos aludiendo a esa persona, ya sea en la manera formal de Usted, o con la forma familiar Tú. Acerca de estas dos últimas formas recordemos que se usa el Modo Imperativo para las instrucciones afirmativas, y el Modo Subjuntivo para las negativas, y que debemos ser especialmente cuidadosos cuando usamos las segundas personas porque en el resto las formas del Imperativo son iguales a las del Subjuntivo.

Posibles variaciones en la forma de dar instrucciones en español

Pasiva con **se**	*Infinitivo*	*Forma personal* (Usted)	*Forma personal* (Tú)
Se prepara el caramelo	Preparar el caramelo	Prepare el caramelo	Prepara el caramelo
No se prepara el caramelo	No preparar el caramelo	No prepare el caramelo	No prepares el caramelo

Puede practicar estas variaciones tomando como base cualquiera de los grupos de instrucciones que hemos anotado en las páginas anteriores, y tratar de darlas en las cuatro maneras posibles.

También pueden usarse para esta ejercitación las instrucciones que aparecen en los productos comerciales, en la página ilustrativa.

PRÁCTICA.   Modifique en todas las formas que pueda las siguientes oraciones, ya sea cambiando el vocabulario con el uso de palabras sinónimas o análogas, o cambiando el orden de los elementos sintácticos.

1. En un corto pasaje humorístico, Cortázar explica la forma de subir una escalera.

2. El alumno comprendió rápidamente las instrucciones para cumplir la tarea.

TEMAS DE COMENTARIO ORAL O ESCRITO

1. Dé las indicaciones necesarias para:
   a) lavar y lustrar un automóvil.
   b) realizar alguna pequeña reparación mecánica en su automóvil.
   c) encontrar un nombre en la Guía Telefónica.

2. Enuncie las instrucciones para realizar algunos ejercicios físicos que usted practique.

3. Dénos la receta de su plato preferido, o de alguna "creación" o "especialidad" de su familia, su pueblo, o su país.

4. Detalle las instrucciones para hacer algún experimento de laboratorio en Física o Química, o para cualquier otra actividad o trabajo.

5. También, puede tratar de imitar el humorismo de Cortázar. Le proponemos los siguientes temas:
   a) Instrucciones para clavar un clavo.
   b) Instrucciones para lavarse la cara.
   c) Instrucciones para cruzar una calle.

Actividades optativas

1. Busque una receta de cocina para preparar un plato español o hispanoamericano. Reúnase con un grupo de compañeros de su clase, familiares o amigos. Prepare la receta, y désela a probar a alguno de ellos.
   a) Describa los pasos que siguió al preparar la receta.
   b) Indique si la considera práctica y clara. En caso contrario, explique por qué, y qué cambios le haría.
   c) Describa la evaluación de la persona que probó el plato.
   d) Indique cómo consiguió la receta y si piensa prepararla en el futuro.
(Si son varios los compañeros de clase que se reúnen a preparar la receta, cada uno escribirá un informe de sus impresiones).

2. Invite a un amigo latinoamericano a presenciar (en vivo, o por televisión) un partido de béisbol.
   a) Explíquele las reglas del juego. Escriba estas instrucciones en español.
   b) Indique si si su amigo entendió las bases del juego, y cuál fue su reacción (de agrado o desagrado) frente al mismo.

Monumento a Cervantes en la Plaza de España, Madrid, en el que aparecen, junto al autor, las figuras de sus famosos personajes Don Quijote y Sancho. *Fotografía de Edward Jones.*

Las palabras del epígrafe, que forman parte de la advertencia al lector con la que Jorge Luis Borges[1] encabeza sus poesías de *Fervor de Buenos Aires,* destacan la posible identificación entre autor y lector o, dicho de otra forma, la arbitrariedad en la asignación de los papeles de lector y redactor. En el contexto general de las ideas de Borges esta conjetura aparece relacionada con aquellas otras que se refieren a la existencia de metáforas necesarias que algunos hombres (los poetas) descubrirían antes que otros, o serían capaces de percibir y expresar en forma más completa. También, como veremos más adelante en esta Unidad, con el tema del creador y su criatura. Pero si bien en la literatura moderna se han multiplicado los ejemplos y reflexiones acerca de estos límites difusos entre autor-personaje-lector, los mismos ya existen en obras antiguas. Sin ir más lejos, y como ejemplo definitivo, en el *Quijote* en donde Cervantes aparece mencionado y sus obras discutidas por algunos de los personajes, y en donde en algunos capítulos Don Quijote y Sancho reciben noticias de la aceptación y contenidos del libro que sobre ellos se escribió.[2]

En la pintura también podemos observar una relación semejante. Si retornamos al tema de *Las meninas* vemos que el autor, Velázquez, se representa a sí mismo en el cuadro, es decir que se ofrece como un personaje más, junto con la princesa y los servidores de palacio. Además, Velázquez aparece pintando un lienzo, y mirando hacia adelante que es donde se supone que están los reyes, pero también donde necesariamente estamos nosotros, los espectadores. Así, el espectador es "requerido" o "introducido" en el cuadro. De modo que el esquema separado de: autor-personaje-espectador, se confunde o superpone en *Las meninas* en la siguiente forma:

Nuestras nadas poco difieren; es trivial y fortuita la circunstancia de que seas tú el lector de estos ejercicios, y yo su redactor.
J. L. Borges

AUTOR-PERSONAJE-LECTOR

3

---

[1]JORGE LUIS BORGES (1899). Notable escritor argentino, reconocido mundialmente como uno de los más importantes dentro de las letras españolas contemporáneas. Autor de obras en verso y en prosa (ensayos, cuentos, relatos). Algunos de sus títulos son: *El hacedor, Elogio de la sombra, Historia de la eternidad, Ficciones, El Aleph.* Con un enfoque erudito y muchas veces metafísico trata, entre otros, los temas del tiempo circular, las repeticiones o retornos, la metáfora, el sueño, la identidad, y la relación entre el creador y la criatura.

[2]Para este tema ver: AMÉRICO CASTRO, "Cervantes y Pirandello," apéndice en *Hacia Cervantes,* segunda edición (Madrid: Taurus, 1960), y ENRIQUE ANDERSON IMBERT, "La forma 'autor-personaje-autor', en una novela mexicana del siglo XVII," en *Crítica interna* (Madrid: Taurus, 1960)

Autor	*Personaje*	*Espectador*
Velázquez	Velázquez pintando ↗ el lienzo / Nosotros pintados en ↙ el lienzo del que sólo vemos la parte de atrás	Nosotros

A continuación, y para ilustrar esta identidad confusa, o esta posible identificación entre autor-personaje-lector, vamos a transcribir dos textos. El primero, un fragmento de la novela *Niebla* de Miguel de Unamuno[3]. El segundo, el relato "Everything and nothing" de Jorge Luis Borges.

Niebla (1914) es una de las más difundidas e importantes novelas de Unamuno. El autor la llama *nivola* porque, según explica, no quiere someterse a las reglas del género novela, y dado que crea una forma nueva, le da también un nombre nuevo.

Precisamente, una de las principales novedades de la obra es que, al final, el protagonista Augusto Pérez va a Salamanca a visitar al autor, Unamuno, y a discutir con él el desenlace. Seguidamente damos parte de esta escena:

Aquella tempestad del alma de Augusto terminó, como en terrible calma, en decisión de suicidarse. Quería acabar consigo mismo, que era la fuente de sus desdichas propias. Mas antes de llevar a cabo su propósito, como el náufrago que se agarra a una débil tabla, ocurrió-sele consultarlo conmigo, con el autor de todo este relato. Por entonces había leído Augusto un ensayo mío en que, aunque de pasada, hablaba del suicidio, y tal impresión pareció hacerle, así como otras cosas que de mí había leído, que no quiso dejar este mundo sin haberme conocido y platicado un rato conmigo. Emprendió, pues, un viaje acá, a Salamanca, donde hace más de veinte años vivo, para visitarme.

Cuando me anunciaron su visita sonreí enigmáticamente, y le mandé pasar a mi despacho-librería. Entró en él como un fantasma, miró a un retrato mío al óleo que allí preside a los libros de mi librería, y a una seña mía se sentó, frente a mí.

Empezó hablándome de mis trabajos literarios y más o menos filosóficos, demostrando conocerlos bastante bien, lo que no dejó, ¡claro está!, de halagarme, y en seguida empezó a contarme su vida y sus desdichas. Le atajé° diciéndole que se ahorrase aquel trabajo, pues de las vicisitudes de su vida sabía yo tanto como él, y se lo demostré citándole los más íntimos pormenores y los que él creía más secretos. Me miró con ojos de verdadero terror y como quien

atajar: detener, interrumpir

[3]MIGUEL DE UNAMUNO (1864–1936). Escritor español, nacido en Bilbao. Profesor y Rector de la Universidad de Salamanca, fue uno de los integrantes principales de la Generación del 98, y uno de los más importantes pensadores europeos. Cultivó el teatro, la poesía lírica, la novela y el ensayo. Obras: *Fedra, El otro, Poesías, Niebla, Abel Sánchez, La Tía Tula, San Manuel Bueno, mártir, Vida de Don Quijote y Sancho, Del sentimiento trágico de la vida en los hombres y en los pueblos, La agonía del Cristianismo.* (Ver el retrato de Unamuno en la sección en colores).

mira a un ser increíble; creí notar que se le alteraba el color y traza del semblante y que hasta temblaba. Le tenía yo fascinado.

—¡Parece mentira! —repetía—. ¡Parece mentira! A no verlo no lo creería. No sé si estoy despierto o soñando . . .

—Ni despierto ni soñando— le contesté.

—No me lo explico . . . no me lo explico— añadió; —mas puesto que usted parece saber sobre mí tanto como sé yo mismo, acaso adivine mi propósito . . .

—Sí —le dije—, tú —y recalqué este *tú* con un tono autoritario—; tú, abrumado por tus desgracias, has concebido la diabólica idea de suicidarte, y antes de hacerlo, movido por algo que has leído en uno de mis últimos ensayos, vienes a consultármelo.

El pobre hombre temblaba como un azogado°, mirándome como un poseído° miraría. Intentó levantarse, acaso para huir de mí; no podía. No disponía de sus fuerzas.

—¡No, no te muevas!— le ordené.

—Es que . . . es que . . .— balbuceó.

—Es que tú no puedes suicidarte, aunque lo quieras.

—¿Cómo?— exclamó al verse de tal modo negado y contradicho

—Sí. Para que uno se pueda matar a sí mismo, ¿qué es menester?°—le pregunté

—Que tenga valor para hacerlo— me contestó.

—No —le dije—, ¡que esté vivo!

—¡Desde luego!

—¡Y tú no estás vivo!

—¿Cómo que no estoy vivo? ¿Es que me he muerto?— y empezó, sin darse clara cuenta de lo que hacía, a palparse a sí mismo.

—¡No, hombre, no! —le repliqué—. Te dije antes que no estabas ni despierto ni dormido, y ahora te digo que no estás ni muerto ni vivo.

—¡Acabe usted de explicarse de una vez, ¡por Dios! ¡acabe de explicarse! —me suplicó, consternado—, porque son tales las cosas que estoy viendo y oyendo esta tarde, que temo volverme loco.

—Pues bien: la verdad es, querido Augusto —le dije con la más dulce de mis voces—, que no puedes matarte porque no estás vivo, y que no estás vivo, ni tampoco muerto, porque no existes . . .

—¿Cómo que no existo?— exclamó.

—No, no existes más que como ente de ficción; no eres, pobre Augusto, más que un producto de mi fantasía y de las de aquellos de mis lectores que lean el relato que de tus fingidas venturas y malandanzas he escrito yo; tú no eres más que un personaje de novela, o de *nivola,* o como quieras llamarle. Ya sabes, pues, tu secreto.

Al oír esto quedóse el pobre hombre mirándome un rato con una de esas miradas perforadoras que parecen atravesar la mira e ir más allá; miró luego un momento a mi retrato al óleo que preside a

azogado: enfermo con un temblor continuado por haber absorbido vapores de mercurio
poseído: dominado por un espíritu maligno

ser menester: ser necesario

mis libros, le volvió el color y aliento, fue recobrándose, se hizo dueño de sí, apoyó los codos en mi camilla, a que estaba arrimado frente a mí, y la cara en las palmas de las manos, y mirándome con una sonrisa en los ojos me dijo lentamente:

—Mire usted bien, don Miguel . . . no sea que esté usted equivocado y que ocurra precisamente todo lo contrario de lo que usted se cree y me dice.

—Y¿qué es lo contrario?— le pregunté alarmado de verle recobrar vida propia.

—No sea, mi querido don Miguel —añadió—, que sea usted y no yo el ente de ficción, el que no existe en realidad, ni vivo, ni muerto . . . No sea que usted no pase de ser un pretexto para que mi historia llegue al mundo . . .

—¡Eso más faltaba! —exclamé algo molesto.

—No se exalte usted así, señor de Unamuno —me replicó—, tenga calma. Usted ha manifestado dudas sobre mi existencia . . .

—Dudas, no —le interrumpí—; certeza absoluta de que tú no existes fuera de mi producción novelesca.

—Bueno, pues no se incomode tanto si yo a mi vez dudo de la existencia de usted y no de la mía propia. Vamos a cuentas°: no ha sido usted el que no una sino varias veces ha dicho que Don Quijote y Sancho son no ya tan reales, sino más reales que Cervantes?

—No puedo negarlo, pero mi sentido al decir eso era . . .

—Bueno, dejémonos de esos sentires y vamos a otra cosa. Cuando un hombre dormido e inerte en la cama sueña algo, ¿qué es lo que más existe: él como conciencia que sueña o su sueño?

—¿Y si sueña que existe él mismo, el soñador? —le repliqué a mi vez.

—En ese caso, amigo don Miguel, le pregunto yo a mi vez, ¿de qué manera existe él, como soñador que sueña, o como soñado por sí mismo? Y fíjese, además, en que al admitir esta discusión conmigo me reconoce ya existencia independiente de sí.

—¡No, eso no! ¡eso no! —le dije vivamente—. Yo necesito discutir, sin discusión no vivo y sin contradicción, y cuando no hay fuera de mí quien me discuta y contradiga invento dentro de mí quien lo haga. Mis monólogos son diálogos.

—Y acaso los diálogos que usted forje no sean más que monólogos . . .

—Puede ser. Pero te digo y repito que tú no existes fuera de mí . . .

—Y yo vuelvo a insinuarle a usted la idea de que es usted el que no existe fuera de mí y de los demás personajes a quienes usted cree haber inventado.

vamos a cuentas: expresión con que se llama la atención en un asunto para aclararlo.

"Everything and nothing" forma parte de *El hacedor,* volumen en prosa y verso publicado por Borges en 1960.

El tema se refiere a Shakespeare en sus distintas identidades: como autor, como actor que representa a distintos personajes, como amante, como empresario teatral, como poeta, y finalmente y de manera significativa, como criatura de Dios o, más exactamente, como sueño de Dios.

EVERYTHING AND NOTHING

Nadie hubo en él; detrás de su rostro (que aun a través de las malas pinturas de la época no se parece a ningún otro) y de sus palabras, que eran copiosas, fantásticas y agitadas, no había más que un poco de frío, un sueño no soñado por alguien. Al principio creyó que todas las personas eran como él, pero la extrañeza de un compañero con el que había empezado a comentar esa vacuidad, le reveló su error y le dejó sentir para siempre, que un individuo no debe diferir de especie. Alguna vez pensó que en los libros hallaría remedio para su mal y así aprendió el poco latín y menos griego de que hablaría un contemporáneo; después consideró que en el ejercicio de un rito elemental de la humanidad, bien podía estar lo que buscaba y se dejó iniciar por Anne Hathaway[4], durante una larga siesta de junio. A los veintitantos° años fue a Londres. Instintivamente, ya se había adiestrado° en el hábito de simular que era alguien, para que no se descubriera su condición de nadie; en Londres encontró la profesión a la que estaba predestinado, la del actor, que en un escenario, juega a ser otro, ante un concurso° de personas que juegan a tomarlo por aquel otro. Las tareas histriónicas° le enseñaron una felicidad singular, acaso la primera que conoció; pero aclamado el último verso y retirado de la escena el último muerto, el odiado sabor de la irrealidad recaía sobre él. Dejaba de ser Ferrex[5] o Tamerlán[6] y volvía a ser nadie. Acosado, dio en imaginar otros héroes y otras fábulas trágicas. Así, mientras el cuerpo cumplía su destino de cuerpo, en lupanares y tabernas de Londres, el alma que lo habitaba era César[7], que desoye la admonición del augur°, y Julieta, que aborrece a la alondra, y Macbeth, que conversa en el páramo con las brujas que también son las parcas°. Nadie fue tantos hombres como aquel hombre, que a semejanza del egipcio Proteo[8] pudo agotar todas las apariencias del ser. A veces, dejó en algún recodo de la obra una confesión, seguro de que no la descifrarían; Ricardo afirma que en su sola persona, hace el papel de muchos, y Yago dice con curiosas palabras *no soy lo que soy*. La identidad fundamental de existir, soñar y representar le inspiró pasajes famosos.

veintitantos: cualquier número entre los veinte y los treinta

adiestrarse: ejercitarse, instruirse

concurso: grupo numeroso, cantidad de gente

histriónico: relativo al teatro, a la representación

augur: en la antigua Roma, sacerdote que adivinaba el futuro

parcas: Cloto, Láquesis y Atropos, tres diosas de la mitología griega de las cuales la primera hilaba, la segunda devanaba, y la tercera cortaba el hilo de la vida del hombre

[4]ANNE HATHAWAY (1556?–1623). Mujer de Shakespeare.

[5]FERREX. Personaje de *Gorboduc*, o *Ferrex and Porrex*, una de las primitivas tragedias inglesas escrita por Thomas Norton y T. Sackville.

[6]TAMERLÁN. Forma española del nombre del personaje en la tragedia de Christopher Marlow *Tamburlaine the Great*.

[7]CESAR, JULIETA, MACBETH, RICARDO, YAGO. Personajes de las tragedias de Shakespeare.

[8]PROTEO. Dios marino en la mitología griega a quien algunos autores ubicaban en Egipto. Poseía el don del conocimiento y la profecía, pero para huir de aquéllos que querían interrogarlo adoptaba las formas más diversas.

Veinte años persistió en esa alucinación dirigida, pero una mañana lo sobrecogieron el hastío y el horror de ser tantos reyes que mueren por la espada y tantos desdichados amantes que convergen, divergen y melodiosamente agonizan. Aquel mismo día resolvió la venta de su teatro. Antes de una semana había regresado al pueblo natal, donde recuperó los árboles y el río de la niñez y no los vinculó a aquellos otros que había celebrado su musa, ilustres de alusión mitológica y de voces latinas. Tenía que ser alguien; fue un empresario retirado que ha hecho fortuna y a quien le interesan los préstamos, los litigios y la pequeña usura. En ese carácter dictó el árido testamento que conocemos, del que deliberadamente excluyó todo rasgo patético o literario. Solían visitar su retiro amigos de Londres, y él retomaba para ellos el papel de poeta.

La historia agrega que, antes o después de morir, se supo frente a Dios y le dijo: *Yo, que tantos hombres he sido en vano, quiero ser uno y yo. La voz de Dios le contestó desde un torbellino: Yo tampoco soy; yo soñé el mundo como tú soñaste tu obra, mi Shakespeare, y entre las formas de mi sueño estás tú, que como yo eres muchos y nadie.*

Núcleos de vocabulario

PALABRAS ANÁLOGAS O SINÓNIMAS

el *autor* author
el *hacedor* maker
el *creador* creator
el *artífice* artificer
el *artista* artist
el *padre* father

el *monólogo* monologue
el *soliloquio* soliloquy
el *aparte* aside

la *conversación* conversation, talk
el *coloquio* colloquy

la *plática* talk
la *charla* chat
la *cháchara* chatter, prattle
el *diálogo* dialogue
el *palique* chitchat, small talk

narrar to narrate
contar to tell
referir to tell
relatar to relate
decir to tell
mencionar to mention
historiar to narrate, to chronicle

PALABRAS AFINES

el *sueño* dream
el *ensueño* reverie
la *ficción* fiction
la *imaginación* imagination
la *ilusión* illusion
la *imagen* image
la *fantasía* fancy, fantasy
la *fantasmagoría* phantasmagoria
la *pesadilla* nightmare

el *simulacro* simulacrum, unreal semblance
la *alucinación* hallucination
el *espejismo* mirage
el *ente de razón* object created by the mind

la *cara* face
el *rostro* face
la *faz* face

el *semblante* countenance
el *gesto* facial expression
el *visaje* facial expression
la *mueca* ridiculous facial expression
el *continente* countenance
el *ceño* frown
la *fisonomía* physiognomy

las *facciones* features
el *perfil* profile
la *figura* figure
la *tez* complexion
la *piel* skin
los *rasgos* features
el *aspecto* aspect

Algunos verbos relacionados con el tema

platicar   to talk
Platicamos largo rato.

dialogar   to converse
Obsérvalo cuando **dialogues** con él.

soñar   to dream
Me dijo que Dios nos **sueña**.

suicidarse   to commit suicide
Augusto Pérez no se **suicidó**.

matarse   to kill oneself
Tu amigo se **mató** por accidente.

simular   to simulate, to pretend
Simuló no haberlo visto.

imaginar   to imagine
El autor **imaginó** la escena.

acosar   to pursue relentlessly, to vex
La idea de ese personaje **acosaba** al autor.

existir   to exist
Dice que un personaje **existe** fuera de la ficción.

convergir   to converge
Los rayos de luz **convergen** en ese punto.

divergir   to diverge
Acerca de esto nuestras opiniones **divergen**.

descifrar   to decipher
Descifró el texto antiguo.

identificar   to identify
Ese rasgo lo **identifica**.

identificarse   to identify oneself
Me **identifiqué** con su sentimiento.

diferir   to differ
Acerca de esto nuestras opiniones **difieren**

agotar   to exhaust
Ya **agotaste** mi paciencia.

excluir   to exclude
Ella **excluyó** a Juan de la lista de invitados.

agregar   to add
Ella **agregó** a Juan en la lista de invitados.

VARIACIONES DE EXPRESIÓN

Como técnica general de narración de una novela, el autor puede adoptar la narración en tercera persona, en la que relata lo que ocurre a los personajes, o en primera persona, en la que simula ser el personaje principal que habla y cuenta sus experiencias con los otros personajes. Cuando el autor refiere sus experiencias reales o que pretende que lo sean, como pasa en la novela picaresca española, usa la primera persona autobiográfica.

En esta *nivola* Unamuno modifica o agrega nuevas posibilidades a las ya conocidas, y así incluye pasajes en tercera persona; en primera persona a través de las cartas del protagonista Augusto Pérez; en primera persona autobiográfica cuando interviene en la novela como Miguel de Unamuno; y también mezcla estas formas con el uso y transcripción de diálogos y monólogos.

Tomemos algunos ejemplos del fragmento que hemos leído, y de otros capítulos de la novela:

Narración en tercera persona

Aquella tempestad del alma de Augusto terminó, como en terrible calma, en decisión de suicidarse.

Narración en primera persona, a través de una carta

Salamanca. Unamuno
Se salió usted con la suya. He muerto.

Augusto Pérez.

Narración en primera persona, autobiográfica

Cuando me anunciaron su visita sonreí enigmáticamente, y le mandé pasar a mi despacho-librería.

Narración en forma de monólogo (de Augusto Pérez)

Y esta mi vida, ¿es novela, es nivola o qué es? Todo esto que me pasa y que les pasa a los que me rodean, ¿es realidad o es ficción? ¿No es acaso todo esto un sueño de Dios o de quien sea, que se desvanecerá en cuanto Él despierte, y por eso le rezamos y elevamos a Él cánticos e himnos, para adormecerle, para cunar su sueño?

Narración en forma de diálogo (de Augusto Pérez, personaje, y de Miguel de Unamuno, autor)

—¡No, no te muevas!—le ordené.

—Es que. . . , es que . . .—balbuceó.

—Es que tú no puedes suicidarte, aunque lo quieras.

—¿Cómo?—exclamó al verse de tal modo negado y contradicho.

—Sí. Para que uno se pueda matar a sí mismo, ¿qué es menester?—le pregunté.

—Que tenga valor para hacerlo —me contestó.

—No —le dije—, ¡que esté vivo!

—¡Desde luego!

—¡Y tú no estás vivo!

Notemos que ésta es la narración de un diálogo porque el escritor nos cuenta la conversación cuando agrega: "le ordené"; "balbuceó"; "exclamó"; "Le pregunté"; "me contestó"; "le dije".

Para obtener un diálogo real o dramatizado debemos suprimir estas acotaciones:

—¡No, no te muevas!

—Es que. . . , es que . . .

—Es que tú no puedes suicidarte, aunque lo quieras.

—¿Cómo?

—Sí. Para que uno se pueda matar a sí mismo, ¿qué es menester?

—Que tenga valor para hacerlo.

—No, ¡que esté vivo!

—¡Desde luego!

—¡Y tú no estás vivo!

PRÁCTICA: Modifique en todas las formas que pueda las siguientes oraciones, ya sea cambiando el vocabulario con el uso de palabras sinónimas o análogas, o cambiando el orden de los elementos sintácticos.

1. Por entonces había leído Augusto un ensayo mío en que hablaba del suicidio.

2. En *Niebla,* el autor mantiene una conversación con el protagonista de la novela.

TEMAS DE COMENTARIO ORAL O ESCRITO

1. Imagine un monólogo de algún personaje famoso, histórico o literario.

2. Imagine un diálogo entre un personaje y su creador, por ejemplo entre Hamlet y Shakespeare; entre Don Quijote y Cervantes.

3. Comente las palabras en el texto de Unamuno: ". . . Don Quijote y Sancho son no ya tan reales, sino más reales que Cervantes"

4. Analice la relación: **Autor-personaje**
   Dios-criatura

5. En el trío Autor-personaje-lector, ¿cuál le parece más importante o autónomo? ¿Puede existir el autor sin lectores?

6. Comente en general el texto de Unamuno, o algún párrafo en especial.

7. Comente en general el relato de Borges, o algún párrafo en especial.

Actividades optativas

1. Reflexione acerca de los siguientes personajes de la literatura y el arte universal: **Don Quijote**
   Fausto
   Don Juan

   Escriba sus opiniones acerca de la relación entre estos personajes y sus creadores. ¿Quién es más importante? ¿A quién conoce o recuerda usted mejor, al autor o al personaje?

2. Piense en la relación autor-personaje con:
   Walt Disney—Mickey Mouse (el Ratón Miguelito)
   Charles M. Schulz—Charlie Brown

   ¿Si tuviera que escribir una composición acerca de los rasgos característicos de estos individuos, a quién elegiría porque lo conoce mejor, al autor o al personaje?

3. Al final del capítulo II, de la Segunda Parte de *Don Quijote de la Mancha,* de Cervantes, se lee lo siguiente:

   ". . . que anoche llegó el hijo de Bartolomé Carrasco, que viene de estudiar de Salamanca, hecho bachiller, y yéndole yo a dar la bienvenida, me dijo que andaba ya en libros la historia de vuestra merced, con nombre de *El Ingenioso Hidalgo don Quijote de la Mancha;* y dice que me mientan a mí en ella con mi mesmo nombre de Sancho Panza, y a la señora Dulcinea del Toboso, con otras cosas que pasamos nosotros a solas, que me hice cruces de espantado cómo las pudo saber el historiador que las escribió."

   Lea también el capítulo LXXII de la Segunda Parte, y comente el efecto que causa que los personajes de la novela se reconozcan como personajes de otras historias.

4. ¿Ha asistido a la representación, o leído la obra del dramaturgo italiano Luigi Pirandello, *Seis personajes en busca de autor?* ¿Ha asistido a alguna representación teatral en la que se solicita la participación del espectador? Comente su experiencia.

BIBLIOGRAFÍA

Anderson Imbert, Enrique. "La forma 'autor-personaje-autor', en una novela mexicana del siglo XVII", en *Crítica interna.* Madrid: Taurus, 1960.

Castro, Américo. "Cervantes y Pirandello", apéndice en *Hacia Cervantes.* Segunda edición. Madrid: Taurus, 1960.

Marías, Julián. *Miguel de Unamuno.* Colección Austral, No. 991. Buenos Aires: Espasa-Calpe Argentina, S.A., 1951.

Sucre, Guillermo. *Borges, el poeta.* México: Universidad Nacional Autónoma de México, 1967.

Unamuno, Miguel de. *Cómo se hace una novela.* En *La tía Tula.* Estella (España): Salvat Editores, S.A., 1970.

La Universidad de Salamanca, la más antigua de la Península, fue
fundada en el 1230 por el rey Alfonso IX de León. *Foto cortesía del
Ministerio de Información y Turismo, España.*

DIVISION OF WORDS INTO SYLLABLES

All words are made up of one or more syllables, and one of the practical problems that presents itself in learning to write a language is knowing where and how to separate words into their components. This is important in analyzing poetry and in dividing words correctly at the end of a line.

Fortunately, Spanish has simple, fixed rules for syllabication. It is necessary to learn and remember them because most, if not all, Spanish and bilingual dictionaries (in contrast to English dictionaries) do not indicate word separations.

Before considering the rules themselves, we should review some of the basic concepts underlying Spanish syllabication. Thus, this grammar unit is divided into the following four sections: (1) **Spanish vowels** (2) **Diphthongs and triphthongs** (3) **Groups of consonants** (4) **General rules for syllabication.**

Spanish has only five distinctive vowels: *a, e, i, o, u.* This means that each vowel —according to its position in a syllable or word, whether or not it is accented, or for other phonetic reasons such as the influence of contiguous sounds— can be pronounced somewhat differently: It may be more open, more closed, more relaxed, etc. However, these small variations in pronunciation do not constitute phonemic differences. That is, they would not result in a difference of meaning.

In its vowels Spanish differentiates itself from the other Romance Languages. The others, in their derivations from Vulgar Latin, have retained the seven distinctively different vowels: *a, open e, closed e, i, open o, closed o, u.* There was a tendency for the *accented open e* and the *accented open o* in Latin to appear in Spanish as the diphthongs *ie* and *ue,* respectively. Thus, when an *accented open e* occurred in Latin, Spanish tended to make this vowel the *ie* diphthong. For example:

Latin		Spanish
pedum	⟶	p*ie*
cervus	⟶	c*ie*rvo
ferrum	⟶	h*ie*rro

This same tendency can be seen in the *accented open o* and the *ue* diphthong. According to some experts, this would explain the reduction of the seven vowel phonemes in Latin to five in Spanish.

In addition to the relatively smaller number of vowel phonemes in Spanish as compared to the other Romance Languages, another distinguishing feature of the Spanish vowels is that they maintain a relatively unvarying quality from the beginning to the end of their articulation. Along with this consistency of quality,

Spanish Vowels

there are the characteristics of: (1) the relative brevity with which Spanish vowels are pronounced; (2) the tendency to hold all the muscles of the tongue and lips in the same position throughout the production of the vowel sounds, and; (3) the considerable muscular tension with which the vowel sounds are produced. These characteristics, together, give the Spanish vowel system a clarity and consistency that is rather unusual in comparison with other languages.

Considering that vowels represent approximately half of the syllable composition in Spanish, their fixed pronunciation is very important. For many this could explain why Spanish has been able to maintain itself without great changes in its pronunciation over long periods of time and throughout the extensive geographic area of its usage.

Returning to the topic of our immediate interest, that is, the study of vowels in relation to the division of words into syllables, we know that in Spanish the vowels can form syllables by themselves (*au*-la, *Eu*-ro-pa, *oi*-ga). Even a single vowel can form a syllable, for example:

a-lum-no	*a*-bue-la
e-le-fan-te	*e*-nor-me
i-lu-sión	*i*-ro-ní-a
o-ra-ción	*o*-so
ú-ni-co	*u*-nión

Another point that we ought to analyze in this context is the *classification of vowels*. The classification most appropriate for our use is based on the degree of aperture and the point of articulation. Fundamentally, the *degree of aperture* of a vowel depends upon the distance between the tongue and the palate. Based on this, vowels are classified as *open* and *closed*. The *point of articulation* indicates where in the mouth the tongue forms the articulation. Thus, corresponding to the locations in the mouth, vowels are classified as *front, center,* and *back*.

The physiologist Hellwag used the idea of the *Vowel Triangle* to demonstrate schematically the point of articulation and the degree of aperture of each of the vowels, and the relationship among the vowels:

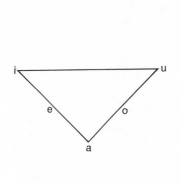
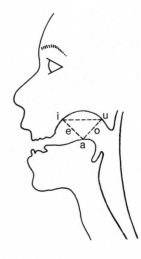

This analysis results in the following table:

Vowel	Aperture	Articulation
a	*open*	center
e	*half open*	front
i	*closed*	front
o	*half open*	back
u	*closed*	back

What interests us most in this scheme is that the *a, e,* and *o* are *open vowels* and the *i* and *u* are *closed.* (Many grammar books refer to the *open* and *closed* vowels as "strong" and "weak", however this nomenclature can be confusing because, as we have seen, the vowel classification we are using deals not with the intensity of pronunciation, but with the degree of aperture.)

An understanding of the characteristics of Spanish vowels is important in order to apply the rules of syllabication. In summary, then, we can say that:

Of the five Spanish vowels, the *a, e,* and *o* are *open;* the *i* and *u* are *closed.*

Vowels, including a single vowel, can form a syllable.

A **diphthong** is the joining of two vowels, one *open* and the other *closed* or two *closed,* in the same syllable. For example:

Diphthongs and Triphthongs

*ai*re	*ai*-re	*a* is *open, i* is *closed*
p*ia*no	p*ia*-no	*i* is *closed, a* is *open*
fe*u*dal	fe*u*-dal	*e* is *open, u* is *closed*
c*uo*ta	c*uo*-ta	*u* is *closed, o* is *open*
c*iu*dad	c*iu*-dad	*i* is *closed, u* is *closed*
r*ui*do	r*ui*-do	*u* is *closed, i* is *closed*

This is to say, in order for a diphthong to exist, two basic conditions must be met:

1. There must be two vowels together and they must be either one *open* and the other *closed,* or both *closed.* Two open vowels, even though they are together, do not form a diphthong, each maintains its separate quality. For example:

p*oe*ta	po-e-ta	*o* and *e* are *open*
m*ae*stro	ma-es-tro	*a* and *e* are *open*
g*eo*grafía	ge-o-gra-fí-a	*e* and *o* are *open*

2. The vowels must be in the same syllable. In some instances two vowels appear together, meeting the first condition, but because they are not pronounced in the same syllable, they do not form a diphthong. For example:

econom*ía*	e-co-no-mí-a	*i* and *a* are pronounced in separate syllables

maíz	ma-íz	*a* and *i* are pronounced in separate syllables
navío	na-ví-o	*i* and *o* are pronounced in separate syllables
dúo	dú-o	*u* and *o* are pronounced in separate syllables

Using the five Spanish vowels, three *open (a, e, o)* and two *closed (i, u)*, fourteen possible diphthongs can be formed:

Diphthongs	*Words that contain diphthongs*		
ai	ba*i*le	*a*islado	fra*i*le
au	g*au*cho	c*au*sa	*au*xilio
ei	re*i*no	pe*i*ne	ace*i*te
eu	de*u*da	*Eu*ropa	*eu*foria
ia	av*ia*ción	D*ia*na	lluv*ia*
ie	n*ie*ve	D*ie*go	p*ie*
io	barr*io*	b*io*logía	decis*io*n
iu	c*iu*dad	d*iu*rno	v*iu*do
oi	esto*i*co	Fro*i*lán	bo*i*na
ou	bo*u*[1]		
ua	d*ua*lidad	c*ua*tro	ag*ua*
ue	p*ue*nte	d*ue*lo	b*ue*no
ui	r*ui*do	j*ui*cio	h*ui*r
uo	c*uo*ta	ac*uo*so	ard*uo*

In syllabication, the diphthong is considered as a single vowel. Its components cannot be separated.

A **triphthong** is the joining of three vowels, one *open* between two *closed*, in the same syllable. As with the diphthong, in order for a triphthong to exist, it must meet two basic conditions:

1. There must be three vowels together, one *open (a, e, or o)* between two *closed (i, u)*.
2. The three vowels must be pronounced in the same syllable.

Given these conditions, there are twelve possible vowel combinations that could form triphthongs, but in the Spanish vocabulary only eight forms of triphthongs appear, some of them very infrequently. These are:

Triphthongs	*Examples*
iai	abrev*iái*s
iei	aliv*iéi*s
uai	amortig*uái*s
uei	frag*üéi*s
iau	m*iau*
ieu	hal*iéu*tico
ioi	h*ioi*des
uau	g*uau*

[1]This is the only Spanish word with the *ou* diphthong. It refers to a method of fishing.

In syllabication, the triphthong is considered as a single vowel nucleus. Its components cannot be separated.

Thus, to summarize this examination of diphthongs and triphthongs as they relate to the division of words into syllables, it must be remembered that:

Diphthongs and triphthongs are both considered as single vowel nuclei. Their components cannot be separated.

Just as, under certain circumstances, two vowels unite to form a diphthong and cannot be separated, certain consonants also can join to form inseparable consonant clusters.

In Spanish, the consonants *l* and *r* are referred to as **líquidas** because they blend into certain other consonants known as **licuantes**.

Groups of Consonants

The *r* can blend into:

    the *b*   as in *b*risa, a*b*rir, *b*rillo
    the *c*   as in *c*rimen, *c*rédito, o*c*re
    the *d*   as in *d*roga, *d*rama, hie*d*ra
    the *f*   as in *f*rente, *f*rancés, o*f*recer
    the *g*   as in *g*racia, *g*riego, a*g*resor
    the *p*   as in o*p*resión, *p*reso, *p*remio
    the *t*   as in a*t*roz, *t*rono, en*t*rar

The *l* can blend into:

    the *b*   as in ha*b*lar, pue*b*lo, o*b*ligar
    the *c*   as in a*c*lamar, *c*lave, *c*lavo
    the *f*   as in in*f*lar, *f*laco, *f*luvial
    the *g*   as in re*g*la, *g*lobo, *g*loria
    the *p*   as in *p*lazo, a*p*licar, *p*legaria
    the *t*   as in a*t*las, a*t*leta, a*t*lántico

NOTE: THE *tl* blending is subject to debate. Certain experts feel that the *t* is not a **licuante** for the *l* and they should appear in different syllables, as at-las, at-le-ta, at-lán-ti-co. Those who consider the *tl* to be a consonant cluster would respect its inseparability by dividing these words as: a-*tl*as, a-*tl*e-ta, a-*tl*án-ti-co.

Summarizing schematically:

$$\left.\begin{array}{l}\text{Líquidas}\\ r, l\end{array}\right\} - \text{blend into} \rightarrow \left\{\begin{array}{l}\text{Licuantes}\\ b, c, d, f, g, p, t\end{array}\right.$$

$$\left.\begin{array}{l}\text{Licuantes}\\ b, c, d, f, g, p, t\end{array}\right\} - \text{blend} \rightarrow \left\{\begin{array}{l}\text{Líquidas}\\ r, l\end{array}\right.$$

A licuante and a líquida form what is known as a **grupo de consonantes**. This is a consonant cluster. In terms of the way they effect the division of words into syllables, we can state that:

Certain combinations of consonants function as a single consonant. Their components cannot be separated.

General Rules for Syllabication In the preceding sections we have discussed certain rules for dividing words into syllables. In summary, these are:

A. A vowel or a vowel combination can constitute a syllable.

B. Diphthongs and triphthongs are considered single vowel nuclei and cannot be divided.

C. Consonant clusters are considered single consonants and cannot be divided.

Keeping these principles in mind, we can consider four special rules for dividing words into syllables:

1. When a consonant is between two vowels, it joins the following vowel. For example:

a*l*a	a-la
ma*n*o	ma-no
mi*n*u*t*o	mi-nu-to
du*r*a*c*ión	du-ra-ción

2. When there are two consonants between two vowels, the first consonant joins the preceding vowel and the second consonant joins the following vowel. For example:

es*t*ar	es-tar
in*t*uición	in-tui-ción
es*c*alera	es-ca-le-ra

Exception to the rule: When a consonant cluster appears between two vowels, because it is considered to be a single indivisible unit, it is treated according to Rule 1: the consonant cluster joins the following vowel. For example:

ha*bl*ar	ha-blar
a*gr*esor	a-gre-sor

3. When there are three consonants between two vowels, the first two join the preceding vowel and the other joins the following vowel. For example:

ins*p*ector	ins-pec-tor
obs*t*áculo	obs-tá-cu-lo
con*st*ancia	cons-tan-cia

Exception to the rule: When a consonant cluster appears, because it is considered as a single unit, the first consonant joins the preceding vowel and the consonant cluster joins the following vowel. For example:

es*tr*uendo	es-truen-do
e*mpl*ear	em-ple-ar

4. When there are four consonants between two vowels, the first two join the preceding vowel and the second two join the following vowel. For example:

*instr*ucción	ins-truc-ción
*obstr*ucción	obs-truc-ción
*constr*ucción	cons-truc-ción

Tienda de Circo en el festival de Jocotepec, México.
Fotografía de Peter Menzel.

Como vemos en el epígrafe, la definición académica de la risa es limitada e incompleta. Realmente no es empresa fácil precisar qué es la risa, o en qué consiste el humor. Varios filósofos, psicólogos y escritores lo han intentado a través de numerosos estudios. Entre ellos, uno de los más difundidos es el de Henri Bergson[1] *La risa: Ensayo sobre la significación de lo cómico*. Del mismo, hemos tomado tres párrafos. En el primero, Bergson determina que la risa y lo cómico son privativos del hombre. En los dos siguientes, el filósofo francés fija una de sus tesis fundamentales cuando dice que la risa resulta de observar lo mecánico o rígido inserto en lo vivo.

[1]HENRI BERGSON (1859–1941). Ilustre filósofo francés. Sus obras no sólo ofrecen un pensamiento profundo y original sino que, además, deleitan por su estilo depurado. En 1928, Bergson obtuvo el Premio Nobel de Literatura. Entre sus libros principales figuran *La evolución creadora, Ensayo sobre los datos inmediatos de la conciencia, Materia y Memoria, La energía espiritual*.

Risa: Movimiento de la boca y otras partes del rostro, que demuestra alegría. Diccionario de la Real Academia

LA RISA Y EL HUMOR

Fuera de lo que es propiamente *humano,* no hay nada cómico. Un paisaje podrá ser bello, sublime, insignificante o feo, pero nunca ridículo. Si reímos a la vista de un animal, será por haber sorprendido en él una actitud o una expresión humana. Nos reímos de un sombrero, no porque el fieltro o la paja de que se compone motiven por sí mismos nuestra risa, sino por la forma que los hombres le dieron, por el capricho° humano en que se moldeó. No me explico que un hecho tan importante, dentro de su sencillez, no haya fijado más la atención de los filósofos. Muchos han definido al hombre como "un animal que ríe". Habrían podido definirle también como un animal que hace reír porque si algún otro animal o cualquier cosa inanimada produce la risa, es siempre por su semejanza con el hombre, por la marca impresa por el hombre o por el uso hecho por el hombre.

capricho: antojo, deseo vehemente, idea o propósito fuera de lo común

. . . .

Un hombre que va corriendo por la calle, tropieza y cae; los transeúntes ríen. No se reirían de él, a mi juicio, si pudiesen suponer que le había dado la humorada° de sentarse en el suelo. Se ríen porque se ha sentado contra su voluntad. No es, pues, su brusco cambio de actitud lo que hacer reír, sino lo que hay de involuntario en ese cambio, su torpeza°. Acaso había una piedra en su camino. Hubiera sido preciso cambiar el paso o esquivar el tropiezo. Pero por falta de agilidad, por distracción o por obstinación del cuerpo, *por un efecto de rigidez o de velocidad adquirida,* han seguido los músculos ejecutando el mismo movimiento cuando las circunstancias exigían otro distinto. He ahí por qué ha caído el hombre y por qué se ríen los transeúntes.

humorada: dicho o hecho festivo, caprichoso o extravagante

torpeza: acción o dicho desmañado, falto de habilidad, rudo

. . . .

Lo cómico es aquel aspecto de la persona que le hace asemejarse a una cosa, ese aspecto de los acontecimientos humanos que imita con una singular rigidez el mecanismo puro y simple, el automatismo, el movimiento sin la vida. Expresa, pues, lo cómico, cierta imperfección individual o colectiva que exige una corrección inmediata. Y esta corrección es la risa. La risa es, pues, cierto gesto social que subraya y reprime una distracción especial de los hombres y de los hechos.

Ahora ofrecemos "Autógrafos de animales" de Ramón Gómez de la Serna[2]. Este es un relato breve, con rasgos de un humor incisivo y calculado.

[2]RAMÓN GÓMEZ DE LA SERNA (1888–1963). Nació en Madrid, y murió exiliado en Buenos Aires. Escritor fecundo, gran humorista, su talento se despliega en novelas, obras de teatro, estudios críticos, como así también en innumerables colaboraciones en periódicos entre las que figuran en primer término sus famosas "greguerías". Éstas son una creación de Gómez de la Serna, a las que el *Diccionario de la Real Academia* define como "Agudeza, imagen en prosa que presenta una visión personal y sorprendente de algún aspecto de la realidad. Algunas de sus obras son las novelas *La mujer de ámbar, La quinta de Palmyra, El torero Caracho;* y los estudios sobre *Goya, El Greco, Don Ramón María del Valle-Inclán, José Gutiérrez Solana.*

AUTÓGRAFOS DE ANIMALES

Tina Alcuédano era una de tantas apasionadas por los álbumes, mucho más apasionada que todas las demás "albumenses" juntas.

Tenía un mueble estilo "álbum" para guardar todos los álbumes en que a través de los años había recogido autógrafos.

La especialidad de Tina al cazar autógrafos, era su facilidad en asaltar al incauto, ya que a ella no le importaba que fuera intelectual o almacenero el que ponía un pensamiento en la página en blanco.

Cuando iba a una tertulia literaria, no tenía repugnancia de que todos, hasta los mismos transeúntes de las tertulias, que no habían ido sino a curiosear, pusiesen un pensamiento en el álbum.

Era la pedigüeña° de autógrafos y a veces en el largo y tranquilo viaje de un tranvía, pedía un pensamiento y una firma a los que iban allí.

pedigüeño: alguien que pide con frecuencia e importunidad

Cuando la víctima sorprendida le preguntaba "¿qué pongo?", contestaba ella: — ¡Cualquier cosa!

A los pianistas les ponía el álbum sobre el teclado del piano, y ellos entonces no tenían más remedio que poner esa "cualquier cosa" que pedía ella, notas huídas del pentagrama.

Los autógrafos que más le gustaban, eran los de los aviadores o gente que fuese a volar, y era la visita asidua° de los aeródromos, abriendo su álbum en cuanto ponían pie en tierra.

asiduo: frecuente, puntual, perseverante

Tenía autógrafos de criminales, con la despedida antes de irse a las islas lejanas, y los tenía también de las grandes figuras financieras.

Que veía un sacerdote, pues en vez de besarle la mano, abría su álbum, y dándole una pluma estilográfica°, siempre bien llena de tinta, le ponía a la firma el libro inútil, que ni inmortaliza, ni paga los originales.

pluma estilográfica: pluma fuente

A veces, sin darse cuenta, volvía a pedir su autógrafo al que se lo había dado hacía tiempo, y entonces se azoraba° y comenzaba a pedir disculpas a aquel con quien reincidía:

— ¿Un autógrafo?

— No puedo, porque soy analfabeto°.

Tina, o la apasionada por los autógrafos, corría — ¡cómo no!— a los barcos que llegaban y entonces hacía el recorrido total de la nave sacando firmas y suspiros como el de "¡Ya hemos llegado!" a todas las clases, desde los de primera hasta los de la cala°.

Hasta que un día se le ocurrió a Tina conseguir autógrafos de los animales del Zoológico.

Compró un álbum nuevo de tapas fuertes y se fue al parque con la intención de que los animales inscribieran su oculto pensamiento en las páginas impolutas°.

58

Al ponerle a la llama el álbum a la vista, la llama la escupió y dejó el álbum hecho una lástima.

El antílope, al reconocer que el álbum estaba encuadernado con su piel, se puso furioso.

Comprendió Tina que sólo los animales de garra° podían estampar sus prestigiosas firmas en el álbum, y el león que tanto se parece al profesor Einstein, aceptó gustoso el álbum, lo apoyó sobre los barrotes y empleó su rotunda escritura de Rey de la Selva, dejando sólo una ligera huella de sus agudas señas dactilográficas.

El leopardo también se prestó gustoso y por fin el chimpancé, después de pensarlo mucho y de chupar un rato la pluma estilográfica, escrituró su luminoso pensamiento.

animal de garra: el que tiene en las manos o pies uñas corvas, fuertes y agudas

Por último, tres tiras cómicas de *Mafalda*. El autor de estos dibujos es Quino (seudónimo de Joaquín Lavado). Los mismos son muy populares en Argentina, y aparecen en periódicos, como libros en serie o colección, y también en programas de televisión. Se dirigen a un público adulto, y presentan un humor que mezcla la broma directa con la crítica social, política o de costumbres. Los personajes principales (Mafalda, la protagonista; Susanita; Miguelito; Felipe; Manolito) interpretan, y parodian el mundo de los mayores.

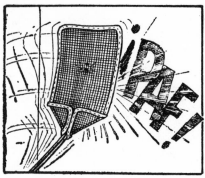  

Como complemento de los textos anteriores acerca del tema de esta Unidad, pueden agregarse los siguientes materiales: Cortázar, "Instrucciones para subir una escalera" (Unidad II); Cortázar, "Conducta en los velorios" (Unidad V); Díaz-Plaja, fragmentos de *Los siete pecados capitales en los Estados Unidos* (Unidad X); Quino, dos tiras cómicas de *Mafalda* (Unidad VI); J. G. Posada, "Calaveras" (Unidad V).

Núcleos de vocabulario

PALABRAS ANÁLOGAS O SINÓNIMAS
el chiste   witty saying, joke, jest
la broma   joke, jest
la chanza   joke, jest
el donaire   witty saying
la chacota   witty saying
la bufonada   jest
la burla   jest
la humorada   witty saying, pleasant joke

morirse de risa
reventar de risa
descoyuntarse de risa   } to laugh excessively,
desternillarse de risa   to burst, or split
caerse de risa   one's sides laughing
despedazarse de risa
reír a mandíbula batiente

¡ja, ja, ja!   interjection.
¡je, je, je! } interjección con que   ha-ha } Used to express
¡ji, ji, ji!   se manifiesta la risa   haw-haw amusement or
¡hi, hi, hi!   scorn

60

la risa   laugh

la sonrisa   smile

la carcajada   loud laugh, outburst of laughter, guffaw

la risotada   loud laugh, guffaw

la risa entre dientes   titter

la risa sardónica   sardonic laugh

la risibilidad   risibility

la hilaridad   hilarity

la jocosidad   jocosity, jocularity

la jovialidad   joviality

reidero   laughable

risible   risible, laughable, ludicrous

cómico   comic, comical, funny

hilarante   laughing, hilarious

jocoso   jocose

chistoso   funny, witty

gracioso   funny, witty

risueño   smiling, gay

humorístico   humoristic, humorous

irónico   ironic, ironical

satírico   satiric, satirical

sarcástico   sarcastic

epigramático   epigrammatic

Algunos verbos relacionados con el tema

reír   to laugh
Empezó a **reír** como un loco.

sonreír   to smile
Quiso **sonreír**, pero no pudo.

ironizar   to ironize
No **ironices** acerca de este problema.

satirizar   to satirize
El orador **satirizó** a sus enemigos.

demostrar   to demonstrate, to show
Demostró su alegría con una amplia sonrisa.

sorprender   to surprise
Lo **sorprendí** con mi visita.

definir   to define
Es difícil **definir** qué es la risa.

tropezar   to stumble, to trip
Tropecé en el segundo escalón.

esquivar   to avoid, to shun, to elude
Quiso **esquivar** el obstáculo.

curiosear   to be curious, to pray
Tú estás siempre **curioseando** en mis asuntos.

inmortalizar   to immortalize
El héroe fue **inmortalizado** en un monumento.

azorar   to confound, to terrify
Quiso **azorarme**.

azorarse   to become restless
Frente a su enemigo, **se azoró.**

reincidir   to relapse, to backslide
A los pocos meses, **reincidió** nuevamente.

conseguir   to attain, to get, to obtain
Tú siempre **consigues** lo que quieres.

inscribir   to inscribe
Inscribieron su nombre en una piedra.

escupir   to spit
El niño **escupió** el remedio amargo.

estampar   to print, to stamp
Estampó su firma en la primera página.

chupar   to suck
El niño **chupaba** el caramelo.

VARIACIONES DE EXPRESIÓN

La oración compuesta. Subordinadas

La risa es un movimiento de la boca que demuestra alegría.

En esta oración tenemos dos verbos en forma personal (**es,** y **demuestra**) lo que nos indica que existen dos grupos sintácticos oracionales. O sea que estamos frente a una *oración compuesta.*

La risa es un movimiento de la boca	que demuestra alegría.
1	2

oración   compuesta

Podría decirse: La risa es un movimiento *alegre* de la boca. Así tendríamos una *oración simple.*

Como vemos, la *oración compuesta* es una forma de expresión más elaborada y completa. En el ejemplo anterior una de las oraciones depende de la otra:

La risa es un movimiento de la boca}*Principal*
        que demuestra alegría}*Subordinada*

Toda la subordinada funciona como un adjetivo (alegre), de modo que es una *Subordinada adjetiva.*

En los siguientes ejemplos tenemos además, *Subordinadas sustantivas* y *adverbiales.*

No me explico <u>que un hecho tan importante no haya fijado la atención de</u>
Subordinada sustantiva

<u>los filósofos.</u>

Un hombre   <u>que va corriendo por la calle</u>   tropieza.
Subordinada adjetiva

No se reirían de él   <u>si pudiesen suponer una humorada.</u>
Subordinada adverbial

Si reemplazamos la subordinada por el sustantivo, el adjetivo, o el adverbio correspondientes, y convertimos las oraciones compuestas en oraciones simples, veremos cómo se limita y empobrece la expresión:

No me explico   este <u>hecho.</u>
sustantivo

Un hombre   <u>veloz</u>   tropieza.
adjetivo

<u>Posiblemente</u>   no se reirían de él.
adverbio

De aquí que el dominar los esquemas de subordinación nos permite expresarnos con más riqueza.

Por ejemplo, tratemos de "enriquecer" o variar una oración simple:

<u>Entonces,</u> el hombre <u>solitario</u> pensó en su <u>desdicha.</u>
adverbio   adjetivo   sustantivo

Proponemos cambiar el adverbio **entonces,** el adjetivo **solitario,** o el sustantivo **desdicha,** por subordinadas adverbiales, adjetivas, o sustantivas.

Entonces *(adverbio)* puede reemplazarse por la *Subordinada adverbial:*
>cuando anochecía
>cuando llegó la noche
>cuando todo se oscureció
>cuando comenzó a envejecer, etc.

Solitario *(adjetivo)* puede reemplazarse por la *Subordinada adjetiva:*
>que vivía solo
>que vivía en completa soledad
>que vivía aislado
>que no tenía ninguna compañía
>que se había separado de todos, etc.

Desdicha *(sustantivo)* puede reemplazarse por la *Subordinada sustantiva:*
>que era desdichado
>que su vida era muy triste
>que su pena era enorme
>que su suerte era nefasta, etc.

PRÁCTICA: Modifique en todas las formas que pueda las siguientes oraciones, ya sea cambiando el vocabulario con el uso de palabras sinónimas o análogas, o cambiando el orden de los elementos sintácticos:

1. Cuando el pobre hombre resbaló, los que estaban en la calle se morían de risa.

2. Hasta que un día se le ocurrió a Tina conseguir autógrafos de los animales del Zoológico.

TEMAS DE COMENTARIO ORAL O ESCRITO

1. Comente la definición de la risa que aparece en el epígrafe.

2. Denos su definición o explicación de la risa.

3. Relate algún episodio cómico o gracioso que le haya sucedido.

4. Escriba una composición en la que pueda utilizar la interjección ¡ja, ja, ja!

5. Comente algún pasaje del texto de Bergson.

6. Comente el texto de Gómez de la Serna.

7. ¿Le gustó *Mafalda?* ¿Puede compararla con algunas tiras cómicas populares en USA?

Actividades optativas

1. ¿Qué programa humorístico prefiere entre los que se ofrecen en la televisión? ¿Puede explicar por qué le causa risa?

2. ¿Cuál es su opinión acerca de Charlie Chaplin? ¿Recuerda alguna de sus películas en especial? ¿Puede precisar cuáles son los elementos que le resultan graciosos en el personaje de Carlitos?

3. Seleccione tres o cuatro caricaturas políticas que aparezcan en los periódicos. Trate de determinar qué es lo que en ellas causa risa.

4. Trate de conseguir algunos chistes en español. Tradúzcalos al inglés y cuéntelos a algún amigo. Observe si con la traducción pierden algo de la gracia que tenían en el idioma original.

BIBLIOGRAFÍA

Baroja, Pío, *La caverna del humorismo.* 2a. edición. Madrid: Rafael Caro Raggio, 1920.

Bergson, Henri. *La risa: Ensayo sobre la significación de lo cómico.* 3a. edición. Buenos Aires: Editorial Losada, S.A., 1953.

Escardó, Florencio. *Humorismo argentino.* Buenos Aires: Editorial Universitaria
de Buenos Aires, 1964.
Rebes, María Dolores y Francisco García Pavón. *España en sus humoristas.*
Madrid: Taurus Ediciones, S.A., 1966.

Dos grabados del mexicano José Guadalupe Posada (1825–1913). Como puede observarse en ellos, este artista utiliza el esqueleto humano como base de sus figuras a las que concede una intención satírica. El primer grabado se titula *Calavera Catrín*, o sea una parodia del petimetre. El segundo sólo lleva el título de *Calavera*, pero por el bonete clerical que tiene puede suponerse una burla contra los eclesiásticos.

A primera vista, el tema central de esta unidad puede resultar agresivo o desagradable. Se ha dicho que en nuestra sociedad hasta no hace mucho tiempo el tema sexual era un tema tabú, y que hoy, en cambio, todo el mundo habla sobre este tema y lo que se ha convertido en el máximo tabú es hablar sobre la muerte.

Lo cierto es que la manera como se interpreta la muerte es significativa de la actitud general de un individuo, y de una cultura.

Es posible reaccionar ante ella de diversas maneras: rechazándola, aceptándola, burlándose, con ira, con tristeza, con resignación, con alegría.

Daremos a continuación dos fragmentos líricos, y una prosa humorística que ilustran algunas de estas actitudes.

En primer término, algunas estrofas de una de las más hermosas elegías en la poesía castellana: las *Coplas por la muerte de su padre* de Jorge Manrique[1].

Este poema fue escrito a fines del siglo XV. El padre de Jorge Manrique, Don Rodrigo Manrique, Conde de Paredes de Nava, era un poderoso señor feudal, soldado y cortesano. Su muerte no sólo provoca en su hijo la natural tristeza, sino que también le inspira estas reflexiones filosóficas acerca de la fugacidad de los bienes terrenales y de la conveniencia de aspirar a la vida eterna para lo cual la muerte es el paso obligado.

Los versos que siguen corresponden a la última parte de la composición, y ofrecen una acción dramatizada entre la Muerte, que se presenta a defender su causa, y Don Rodrigo Manrique, que la acepta y se dispone a bien morir.

[1]JORGE MANRIQUE (1440–1479). Poeta lírico castellano. Pertenecía a una familia noble, y su vida fue la propia de un cortesano y soldado. Escribió composiciones en el género galante, burlesco, y doctrinal. En este último figuran las *Coplas por la muerte de su padre,* el mejor y más difundido de sus poemas.

Cada vez que considero
que me tengo que morir,
tiendo la capa en el suelo
y no me harto de dormir.
Copla popular

LA MUERTE

COPLAS POR LA MUERTE DE SU PADRE

(Fragmentos)

Después de puesta la vida
tantas veces por su ley
al tablero;
después de tan bien servida
la corona de su rey
verdadero;

hazaña: acción o hecho heroico,
ilustre, destacado

después de tanta hazaña°
a que no puede bastar
cuenta cierta,
en la su villa de Ocaña²
vino la Muerte a llamar
a su puerta,

diciendo:—"Buen caballero,
dejad el mundo engañoso
y su halago;
vuestro corazón de acero,
muestre su esfuerzo famoso
en este trago°

trago: adversidad, infortunio,
contratiempo

y pues de vida y salud
hicisteis tan poca cuenta
por la fama,
esfuércese la virtud
para sufrir esta afrenta°
que os llama".

afrenta: peligro, apuro

"No se os haga tan amarga
la batalla temerosa
que esperáis,
pues otra vida más larga
de la fama gloriosa
acá dejáis,

(aunque esta vida de honor
tampoco no es eternal
ni verdadera);
mas, con todo, es muy mejor
que la otra temporal
perecedera°".

perecedero: poco durable, que se
acabará

²OCAÑA: villa en la Provincia de Toledo.

"El vivir que es perdurable
no se gana con estados
mundanales,
ni con vida delectable°   **delectable:**   deleitoso, placentero
donde moran pecados
infernales;

mas los buenos religiosos
gánanlo con oraciones
y con lloros;
los caballeros famosos,
con trabajos y aflicciones
contra moros"[3].

"Y pues vos, claro° varón,   **claro:**   ilustre, famoso
tanta sangre derramasteis
de paganos,
esperad el galardón°   **galardón:**   premio, recompensa
que en este mundo ganasteis
por las manos;

y con esta confianza,
y con la fe tan entera°   **entera:**   constante, firme
que tenéis,
partid con buena esperanza
que esta otra vida tercera[4]
ganaréis".

(Responde el Maestre[5])
"No tengamos tiempo ya
en esta vida mezquina°   **mezquino:**   desdichado, infeliz,
por tal modo,   miserable, pobre
que mi voluntad está
conforme con la divina
para todo;

y consiento en mi morir
con voluntad placentera,
clara y pura,
que querer hombre vivir
cuando Dios quiere que muera,
es locura".

---

[3]"CONTRA MOROS": Los españoles estaban empeñados por esta época en la lucha de reconquista de su territorio en poder de los árabes o moros.

[4]"VIDA TERCERA": El poeta determina tres vidas: la primera o vida terrenal; la segunda o vida de la fama; y la tercera, la vida eterna en la gloria de Dios.

[5]MAESTRE: Don Rodrigo Manrique era Maestre de la Orden de Santiago, que era la máxima jerarquía en estas órdenes religioso-militares.

Ahora transcribiremos un poema precolombino[6] recogido en el área de influencia de los antiguos mexicanos. En él, el indio expresa en magnífica síntesis un sentimiento melancólico y escéptico, e invalida en cierta forma a la muerte desde el momento que considera que la vida es sólo un sueño.

Sólo venimos a dormir, sólo venimos a soñar:
no es verdad, no es verdad que venimos a vivir en la tierra.

En yerba de primavera venimos a convertirnos:
llegan a reverdecer°, llegan a abrir sus corolas nuestros
    corazones,
es una flor nuestro cuerpo: da algunas flores y se seca.

reverdecer: renovarse, ponerse verdes de nuevo los campos

Por fin, ofrecemos "Conducta en los velorios" de Julio Cortázar[7]. A través de un excelente humorismo, y de situaciones hilarantes, el autor satiriza la falsedad de ciertas costumbres sociales, o la forma en que algunas personas las mistifican.

CONDUCTA EN LOS VELORIOS°

velorio: velatorio, acto de velar a un difunto
anis: licor con sabor anisado
solapado: oculto o escondido maliciosamente
cerciorarse: asegurarse de la exactitud de una cosa

No vamos por el anís°, ni porque hay que ir. Ya se habrá sospechado: vamos porque no podemos soportar las formas más solapadas° de la hipocresía. Mi prima segunda la mayor se encarga de cerciorarse° de la índole del duelo, y si es de verdad, si se llora porque llorar es lo único que les queda a esos hombres y a esas mujeres entre el olor a nardos y a café, entonces nos quedamos en casa y los acompañamos desde lejos. A lo sumo mi madre va un rato y saluda en nombre de la familia; no nos gusta interponer insolentemente nuestra vida ajena a ese diálogo con la sombra. Pero si de la pausada investigación de mi prima surge la sospecha de que en un patio cubierto o en la sala se han armado los trípodes° del camelo°°, entonces la familia se pone sus mejores trajes, espera a que el velorio esté a punto, y se va presentando de a poco pero implacablemente.

trípode: alusión a los armazones de tres pies que sostienen las flores.
camelo: simulación, fingimiento, engaño

maceta: vaso de barro cocido, con tierra, para cultivar plantas

deudo: pariente

En Pacífico[8] las cosas ocurren casi siempre en un patio con macetas° y música de radio. Para estas ocasiones los vecinos condescienden a apagar las radios, y quedan solamente los jazmines y los parientes, alternándose contra las paredes. Llegamos de a uno o de a dos, saludamos a los deudos° a quienes se reconoce fácilmente porque lloran apenas ven entrar a alguien, y vamos a inclinarnos ante el difunto, escoltados por algún pariente cercano. Una o dos horas después toda la familia está en la casa mortuoria, pero aunque los vecinos nos conocen bien, procedemos como si cada uno hubiera

---

[6]Este poema figura en *Poesía indígena de la altiplanicie. Divulgación literaria.* Selección, versión, introducción y notas de Angel María Garibay K. (México: Ediciones de la Universidad Nacional Autónoma, 1940).

[7]"Conducta en los velorios" figura en *Historias de cronopios y de famas.* Sobre CORTÁZAR, ver la Nota 1 en la Unidad *Instrucciones.*

[8]PACÍFICO: zona o barrio en la ciudad de Buenos Aires.

venido por su cuenta y apenas hablamos entre nosotros. Un método preciso ordena nuestros actos, escoge los interlocutores con quienes se departe° en la cocina, bajo el naranjo, en los dormitorios, en el zaguán°, y de cuando en cuando se sale a fumar al patio o a la calle, o se da una vuelta a la manzana° para ventilar opiniones políticas o deportivas. No nos lleva demasiado tiempo sondear los sentimientos de los deudos más inmediatos, los vasitos de caña°, el mate°° dulce y los Particulares[9] livianos son el puente confidencial, antes de medianoche estamos seguros, podemos actuar sin remordimientos. Por lo común mi hermana la menor se encarga de la primera escaramuza°; diestramente ubicada a los pies del ataúd°°, se tapa los ojos con un pañuelo violeta y empieza a llorar, primero en silencio, empapando el pañuelo a un punto increíble, después con hipos y jadeos, y finalmente le acomete un ataque terrible de llanto que obliga a las vecinas a llevarla a la cama preparada para esas emergencias, darle a oler agua de azahar y consolarla, mientras otras vecinas se ocupan de los parientes cercanos bruscamente contagiados por la crisis. Durante un rato hay un amontonamiento de gente en la puerta de la capilla ardiente, preguntas y noticias en voz baja, encogimientos de hombros por parte de los vecinos. Agotados por un esfuerzo en que han debido emplearse a fondo, los deudos amenguan en sus manifestaciones, y en ese mismo momento mis tres primas segundas se largan a llorar sin afectación, sin gritos, pero tan conmovedoramente que los parientes y vecinos sienten la emulación, comprenden que no es posible quedarse así descansando mientras extraños de la otra cuadra° se afligen de tal manera, y otra vez se suman a la deploración general, otra vez hay que hacer sitio en las camas, apantallar° a señoras ancianas, aflojar el cinturón a viejitos convulsionados. Mis hermanos y yo esperamos por lo regular este momento para entrar en la sala mortuoria y ubicarnos junto al ataúd. Por extraño que parezca estamos realmente afligidos, jamás podemos oír llorar a nuestras hermanas sin que una congoja infinita nos llene el pecho y nos recuerde cosas de la infancia, unos campos cerca de Villa Albertina, un tranvía que chirriaba al tomar la curva en la calle General Rodríguez, en Bánfield[10], cosas así, siempre tan tristes. Nos basta ver las manos cruzadas del difunto para que el llanto nos arrase de golpe, nos obligue a taparnos la cara avergonzados, y somos cinco hombres que lloran de verdad en el velorio, mientras los deudos juntan desesperadamente el aliento para igualarnos, sintiendo que cueste lo que cueste deben demostrar que el velorio es el de ellos, que solamente ellos tienen derecho a llorar así en esa casa. Pero son pocos, y mienten (eso lo sabemos por mi prima segunda la mayor, y nos da fuerzas). En vano acumulan los hipos y los desma-

departir: hablar, conversar
zaguán: vestíbulo cubierto en la entrada de la casa
manzana: espacio cuadrado de terreno, con calles en los cuatro lados
caña: bebida fuerte hecha con caña de azúcar
mate: bebida en infusión de hierba del Paraguay

escaramuza: incidente, disputa, riña
ataúd: féretro, caja donde se pone un cadáver

cuadra: manzana de casas, o distancia entre los ángulos de un mismo lado de esa manzana
apantallar: hacer aire

[9]PARTICULARES: marca de cigarrillos, en Argentina.
[10]BÁNFIELD: pueblo en el sur de la ciudad de Buenos Aires.

grapa: bebida alcohólica

estertorosamente: con respiración anhelosa y ruidosa

abotagamiento: con el cuerpo hinchado

refrigerio: corto alimento

brecha: abertura

pañoleta: abrigo triangular femenino, que se lleva en los hombros

peristilo: galería de columnas

yos, inútilmente los vecinos más solidarios los apoyan con sus consuelos y sus reflexiones, llevándolos y trayéndolos para que descansen y se reincorporen a la lucha. Mis padres y mi tío el mayor nos reemplazan ahora, hay algo que impone respeto en el dolor de estos ancianos que han venido desde la calle Humboldt, cinco cuadras contando desde la esquina, para velar al finado. Los vecinos más coherentes empiezan a perder pie, dejan caer a los deudos, se van a la cocina a beber grapa° y a comentar; algunos parientes, extenuados por una hora y media de llanto sostenido, duermen estertorosamente°. Nosotros nos relevamos en orden, aunque sin dar la impresión de nada preparado; antes de las seis de la mañana somos los dueños indiscutidos del velorio, la mayoría de los vecinos se han ido a dormir a sus casas, los parientes yacen en diferentes posturas y grados de abotagamiento°, el alba nace en el patio. A esa hora mis tías organizan enérgicos refrigerios° en la cocina, bebemos café hirviendo, nos miramos brillantemente al cruzarnos en el zaguán o los dormitorios; tenemos algo de hormigas yendo y viniendo, frotándose las antenas al pasar. Cuando llega el coche fúnebre las disposiciones están tomadas, mis hermanas llevan a los parientes a despedirse del finado antes del cierre del ataúd, los sostienen y confortan mientras mis primas y mis hermanos se van adelantando hasta desalojarlos, abreviar el último adiós y quedarse solos junto al muerto. Rendidos, extraviados, comprendiendo vagamente pero incapaces de reaccionar, los deudos se dejan llevar y traer, beben cualquier cosa que se les acerca a los labios, y responden con vagas protestas inconsistentes a las cariñosas solicitudes de mis primas y mis hermanas. Cuando es hora de partir y la casa está llena de parientes y amigos, una organización invisible pero sin brechas° decide cada movimiento, el director de la funeraria acata las órdenes de mi padre, la remoción del ataúd se hace de acuerdo con las indicaciones de mi tío el mayor. Alguna que otra vez los parientes llegados a último momento adelantan una reivindicación destemplada; los vecinos, convencidos ya de que todo es como debe ser, los miran escandalizados y los obligan a callarse. En el coche de duelo se instalan mis padres y mis tíos, mis hermanos suben al segundo, y mis primas condescienden a aceptar a alguno de los deudos en el tercero, donde se ubican envueltas en grandes pañoletas° negras y moradas. El resto sube donde puede, y hay parientes que se ven precisados a llamar un taxi. Y si algunos, refrescados por el aire matinal y el largo trayecto, traman una reconquista en la necrópolis, amargo es su desengaño. Apenas llega el cajón al peristilo°, mis hermanos rodean al orador designado por la familia o los amigos del difunto, y fácilmente reconocible por su cara de circunstancias y el rollito que le abulta el bolsillo del saco. Estrechándole las manos, le empapan las solapas con sus lágrimas, lo palmean con un blando sonido de tapioca, y el orador no puede impedir que mi tío el menor suba a la tribuna y abra los discursos con una oración que es siempre un modelo de verdad y discreción. Dura tres minutos, se refiere exclusivamente al difunto, acota sus virtudes y da cuenta de sus defectos, sin quitar humanidad a nada de lo que dice; está profundamente emocionado, y a veces le cuesta terminar. Apenas ha bajado, mi hermano el mayor ocupa la tribuna y se encarga del panegírico° en nombre del vecindario, mientras el vecino designado a tal efecto trata de abrirse paso entre mis primas y hermanas que lloran colgadas de su chaleco. Un gesto afable pero imperioso de mi padre moviliza al personal de la funeraria; dulcemente empieza a rodar el catafalco°, y los oradores oficiales se quedan al pie de la tribuna, mirándose y estrujando los discursos en sus manos húmedas. Por lo regular no nos molestamos en acompañar al difunto hasta la bóveda o sepultura, sino que damos media vuelta y salimos todos juntos, comentando las incidencias del velorio. Desde lejos vemos cómo los parientes corren desesperadamente para agarrar alguno de los cordones del ataúd y se pelean con los vecinos que entre tanto se han posesionado de los cordones y prefieren llevarlos ellos a que los lleven los parientes.

panegírico: oración o discurso en alabanza de una persona

catafalco: armazón que sostiene el ataúd

Núcleos de vocabulario

PALABRAS ANÁLOGAS O SINÓNIMAS

la muerte death

el fallecimiento decease, death, demise

la defunción death, demise

el deceso decease, a natural death

la partida passing, death

la hora final final moment

la hora suprema supreme moment

el sueño eterno eternal sleep, death

la elegía elegy

la nenia song of mourning or lamentation

el canto de muerte song of mourning

el llanto (en poesía) poem expressing sorrow or lament especially for one who is dead

morir to die

fallecer to die

expirar to expire

fenecer to die

finar to die

sucumbir to succumb, to die *(metaphorically)*

perecer to perish, to die

PALABRAS AFINES

el suicidio suicide

el homicidio homicide

el asesinato assassination, murder

el deicidio deicide

el parricidio parricide

el matricidio matricide

el fratricidio fratricide

el uxoricidio uxoricide

el infanticidio infanticide

el regicidio regicide

el genocidio genocide

la eutanasia euthanasia

las exequias funeral rites

el funeral funeral

el velorio wake, vigil over a corpse

el velatorio wake, vigil over a corpse

el duelo mourning

el (la) difunto(-a) defunct, deceased

el (la) muerto(-a) dead

el (la) finado(-a) dead,

el (la) occiso(-a) murdered, killed

el cadáver corpse, cadaver

el entierro burial

la sepultura burial, tomb

el sepulcro sepulcher

la tumba tomb, grave

la bóveda vault for the dead

la cripta crypt

el mausoleo mausoleum

el cementerio cemetery

el camposanto cemetery

la necrópolis necropolis

Algunos verbos relacionados con el tema

considerar to consider
Lo **consideramos** equivocado.

tender to spread
Tendió la manta en el suelo.

hartarse to be satiated, to have one's fill
No te **hartas** de reír.

llorar to weep, to cry
Los amigos **lloraban**.

sondear to sound, to explore, to probe
Sondeó sus verdaderas intenciones.

empapar to saturate, to imbibe, to soak
La lluvia **empapó** mis ropas.

contagiar to infect, to communicate disease
Me **contagió** su tristeza.

amenguar to diminish
Por la tarde, la lluvia **amenguó**.

afligirse to grieve, to languish
No debes **afligirte** así.

arrasar to level, to destroy, to raze, to demolish
La inundación **arrasó** el pueblo.

igualar to match, to equalize
Si quieres puedes **igualarlo**.

mentir to lie, to fib, to tell a falsehood
No debes **mentir**.

acumular to accumulate
Acumulaste las piedras en el camino.

apoyar to back, to support
Su familia lo **apoya**.

reemplazar to replace, to substitute
El capitán lo **reemplazó** por otro.

imponer   to inspire, to instill (respect, fear)
Su presencia **impone** respeto.

relevar   to relieve, to substitute
Lo **relevaron** de su cargo.

yacer   to lie, to be in a prostrate position
El herido **yacía** inconsciente.

organizar   to organize
Tú **organizas** tu trabajo perfectamente.

desalojar   to dislodge, to displace, to evict
El dueño de la casa **desalojó** al inquilino.

sostener   to encourage, to assist
Lo **sostuvo** en su pena.

confortar   to comfort, to console
Me **confortas** con tus palabras.

decidir   to decide, to resolve
Decidieron trabajar en ese proyecto.

acatar   to respect, to revere, to acknowledge
Acatamos su opinión.

condescender   to yield, to acquiesce
Condescendieron a mi súplica.

tramar   to plot, to scheme
Ellos **traman** una traición.

palmear   to slap with the open hand
Lo **palmeó** cariñosamente.

acotar   to testify to, to vouch for
Acotó los beneficios del convenio.

VARIACIONES DE EXPRESIÓN

Subordinadas sustantivas

Jorge Manrique determina la existencia de tres vidas.

El concepto que encierra esta oración simple puede expresarse en forma más clara con una oración compuesta integrada por una principal y una subordinada sustantiva:

Jorge Manrique determina　　**que existen tres vidas.**

Oración principal　　　　　*oración subordinada*
　　　　　　　　　　　　　sustantiva

Oración compuesta

Las subordinadas sustantivas están encabezadas generalmente por la conjunción **que** a la que se denomina que anunciativo. Este **que** puede estar precedido por una preposición: **de, a, para.**

Demos algunos ejemplos de oraciones simples, y luego reemplacemos en ellas al sustantivo por una subordinada sustantiva:

Oración simple	Oración compuesta
Tu carrera fue inútil. s.	Fue inútil que corrieras. Sub. Sust.
Tu derrota es evidente. s.	Es evidente que has sido derrotado. Sub. sust.
Parece un hombre inteligente. s.	Parece que es un hombre inteligente. Sub. sust.
El testigo confirmó tu inocencia. s.	El testigo dijo que eres inocente. Sub. sust.
No pienso en mi muerte. s.	No pienso que me voy a morir. Sub. sust.
Cortázar relata los sucesos de un velorio. s.	Cortázar relata que una familia perturba un velorio. Sub. sust.
Era temprano para la apertura del negocio. s.	Era temprano para que abrieran el negocio. Sub. sust.
Tengo la seguridad de tu triunfo. s.	Tengo la seguridad de que triunfarás. Sub. sust.

Verbos más comunes para introducir las subordinadas sustantivas

Los verbos más comunes para introducir este tipo de subordinadas son: **decir, pensar, contar, relatar, informar, explicar, manifestar, saber, recordar, sentir, lamentar, querer, ordenar, comprender, extender,** etc.

Modo Indicativo y Modo Subjuntivo en las subordinadas sustantivas

A. Cuando estos verbos en la oración principal simplemente expresan o dicen algo, en forma objetiva, el verbo de la subordinada va en **Modo Indicativo.**

EJEMPLOS: Juan dijo   que estabas cansado.
                              Ind.

           El filósofo piensa   que la vida es fugaz.
                                         Ind.

Ella me <u>contó</u> que <u>estabas</u> enferma.
Ind.

El niño <u>relató</u> que lo <u>habían abandonado</u>.
Ind.

El director <u>informó</u> que los obreros <u>estaban</u> trabajando.
Ind.

El profesor <u>explicó</u> que su decisión <u>era</u> justa.
Ind.

Yo <u>manifesté</u> que <u>estaba</u> sorprendido.
Ind.

Tú <u>sabes</u> que el niño <u>está</u> cansado.
Ind.

Mi abuela <u>recordaba</u> que lo <u>había visto</u> una vez.
Ind.

B. Cuando estos verbos en la oración principal expresan un juicio, opinión, sentimiento o, en general, ponen de manifiesto una apreciación subjetiva acerca de lo que se dice en la subordinada, el verbo de ésta va en **Modo Subjuntivo**.

EJEMPLOS: Yo <u>siento</u> mucho que <u>hayas sufrido</u>.
Subj.

Marta <u>lamentaba</u> que no la <u>hubieras visto</u>.
Subj.

Nosotros <u>queremos</u> que <u>vengan</u>.
Subj.

El general <u>ordenó</u> que <u>lucharan</u> con valor.
Subj.

<u>Comprendo</u> que te <u>sientas</u> triste.
Subj.

La madre <u>entiende</u> que su hijo <u>fracase</u>.
Subj.

Hay algunos casos menos claros. Así, en los dos últimos ejemplos, es correcto decir:

<u>Comprendo</u> que te <u>sientes</u> triste.
Ind.

La madre <u>entiende</u> que su hijo <u>fracasa</u>.
Ind.

Comprendo y entiende se usan aquí con su valor de actitud intelectual objetiva: el hecho de tomar conocimiento de algo. Por ejemplo, podrían reemplazarse por el verbo ver: <u>Veo</u> que te <u>sientes</u> triste; La madre <u>ve</u> que su hijo <u>fracasa</u>. No implican como en los casos anteriores una comprensión solidaria o afectiva, que es lo que exige el Modo Subjuntivo en la subordinada.

Otra forma muy común dentro de las subordinadas sustantivas es la de las interrogativas indirectas:

Preguntó   <u>cuáles eran los problemas</u>
               Sub. sust. interrogativa indirecta

Averiguaste   <u>por qué estaba durmiendo</u>
               Sub. sust. interrogativa indirecta

El anciano me preguntó   <u>si estaba alegre</u>
                           Sub. sust. interrogativa indirecta

Las subordinadas sustantivas interrogativas indirectas van encabezadas por un adverbio o pronombre interrogativo, o por la conjunción si.

PRÁCTICA: Modifique en todas las formas que pueda las siguientes oraciones, ya sea cambiando el vocabulario con el uso de palabras sinónimas o análogas, o cambiando el orden de los elementos sintácticos.

     1. Mis hermanas llevan a los parientes a despedirse del finado antes del cierre del ataúd.

     2. Por lo regular no nos molestamos en acompañar al difunto hasta la bóveda.

TEMAS DE COMENTARIO ORAL O ESCRITO

1. Comente la copla del epígrafe.

2. Explique cuál es su primera reacción cuando escucha la palabra **muerte**.

3. Comente el fragmento de las *Coplas* de Jorge Manrique.

4. Comente el poema precolombino.

5. Dé sus opiniones acerca de las ceremonias fúnebres en este país, o en cualquier otro lugar que usted conozca.

6. Dé sus comentarios acerca de las calaveras que pinta José Guadalupe Posada.

7. Refiera algún episodio humorístico o gracioso relacionado con los velatorios.

Actividades optativas

1. Enumere en las distintas artes, las obras que recuerde que tratan especialmente el tema de la muerte:

Pintura   Música   Literatura   Cinematografía

2. Comente el siguiente soneto de Francisco de Quevedo:

Cerrar podrá mis ojos la postrera
sombra, que me llevare el blanco día,
y podrá desatar esta alma mía
hora a su afán ansioso lisonjera;

mas no de esotra parte en la ribera,
dejará la memoria, en donde ardía:
nadar sabe mi llama la agua fría,
y perder el respeto a ley severa.

Alma a quien todo un Dios prisión ha sido,
venas que humor a tanto fuego han dado,
médulas que han gloriosamente ardido,

su cuerpo dejarán, no su cuidado:
serán ceniza, mas tendrá sentido:
polvo serán, mas polvo enamorado.

3. Busque una reproducción del grabado de Alberto Durero *El Caballero, la Muerte y el Diablo* (que figura en la Galería de los Oficios, en Florencia), y dé su opinión acerca de esta visión de la muerte en los comienzos del siglo XVI (1513).

BIBLIOGRAFÍA

Cardoza y Aragón, Luis. *José Guadalupe Posada.* México: Universidad Nacional Autónoma de México, 1964.

Díaz-Plaja, Fernando. *La muerte en la poesía española.* Madrid: Afrodisio Aguado, S.A., s/d.

Manrique, Jorge. *Obra completa.* Edición, prólogo y vocabulario de Augusto Cortina. Sexta edición. Buenos Aires: Espasa-Calpe Argentina, S.A., 1952.

Procesión de encapuchados durante las celebraciones de
la Semana Santa, Sevilla, España. *Fotografía de Peter
Menzel.*

PUNCTUATION AND THE USE OF CAPITAL LETTERS

Spanish and English punctuation are very similar; as a matter of fact, there are very few differences between the two languages in their use of punctuation marks and symbols.

Punctuation Marks and Symbols

This section presents the most common punctuation marks and symbols, and gives examples of their usage in Spanish.

punto: *period* (.) The period indicates the end of a sentence and separates sentences which may be related to each other but the relationship of the ideas is not immediate or absolute.

EXAMPLE: Nació en un pueblito del norte. Sus padres murieron en un accidente. En la escuela no encontró muchos amigos.

coma: *comma* (,) There are four principal uses of the comma:
1. To separate elements in a series.

EXAMPLE: Preparó un ramo con flores rojas, blancas, celestes, y violetas.

2. To separate inserted elements.

EXAMPLE: El hombre, ya vencido, se apoyó en la pared.

3. To signify that the regular order of the elements of a sentence has been altered. (For example, when a phrase indicating time or place appears before the verb.)

EXAMPLE: <u>Al amanecer</u>, ellos <u>partieron</u>
       adverbial phrase   verb
<u>En la puerta de la casa</u>, el niño <u>se detuvo</u>.
       adverbial phrase   verb

4. To indicate the omission of a verb that has already been expressed.

EXAMPLE: Marta trabaja; María, no. (María no trabaja.)

punto y coma: *semicolon* (;) The semicolon is used:
1. To separate complete sentences that contain immediately related ideas.

EXAMPLE: Fueron al mejor sastre de la ciudad; al día siguiente le enviaron el traje nuevo.

2. To separate long sentences that appear in a series.

EXAMPLE: "En esa portezuela está un rostro apareciendo de modo que
semeja el de un querubín; por aquélla ha salido una mano
enguantada que se dijera de niño, y es de morena tal que llama
los corazones; más allá se alcanza a ver un pie de Cenicienta
con su zapatito oscuro y media lila . . ."

dos puntos: *colon* (:) The colon is used:
1. To introduce the words of an author when he is being quoted in a text.

EXAMPLE: Descartes dijo: "El buen sentido es la cosa mejor repartida del
mundo".

2. To separate two sentences or paragraphs, the second of which explains or
is a consequence of the first.

EXAMPLE: Debes decir siempre la verdad: el mentiroso es descubierto
muy pronto.

3. In the salutations of letters.

EXAMPLE: Querido amigo:
De mi consideración:

puntos suspensivos: *suspension points* (. . .) The use of three spaced
periods indicates an incomplete thought or ellipsis, and also serves as a
suggestive device.

EXAMPLE: Me empezó a decir que . . . era mejor así.
"mi juventud . . . , ¿Fue juventud la mía?"

paréntesis: *parenthesis* ( ) Parentheses are used to indicate incidental or
explanatory elements.

EXAMPLE: Don Rodrigo Manrique luchó a favor de Isabel y Fernando (los
Reyes Católicos).
Vicente Aleixandre (poeta español contemporáneo)

comillas: *quotation marks* (" ") Quotation marks are used:
1. When the words of another are transcribed verbatim.

EXAMPLE: Descartes dijo: "El buen sentido es la cosa mejor repartida del
mundo."

2. To emphasize what is said or to indicate words or phrases in another language.

EXAMPLE: Esa era "su teoría".
Ese drama exige una "mise en scène" complicada.

raya: *dash* (−) The dash is used:
1. To separate a phrase inserted in a sentence. (It offers a more emphatic separation than commas and less emphatic separation than parentheses.)

EXAMPLE: Cuando lo detuvieron —era la primera vez— no intentó
defenderse.

2. To indicate a change of speaker in a dialog.

EXAMPLE: —Te ordeno que vayas a verlo.
—¡Tú no tienes derecho a ordenarme nada!

guión: *hyphen* (-) The hyphen is used:
1. To indicate that the last word in a line is incomplete and the remaining syllable or syllables appear on the following line.
2. To separate certain words that together allude to geographic or regional ties and are not compound words such as "hispanoamericano" or "indoeuropeo".

EXAMPLE: tratado peruano-boliviano, pacto germano-soviético

diéresis or **crema:** *diaeresis* (··) The diaeresis is used:
1. Over the *u* in the syllables *güe* and *güi* to indicate that the *u* is pronounced.

EXAMPLE: vergüenza, paragüita

2. In verse, to signify that two vowels that are normally treated as a diphthong are pronounced separately.

EXAMPLE: "Es dulce al par que crüel" (cru-el)

signos de interrogación: *question marks* (¿?) In Spanish, question marks are used at both the beginning and the end of an interrogation; the one used at the beginning is inverted.

Orally, a question is characterized by a special intonation of the voice that differentiates it from a declarative sentence. This intonation begins at the beginning of the question. The same words and the same syntactic structure can be used in Spanish for declarative sentences, questions and exclamations.

EXAMPLE: Llegarás tarde. (declaration)
¿Llegarás tarde? (interrogation)
¡Llegarás tarde! (exclamation)

Unlike English, Spanish does not have syntactic structures that introduce questions. Because such structures as "Do you. . . ?" and "Did they. . . ?" do not exist, it is necessary to begin a written question, as well as end it, with a question mark.

EXAMPLE: ¿Estás cansado?
¿Van a regresar?

signos de exclamación: *exclamation marks* (¡!) As is the case with questions, written exclamations begin with the inverted symbol and end with the exclamation mark.

EXAMPLES: ¡Qué suerte tienes!
¡Cuidado!
¡Hoy llegará mi amiga!

The Use of Capital Letters

The two fundamental rules for the use of capital letters in Spanish are:

1. At the beginning of a sentence, and after a period, the first letter of the word is capitalized.

EXAMPLE: La expedición a la selva venezolana salió ayer.
El barco naufragó cerca de la costa de Francia.
Granada. Marzo, 1927.

2. All proper names are capitalized.

EXAMPLE: Marta; Uruguay; Europa; Lincoln

In addition, capital letters are used in common names and adjectives in the following cases:

1. Polite forms of address:

Su Excelencia   Su Alteza
Su Majestad   Su Santidad

2. Abreviations of forms of address:

señor: Sr.   don: D.
señora: Sra.   doctor: Dr.
señorita: Srta.

3. Titles:

Rey de Francia   Ministro de Agricultura
Príncipe de Gales   Doctor en Derecho
Sumo Pontífice

4. Names of institutions:

Ministerio de Salud Pública
Hospital Municipal
Universidad del Sur

5. Names of abstract things, beings or ideas that are personified:

La Humanidad   El Zorro
El Amor   El León
La Esperanza

The major difference between Spanish and English capitalization is that in Spanish adjectives, even those indicating a location or geographic origin, are not capitalized.

EXAMPLE: lengua española   bandera peruana
continente asiático   jóvenes madrileños

In titles of literary or artistic works, only the first word and the proper names are capitalized.

> EXAMPLE: La casa de Bernarda Alba
> Los intereses creados
> La vida es sueño
> Cien años de soledad

However, in the titles of periodicals, magazines and journals, the nouns and adjectives are capitalized.

> EXAMPLE: Revista Iberoamericana
> La España Moderna
> La Nación
> Papel Periódico de la Habana

The pronoun *yo* (I) is not capitalized.

> EXAMPLE: Si yo se lo pido, me lo dará.
> Platero y yo

The names of the months of the year and the days of the week are not capitalized.

> EXAMPLE: enero   lunes
> marzo   jueves
> agosto   domingo

The rules of written accentuation apply to capital letters as well as uncapitalized letters; capital letters should have their written accents.

> EXAMPLE: Ángel   Éfeso
> Ítaca   África

Many publishers omit the written accent when printing capital letters and this seems to have created the impression that they are not used. This practice probably is related to technical problems, such as spacing between lines and the type faces used in printing.

Las Hilanderas, cuadro del pintor rioplatense Miguel Viladrich Vilá. *Cortesía de la Hispanic Society of America.*

Las palabras del epígrafe aparecen en la *Historia General del Perú* del Inca Garcilaso de la Vega[1]. El escritor peruano explica que en los años inmediatamente posteriores a la conquista, fue muy común que por razones políticas y económicas las autoridades españolas impusieran a mujeres indias, nobles y ricas, el casarse con capitanes o soldados como una forma de dar a los mismos fortuna y posición.

El episodio al que se alude tuvo como protagonista a la hija de Huaina Cápac, uno de los últimos reyes incas, a la que querían casar con un soldado que antes había sido sastre. En ese entonces, el desempeñar oficios manuales se tenía por impropio de un caballero, y por eso la joven considera una ofensa el que se le imponga el casamiento con un sastre. De allí la respuesta arrogante y ambigua que dio al sacerdote.

Vemos así que en esos lejanos tiempos, y aunque estaba en una posición doblemente subordinada (por ser mujer, y por pertenecer a una raza conquistada), esta joven, como muchas otras, tenía sus propias opiniones y, en cierta forma, sabía oponerse o al menos expresar su disgusto frente a las normas de la sociedad.

Casi un siglo y medio después, y en México, otra mujer hace oír su voz de protesta. Se trata de Sor Juana Inés de la Cruz[2], la máxima escritora del barroco hispanoamericano.

Sor Juana, hermosa, gentil y, por sobre todo, dotada de extraordinarias cualidades artísticas y de una de las mentes más lúcidas de su siglo, escribió en varias oportunidades acerca de la condición de la mujer.

Se han hecho famosas las redondillas que comienzan con la estrofa:

[1]INCA GARCILASO DE LA VEGA (1539–1616). Escritor peruano, hijo de un capitán español y de una princesa incaica. En su obras mayores, *Comentarios Reales. Historia General del Perú,* describe en una prosa magnífica los lugares y episodios de su tierra desde los orígenes legendarios hasta la llegada de los conquistadores españoles, y las luchas civiles que se sucedieron.

[2]SOR JUANA INÉS DE LA CRUZ (1651–1695). Escritora mexicana, la voz lírica más importante del barroco hispanoamericano. De notable belleza, brilló en los salones virreinales hasta su ingreso al claustro, tal vez con la intención de hallar una atmósfera propicia para sus estudios. Estos abarcaron no sólo el campo del arte literario, y musical, sino también conocimientos profundos dentro de las ciencias matemáticas, físicas, astronómicas, etc. Escribió numerosas poesías en variados metros y estrofas; autos sacramentales; villancicos; obras de teatro, y algunas piezas memorables en prosa.

"Quizá quiero, quizá no quiero" (Respuesta que dio una princesa incaica cuando el sacerdote le preguntó si aceptaba ser la mujer de un hombre considerado de condición inferior. En el Perú, siglo XVI)

LA LIBERA-CION DE LA MUJER

6

Hombres necios que acusáis
a la mujer sin razón,
sin ver que sois la ocasión
de lo mismo que culpáis.

En ellas comenta la inconsecuencia del juicio masculino que critica en las mujeres lo mismo que solicita.

En otros textos, menos difundidos que esta poesía, Sor Juana expone sus ideas en una forma aún más significativa.

Para ella el problema central, lo que la persiguió toda su vida, fue un ansia inmensa de saber. Su afán de conocimiento era ilimitado, y los obstáculos con que tropezaba para satisfacerlo casi le provocaban un sufrimiento físico. Especialmente porque en la sociedad mexicana de su época la vocación intelectual en una mujer era algo inaudito. Las mujeres tenían su posición bien definida en el hogar, o en el convento. Y el uso de sus habilidades, limitado a tareas domésticas o de carácter completamente secundario y superficial. Muchos, como nos dirá Sor Juana, no sólo consideraban innecesario que una mujer se educara, sino que temían que ello fuera dañoso para su bienestar, y salud espiritual.

Sor Juana desafía sin quererlo estos prejuicios cuando se dedica a estudios científicos, o cuando incluso se atreve a polemizar con teólogos y filósofos. Uno de estos trabajos, en el cual Sor Juana comenta y contradice las opiniones de un célebre predicador jesuita provoca varias reacciones, entre ellas una carta del Obispo de Puebla en la cual el prelado, que se esconde tras el seudónimo de Sor Filotea, la reconviene en parte por sus "audacias". Sor Juana contesta a la carta del Obispo con su "Respuesta a Sor Filotea", en marzo de 1691. Esta es una magnífica pieza de prosa autobiográfica. En varios pasajes Sor Juana se refiere a las dificultades que debía enfrentar una mujer que deseara instruirse. Habla de su vocación intelectual:

> rayar: aparecer, surgir, alborear
>
> reprehensión: advertencia, amonestación
>
> refleja: reflexión
>
> guardar: observar, cumplir

Lo que sí es verdad, que no negaré (lo uno porque es notorio a todos; y lo otro, porque aunque sea contra mí, me ha hecho Dios la merced de darme grandísimo amor a la verdad), que desde que me rayó° la primera luz de la razón, fue tan vehemente y poderosa la inclinación a las letras que ni ajenas reprehensiones° (que he tenido muchas), ni propias reflejas° (que he hecho no pocas) han bastado a que deje de seguir este natural impulso que Dios puso en mí: su Majestad sabe por qué y para qué; y sabe que le he pedido que apague la luz de mi entendimiento, dejando sólo lo que baste para guardar° su Ley, pues lo demás sobra (según algunos) en una mujer; y aun hay quien diga que daña.

Refiere cómo intentó convencer a su madre para que la mandara a la Universidad, para lo cual debía disfrazarse con ropas masculinas dado que, por esos años, las mujeres no concurrían a estas casas de estudios:

Teniendo yo después como seis o siete años, y sabiendo ya leer y escribir, con todas las otras habilidades de labores y costura que deprehenden° las mujeres, oí decir que había Universidad y Escuelas en que se estudiaban las ciencias, en Méjico; y apenas lo oí cuando empecé a matar° a mi madre con instantes°° e importunos°°° ruegos, sobre que, mudándome° el traje, me enviase a Méjico, en casa de unos deudos° que tenía, para estudiar y cursar la Universidad; ella no lo quiso hacer (e hizo muy bien), pero yo despiqué° el deseo en leer muchos libros varios que tenía mi abuelo, sin que bastasen castigos ni represiones a estorbarlo . . .

deprehender: aprender

matar: importunar, incomodar, molestar
instante: repetido, insistente
importuno: inoportuno, molesto
mudar: cambiar
deudo: familiar, pariente
despicar: satisfacer

Más adelante explica cómo se castigaba cortándose el cabello cuando éste crecía más rápido que sus conocimientos:

Empecé a deprehender Gramática°, en que creo no llegaron a veinte las lecciones que tomé; y era tan intenso mi cuidado, que siendo así que en las mujeres (y más en tan florida juventud) es tan apreciable el adorno natural del cabello, yo me cortaba de él cuatro o seis dedos, midiendo hasta dónde llegaba antes, e imponiéndome ley de que si cuando volviese a crecer hasta allí no sabía tal o cual cosa, que me había propuesto deprehender en tanto que crecía, me lo había de volver a cortar, en pena de la rudeza°. Sucedía así que él crecía, y yo no sabía lo propuesto, porque el pelo crecía aprisa, y yo aprendía despacio, con efecto° lo cortaba, en pena de la rudeza; que no me parecía razón que estuviese vestida de cabellos cabeza que estaba tan desnuda de noticias, que era más apetecible adorno . . .

Gramática: en este caso significa el estudio del latín

rudeza: incapacidad, dificultad para aprender

con efecto: efectivamente

Con ironía, comenta que las profundas reflexiones y conocimientos a los que arribó fueron en ella consecuencia necesaria de su disposición natural, aunque los mismos, si los posee un hombre, son considerados como méritos:

Si éstos, señora, fueran méritos (como los veo por tales celebrar en los hombres), no lo hubieran sido en mí, porque obro necesariamente.

Enseguida, pasa revista en esta carta a las mujeres que en el pasado pagano o cristiano se destacaron por su sabiduría. También, alude a algunas interpretaciones que se dieron de la sentencia de San Pablo: "Las mujeres callen en las Iglesias". Coincide con un teólogo que entendía esta afirmación u orden en un sentido limitado:

. . . que el leer públicamente en las cátedras y predicar en los púlpitos, no es lícito° a las mujeres; pero que el estudiar, escribir y enseñar privadamente, no sólo les es lícito, pero muy provechoso y útil; claro está que esto no se debe entender con todas, sino con

lícito: permitido, justo

aquellas a quienes hubiere Dios dotado de especial virtud y pruden-
cia, y que fueren muy provectas y eruditas y tuvieren el talento y
requisitos necesarios para tan sagrado empleo: y esto es tan justo,
que no sólo a las mujeres (que por tan ineptas están tenidas), sino a
los hombres (que con sólo serlo, piensan que son sabios) se había de

Sagradas Letras: la Biblia

prohibir la interpretación de las Sagradas Letras°, en no siendo muy
doctos y virtuosos y de ingenios dóciles y bien inclinados; porque
de lo contrario creo yo que han salido tantos sectarios y que ha sido

herejía: error en materia de fe;
sentencia errónea

la raíz de tantas herejías°; porque hay muchos que estudian para
ignorar, especialmente los que son de ánimos arrogantes, inquietos
y soberbios, amigos de novedades en la Ley (que es quien las rehu-
sa); y así, hasta que por decir lo que nadie ha dicho dicen una herejía,
no están contentos.

Por fin, encomia las ventajas que ofrecería el tener ancianas sabias que pudieran
ser maestras de las jóvenes con lo que se obtendría para estas últimas una
educación apropiada sin exponerlas a los riesgos de la proximidad y familiaridad
con un maestro varón:

excusar: evitar, impedir
docto: instruido, sabio

flojedad: descuido, negligencia
doctrinar: instruir, enseñar

tocar: hacer sonar un instrumento
musical
consorcio: unión, matrimonio
inmediación: proximidad

¡Oh, cuántos daños se excusaran° en nuestra República si las
ancianas fueran doctas° como Leta, y que supieran enseñar como
manda San Pablo y mi Padre San Jerónimo! Y no, que por defecto
de esto y la suma flojedad° en que han dado en dejar a las pobres
mujeres, si algunos padres desean doctrinar° más de lo ordinario a
sus hijas, les fuerza la necesidad y falta de ancianas sabias, a llevar
maestros hombres a enseñar a leer, escribir y contar, a tocar° y otras
habilidades, de que no pocos daños resultan, como se experimentan
cada día en lastimosos ejemplos de desiguales consorcios°; porque
con la inmediación° del trato y la comunicación del tiempo, suele
hacerse fácil lo que no se pensó ser posible. Por lo cual, muchos
quieren más dejar bárbaras e incultas a sus hijas que no exponerlas a
tan notorio peligro como la familiaridad con los hombres, lo cual se
excusara si hubiera ancianas doctas, como quiere San Pablo, y de
unas en otras fuese sucediendo el magisterio como sucede en el de
hacer labores y lo demás que es costumbre.

Como vemos, esta monjita mexicana de fines del siglo XVII pone de manifiesto
una de las más serias y dramáticas limitaciones que se han impuesto a las
mujeres durante siglos: la negativa a reconocer y favorecer su derecho a
instruirse.

De entonces a ahora mucho se ha cambiado en costumbres, ideas, y formas
de vida. Sin embargo, según piensan algunos, no se han alcanzado grandes
progresos en cuanto a lo que se ha dado en llamar "la liberación de la mujer".

En general, la sociedad hispánica presenta una estructura en la que
predominan la autoridad y los privilegios del varón. Por supuesto que en
muchos lugares, especialmente en las grandes ciudades, esto aparece atenuado o
inexistente debido a la influencia de factores socio-económicos y culturales.

En la actualidad abundan los estudios que analizan la condición de la mujer en el campo político, económico, sexual, y psicológico. Como un ejemplo, transcribiremos fragmentos del artículo de la escritora argentina Isabel Larguía titulado "Contra el trabajo invisible", que figura en el volumen *La liberación de la mujer: Año Cero* (Buenos Aires: Granica Editor, 1972).

TRABAJO VISIBLE Y TRABAJO INVISIBLE

Separada progresivamente del mundo de la sobreproducción en el largo proceso de consolidación de la familia monogámica, la mujer, por las características de las tareas que realiza en el seno del hogar, se convierte en el cimiento° económico de la sociedad de clases. El trabajo del hombre cristalizó, a través de los diferentes modos de producción, en *objetos económicamente visibles destinados a crear riqueza,* ya fuera por su acumulación, ya fuera por el intercambio. El hombre se define esencialmente como *productor de mercancías* en los albores° del capitalismo, tanto como poseedor de la propiedad privada de los medios de producción, cuanto como herramienta° de esos medios a través de la venta de su fuerza de trabajo, de la que es propietario.

Su posición social se categoriza° por este fenómeno y su pertenencia a una u otra clase se determina en función de la posición que ocupa dentro del mundo creado por la producción de bienes para el intercambio.

La mujer, expulsada del universo económico generador del sobreproducto, cumplió una función económica fundamental que no residió precisamente en la exclusiva reproducción biológica. Su función económica consistió en reconstituir la mayor parte de la fuerza de trabajo del hombre (principalmente la de los asalariados°) a través de las materias primas que ella transforma en valores de uso para el consumo inmediato. Vigiló así la alimentación, el vestido, la construcción y el mantenimiento de la casa, lo mismo que la educación de los niños.

. . . .

Si el hombre reproduce su fuerza de trabajo por medio de la creación de mercancías para el intercambio, y de ahí, para su consumo inmediato, la mujer en el hogar reconstituye cotidianamente° *una gran parte de la fuerza de trabajo de toda la clase obrera, de los asalariados y de los pequeños propietarios.* La importancia de la actividad económica realizada por las capas más grandes de población femenina bajo esta forma específica de reconstitución de la fuerza de trabajo, es inmensa. Señalaremos que si el proletariado no descansara sobre esta vasta base femenina que se ocupa de la elaboración de los alimentos, de la ropa . . . en un mundo donde no existen los servicios indispensables para una reconstitución colectiva de la fuerza de trabajo, las horas de plusvalía° que les arrancan las clases

cimiento: base; principio y raíz de una cosa

albor: comienzo, principio

herramienta: instrumento de trabajo

categorizarse: adquirir categoría, condición social

asalariado: que recibe un salario por su trabajo

cotidianamente: diariamente

plusvalía: aumento del valor de una cosa por causas extrañas a ella dominantes serían muchas menos. Hasta puede decirse que el trabajo femenino en el hogar se expresa por medio de la fuerza de trabajo masculina en la creación de la plusvalía.

No basta citar la parte de plusvalía cuando se evalúa la economía de un país y en particular sus posibilidades de desarrollo; hay que tener en cuenta el concepto de trabajo total e incluir el trabajo de subsistencia, del que *las tareas de las mujeres en el hogar forman generalmente la parte mas importante.* Si suponemos que las mujeres en el hogar dedican una hora cotidiana promedio al mantenimiento de los seres humanos que hay en la tierra, llegaremos a una cifra total de tres millones de *horas de trabajo invisible* realizadas cotidianamente.

La división del trabajo ha especializado al hombre, concentrando en sus manos la creación del sobreproducto. Gracias a esta especialización, se ve liberado de parte importante de la reconstitución de su propia fuerza de trabajo, lo que le permite consagrar toda su fuerza a la actividad pública. De este modo el trabajo del hombre cristalizó a través de todos los modos de producción en objetos y mercancías *económica y socialmente visibles.*

El hecho de que el trabajo femenino dentro del hogar no produjera directamente un sobreproducto y mercancías, la *separó de la esfera del intercamio,* donde todos los valores giran alrededor de la acumulación de las riquezas. La laboriosa actividad de vastos sectores de población femenina quedó así oculta tras la fachada de la familia monogámica, y como nunca se transformó en mercancías que entraran al mundo del intercambio, siguió siendo *invisible* hasta nuestros días.

El trabajo de las mujeres parecía evaporarse mágicamente desde el momento en que no daba productos visibles económicamente, como los del hombre. Por eso ese tipo de trabajo, aun cuando implica el gasto de numerosas horas de labor, nunca ha sido considerado *como valor.*

Quien lo realizaba fue a causa de ello separada de la economía, de la sociedad y de la historia.

La polarización de esta división del trabajo es el origen de la división de la vida social en dos esferas°, *la esfera pública y la esfera doméstica.*

esfera: ámbito, sector

La primera evoluciona rápidamente a partir de la aparición del intercambio mercantil y de la propiedad privada, con el desarrollo político y cultural.

En el otro extremo surge el hogar, simbolizado por *la casa* y limitado cada vez más a esta casa; dentro de ese contexto se define la familia monogámica tal como la conocemos hoy, con sus aspectos económicos y biológicos que se confunden "románticamente".

El hombre es propietario de su fuerza de trabajo y gracias a ella y gracias a sus productos entra al mercado donde obtiene "el salario".

La mujer no vende su fuerza de trabajo ni sus productos, simplemente acepta con el matrimonio la obligación de ocuparse de su familia, de hacer las compras, de procrear y de servir a cambio de su mantenimiento. Hay en esta relación interna del matrimonio la ductilidad suficiente para adaptarse a cualquier forma de la sociedad de clases y reflejar en el seno del hogar las características específicas de esta sociedad, ya sea feudal, capitalista u otra.

. . . .

Las mujeres de hogar no tienen entre ellas relaciones de intercambio como productoras, ni tampoco con otras clases. No forman parte del desfile público de señores, siervos, obreros, capitalistas y otras clases. No participan en las relaciones públicas de propiedad gracias a las cuales se materializa y apropia el excedente de producción. Su situación realmente única, aunque similar en ciertos puntos a la esclavitud patriarcal y en otros, a la de la agricultura de subsistencia, consiste en un aporte "satélite", a través de la reconstitución directa de la fuerza de trabajo de otros trabajadores.

Núcleos de vocabulario

PALABRAS ANÁLOGAS O SINÓNIMAS

la mujer woman
la hembra female
la varona woman
la persona del sexo femenino a person of the female sex

el hombre man
el varón male
el macho male
la persona del sexo masculino a person of the male sex

las mujeres women
el bello sexo fair sex
el mujerío a group of women
las faldas women, skirts

la señora lady
la dama lady, dame
la doña lady
la dueña lady
el[1] ama mistress of the house

PALABRAS AFINES

la niña girl
la joven young woman
la doncella girl, maiden
la damisela young lady, damsel
la señorita young woman

la madre mother
la hija daughter
la hermana sister
la abuela grandmother

la tía aunt
la sobrina niece
la prima cousin
la suegra mother-in-law
la nuera daughter-in-law
la cuñada sister-in-law

el padre father
el hijo son
el hermano brother

[1]"ama" es un nombre femenino, pero dado que empieza con una a acentuada, para evitar la repetición del mismo sonido: la ama, se usa el artículo "el".

el abuelo   grandfather
el tío   uncle
el sobrino   nephew
el primo   cousin
el suegro   father-in-law
el yerno   son-in-law
el cuñado   brother-in-law

la matrona   matron
la mujerona   big woman, stout
   woman
la jamona   big middle-aged woman
la mujerzuela   little woman,
   prostitute

la bachillera   babbler, chatterbox
la marisabidilla   bluestocking
el marimacho   mannish woman

femenino (el, lo)   feminine
femineidad (la)   femininity
feminidad (la)   femininity
feminismo (el)   feminism
antifeminismo (el)   antifeminism
matriarcado (el)   matriarchy,
   matriarchate
misoginia (la)   misogyny
misógino (el, la)   misogynist
afeminado (el, la, lo)   effeminate

Algunos verbos relacionados con el tema

liberar   to free, to liberate
Quieren **liberar** a los oprimidos.

libertar   to free, to liberate
Libertó a varios pueblos.

redimir   to redeem, to liberate
Te **redimiré** de tu cautiverio.

librar   to free
Lo **libraste** de sus cadenas.

preservar   to preserve
Deseaba **preservarlo** del mal.

proteger   to protect
Debes **proteger** al más débil.

defender   to defend
Cada clase **defiende** sus derechos.

salvar   to save
Lo **salvó** de la muerte.

eximir   to exempt
Lo **eximieron** de su responsabilidad.

emancipar   to emancipate
Emancipó a los esclavos.

escapar   to escape
Escaparon de la prisión.

exonerar   to exonerate
Lo **exoneraron** de su cargo.

remediar   to remedy
Procuran **remediar** la situación.

rescatar   to rescue
Lo **rescató** de su encierro.

desatar   to untie
Deben **desatar** los lazos que las sujetan.

soltar   to untie, to unfasten
Soltaron sus cadenas.

separar   to separate
Separaron a las mujeres de los niños.

excluir   to exclude
Las **excluyeron** de las posiciones importantes.

apartar   to part, to separate
Las han **apartado** sin razón.

segregar   to segregate
La mujer también fue **segregada**.

relegar   to relegate
Las **relegaron** a una posición inferior.

aislar   to isolate
La intención fue **aislarlas**.

expulsar   to expel
Expulsaron a todos los feministas.

VARIACIONES DE EXPRESIÓN

Subordinadas adjetivas

<u>Hoy es frecuente escuchar discursos</u> <u>que defienden los derechos de la mujer</u>.
Oración principal   Subordinada adjetiva

La anterior es una oración compuesta formada por la principal (Hoy es
frecuente escuchar discursos), y por la subordinada adjetiva (que defienden
los derechos de la mujer). La subordinada podría reemplazarse por un
adjetivo: <u>feministas</u>.

Hoy es frecuente escuchar discursos <u>feministas</u>.
adjetivo

Las subordinadas adjetivas van encabezadas por un pronombre relativo, y
por esto también se denominan *subordinadas adjetivas o de relativo*.

Empleo de los relativos "que, quien, cual, cuyo"

Los pronombres relativos son: **que, quien, cual, cuyo**, con sus variantes
(el que, la que, lo que, los que, las que, quien, quienes, el cual, la cual,
lo cual, los cuales, las cuales, cuyo, cuya, cuyos, cuyas).

El relativo se relaciona con su antecedente en la oración principal.

Hoy es frecuente escuchar <u>discursos</u> <u>que</u> defienden los derechos de la mujer.
antecedente   relativo

El relativo **que** se emplea como antecedente de persona o cosa, y es invariable. Es decir que cualquiera que sea el género y el número de su antecedente, su forma no varía.

Hoy es frecuente escuchar <u>discursos</u> <u>que</u> defienden los derechos de la mujer.
masculino
plural

Hoy es frecuente escuchar <u>arengas</u> <u>que</u> defienden los derechos de la mujer.
femenino
plural

Hoy escuché un <u>discurso</u> <u>que</u> defendía los derechos de la mujer.
masculino
singular

Hoy escuché una <u>arenga</u> <u>que</u> defendía los derechos de la mujer.
femenino
singular

El relativo **quien** se emplea únicamente con antecedente de persona o cosa personificada. Concuerda con su antecedente sólo en número.

Encontré a mi <u>amigo</u>, <u>quien</u> había regresado del viaje.
masculino
singular

Encontré a mi <u>amiga</u>, <u>quien</u> había regresado del viaje.
femenino
singular

Encontré a mis <u>amigos</u>, <u>quienes</u> habían regresado del viaje.
masculino
plural

Encontré a mis <u>amigas</u>, <u>quienes</u> habían regresado del viaje.
femenino
plural

El relativo **cual** puede tener antecedente de persona o cosa y concuerda con éste en número y persona.

Me entregó la <u>valija</u>, <u>la cual</u> pesaba mucho.
femenino
singular

Me entregó el <u>maletín</u>, <u>el cual</u> pesaba mucho.
masculino
singular

Me entregó las <u>valijas</u>, <u>las cuales</u> pesaban mucho.
femenino
plural

Me entregó los <u>maletines, los cuales</u> pesaban mucho.

         masculino
         plural

El relativo **cuyo** es un relativo adjetivo. O sea que modifica al sustantivo
que le sigue, y con éste concuerda en género y número, y no con el antecedente.

Leí el <u>libro</u>   <u>cuyas</u>   <u>hojas</u>   estaban rotas.

  Antecedente   Relativo   Sustantivo
  masculino   femenino   femenino
  singular   plural   plural

Leí la <u>novela</u>   <u>cuyo</u>   <u>final</u>   conocía.

  Antecedente   Relativo   Sustantivo
  femenino   masculino   masculino
  singular   singular   singular

Modo Indicativo y Modo Subjuntivo en las subordinadas adjetivas

En cuanto al uso del Modo Indicativo o Subjuntivo en las subordinadas
adjetivas, recordemos que:

a) Cuando el antecedente está determinado, existe, el verbo de la
subordinada va en Indicativo:

Escuchamos un <u>discurso</u> que <u>defendía</u> los derechos de la mujer.

          antecedente   M. Indicativo

El antecedente <u>discurso</u> es algo determinado, que existió.

b) Cuando el antecedente no está determinado, es hipotético o inexistente,
el verbo de la subordinada va en Subjuntivo:

Quisiera escuchar un <u>discurso</u> que <u>defendiera</u> los derechos de la mujer.

            antecedente   M. Subjuntivo

No escuchamos <u>ningún discurso</u> que <u>defendiera</u> los derechos de la mujer.

          antecedente   M. Subjuntivo

El antecedente en "Quisiera escuchar un <u>discurso</u> . . ." es hipotético,
no determinado; en "ningún discurso" es inexistente.

    El uso de las oraciones de relativo, como el de todas las subordinadas,
permite expresar cualidades más complejas que las que se logran con el uso
del adjetivo. Por ejemplo:

Adjetivo	Subordinada adjetiva
Hoy es frecuente escuchar discursos <u>feministas</u>.	Hoy es frecuente escuchar discursos <u>que defienden los derechos de la mujer.</u>
El hombre <u>trabajador</u> consiguió reunir una fortuna.	El hombre, <u>que había trabajado durante toda su vida</u>, consiguió reunir una fortuna.

En el puerto encontraron
a la <u>inocente</u> niña.

En el puerto encontraron a la niña,
<u>quien ignoraba por completo todos
los riesgos de la vida en ese lugar.</u>

Saludé al <u>andariego</u>
muchacho.

Saludé al muchacho <u>que había recorrido
medio mundo en pocos años.</u>

PRÁCTICA: Modifique en todas las formas que pueda las siguientes
oraciones, ya sea cambiando el vocabulario con el uso de
palabras sinónimas o análogas, o cambiando el orden de los
elementos sintácticos.
1. El trabajo de las mujeres parecía evaporarse mágicamente
desde el momento en que no daba productos visibles
económicamente.
2. La mujer acepta con el matrimonio la obligación de ocuparse
de su familia, de hacer las compras, de procrear y de servir a
cambio de su mantenimiento.

TEMAS DE COMENTARIO ORAL O ESCRITO

1. ¿Cómo ve usted la situación de la mujer en la sociedad occidental? ¿Cree que
está injustamente relegada, o sometida a alguna forma de esclavitud o
limitación?

2. ¿En caso de comparar a la mujer con el hombre, piensa que hay diferencias
apreciables en cuanto a inteligencia, sensibilidad, aptitudes para desempeñar
ciertas tareas o profesiones, etc? ¿Considera que el hombre es superior a la
mujer, que la mujer es superior al hombre, o que ambos poseen iguales
aptitudes?

3. ¿Cuál es su opinión acerca del *Women Liberation Movement* en los Estados
Unidos?

4. ¿Si usted estuviera en condiciones de dictar leyes, cuáles propondría como
más favorables o necesarias para el beneficio de la mujer?

5. Comente las dos tiras cómicas de Mafalda.

6. Comente los fragmentos de Sor Juana Inés de la Cruz.

7. Comente el texto de Isabel Larguía.

Actividades optativas

1. Haga una encuesta entre sus amigos para averiguar qué porcentaje está a favor
o en contra de la "liberación de la mujer". Detalle las razones que presentan
unos y otros.

2. Indique como mínimo dos mujeres que se destaquen o hayan destacado en la
política; en las ciencias; en las artes.

3. Haga una lista de famosas heroínas en la literatura universal.

4. Si tuviera que decidir qué mujer ha sido más importante a lo largo de la historia, a quién elegiría, y por qué.

BIBLIOGRAFÍA

Juana Inés de la Cruz. *Obras escogidas.* Buenos Aires: Espasa-Calpe Argentina, S.A., 1938.

Juana Inés de la Cruz, Sor. *Obras completas.* 4 tomos. México: Fondo de Cultura Económica, 1951–57.

La liberación de la mujer: Año Cero. (varios autores). Buenos Aires: Granica Editor, 1972.

Dos tiras cómicas de *Mafalda,* de Quino (Ver comentarios en la Unidad *La risa y el humor*).

    Acerca de los personajes que aparecen aquí, *Mafalda,* la protagonista, representa en cierta medida, y en "versión infantil", al intelectual rebelde, de crítica aguda e irónica.

    Susanita, en cambio, es el modelo de la que luego será la mujer que aspira a satisfacer los ideales o exigencias que una sociedad burguesa impone a su sexo: matrimonio, maternidad, fidelidad, posesión de bienes, reconocimiento social, privilegios y prejuicios de clase, etc.

Danza criolla, relieve por el escultor argentino
Pablo Curatella Janes.

La idea del ritmo como repetición es básica y cierta. Y en este sentido el ritmo aparece constantemente no sólo en nuestras acciones y experiencias sino en el sistema general del universo. Tenemos el movimiento rítmico de los astros que da lugar, en la Tierra, a la repetición del día y la noche, y a la repetición de las estaciones del año; el ritmo de vida de los seres animados: nacimiento, crecimiento, reproducción, muerte; el ritmo de los movimientos del corazón; el ritmo respiratorio, etc. Podría decirse que el universo todo está sujeto a ritmo.

Cuando hablamos de ritmo poético debemos tener presente esta acepción amplia de ritmo. Si bien en un sentido específico, en poesía aludimos especialmente al ritmo sonoro, al que se produce por repeticiones de sonidos y silencios, no debemos olvidar que también es posible producir un ritmo en un poema gracias a la repetición de imágenes, alusiones, percepciones, expresión de estados afectivos, etc.

Para ilustrar este tema ofreceremos primero dos fragmentos del estudio de Pedro Henríquez Ureña[1] "En busca del verso puro". En el titulado "Ritmo", Henríquez Ureña insiste en apoyar la noción de verso sobre el ritmo interpretado en su sentido básico de repetición.

En el segundo parágrafo, "Verso, música y danza", analiza la estrecha relación entre estas tres actividades o artes. Sabemos que en los pueblos primitivos el baile aparece unido al canto, especialmente en ceremonias religiosas. Y también cómo todos nosotros, en mayor o menor grado, nos sentimos inclinados a cantar, bailar, o "seguir el compás" de una melodía o danza. La razón del placer que nos causa escuchar una canción, leer un poema, o participar en una danza es una de las más difíciles de explicar, y entra dentro del campo de la estética. Pero, en la base de la misma existe el ritmo, es decir estos fenómenos de repetición.

Leamos ahora a Henríquez Ureña:

[1]PEDRO HENRÍQUEZ UREÑA (1884–1946). Escritor y profesor dominicano, su labor de humanista se fija en excelentes estudios de filología, y de crítica literaria y artística. Obras principales: *Seis ensayos en busca de nuestra expresión, Las corrientes literarias en la América Hispánica, Historia de la cultura en la América Hispana.*

En su más amplia acepción, ritmo es la repetición en el tiempo de ciertos fenómenos o apariencias.
Samuel Gili Gaya

EL RITMO POETICO

rigor: severidad, rigidez
eslabón: pieza que enlazada con
otras forma una cadena.

enredo: complicación, engaño

fonema: sonido simple del
lenguaje hablado, sea letra o
sílaba

fluctuante: oscilante, vacilante

cauce: lecho de los ríos; conducto
por donde corre el agua
dique: muro o reparo artificial hecho
para contener las aguas

veta: faja, lista, filón metálico

RITMO. Desatando al verso de la cadena de rigores° con que se pretende sujetarlo, todavía se aferra al último eslabón°: la ley del ritmo. ¿Es justa, entonces, la familiar definición del verso como *unidad rítmica?*

Sí: la definición es justa siempre que se encierre dentro del círculo exacto de definición mínima, siempre que se recoja estrechamente dentro de la noción limpia y elemental de *ritmo*, apartando de sí cualquier enredo° con la idea de acento o de tono o de cantidad, cualquier exigencia de igualdades o siquiera de relaciones matemáticas.

El verso, en su esencia invariable a través de todos los idiomas y de todos los tiempos, como grupo de fonemas°, como "agrupación de sonidos", obedece sólo a una ley rítmica primaria: la de la repetición. Ritmo, en su fórmula elemental, es repetición. El verso, en sencillez pura, es unidad rítmica porque se repite y forma series: para formar series, las unidades pueden ser semejantes o desemejantes.

La unidad aislada carece de valor: la serie le da carácter rítmico y la frecuencia del uso le presta apariencia de entidad.

VERSO, MÚSICA Y DANZA. La definición mínima, abstracta, como no pide igualdades, ni relaciones matemáticas, se contenta con cualquier serie de unidades fluctuantes°. Pero la realidad histórica del verso impuso limitaciones. El verso nace junto con la música, unido a la danza: nace sujeto al ritmo de la vida, que si con el espíritu aspira a la libertad creadora, con el cuerpo se pliega bajo la necesidad inflexible: sobre el cuerpo pesan todas las leyes de la materia, desde la gravitación. El hombre que habla, como su esfuerzo físico es escaso, puede olvidarlo y gozar la ilusión de la libertad: en su ilusión ningún cauce° lo contiene, ningún dique°° lo detiene. Río inextinguible de la palabra pura cuyo murmullo trasciende a la plática encendida de Santa Teresa[2] y al cuento de nunca acabar que es el *Quijote.* Pero el hombre que danza no se siente libre: corazón y pulmones le dictan su ritmo breve. La danza está obligada a la conciencia del límite: cada paso de danza tiene su límite.

Históricamente, el verso nace con la danza: es danza de palabras: danza de sonidos de la voz. Los nombres arcaicos que designan el verso y la música y la danza son, en su origen, comunes a los tres: *areito* entre los indígenas de Santo Domingo, o *coro* entre los griegos, son nombres indivisos del baile con canto. Y hasta nuestros días las artes del hombre rústico, y aun las del vulgo en las ciudades populosas (tango en Buenos Aires o jazz en Nueva York), conservan los tres metales en confusión, como en veta° nativa.

[2]SANTA TERESA DE JESÚS (1515–1582). Escritora y religiosa española. Autora de excelentes obras místicas no sólo en cuanto a sus ideas sino especialmente por estar escritas en una prosa admirable. Obras: *Las moradas, Camino de perfección, Libro de su vida.*

Ahora vamos a elegir dos poesías, y tratar de determinar los distintos ritmos o repeticiones que aparecen en ellas. Aclaramos que no intentamos hacer un análisis completo de estas obras sino sólo reducirnos a considerar el ritmo poético en su sentido básico de repetición.

Primero, un soneto de Sor Juana Inés de la Cruz[3]. La crítica lo ha denominado el soneto "A su retrato" porque el motivo central consiste en las reflexiones provocadas en la autora por la observación de su retrato. El tema muestra el desengaño barroco en cuanto representa la calidad efímera de los bienes, en este caso la belleza transitoria y fugaz que será destruida progresivamente hasta quedar reducida a la nada.

Este que ves, engaño° colorido,	A ||	engaño: mentira, falsedad, ficción
que, del arte ostentando° los primores°°,	B |	ostentar: mostrar
con falsos silogismos° de colores	B |	primor: artificio, hermosura, esmero
es cauteloso engaño del sentido°.	A ||	silogismo: argumento lógico
		sentido: percepción, entendimiento
éste en quien la lisonja° ha pretendido	A ||	lisonja: alabanza
excusar° de los años los horrores	B |	excusar: evitar, impedir, eximir
y venciendo del tiempo los rigores	B |	
triunfar de la vejez y del olvido:	A ||	
es un vano artificio del cuidado;	C ||	
es una flor al viento delicada;	D |	
es un resguardo° inútil para el hado°°;	C ||	resguardo: defensa
		hado: destino, fatalidad
es una necia diligencia errada°;	D |	
es un afán caduco°; y, bien mirado,	C |	errado: equivocado
es cadáver, es polvo, es sombra, es nada.	D ||	caduco: perecedero, poco durable

Hemos marcado de distinta manera algunos de los diversos recursos rítmicos. Si ahora representamos el poema con un esquema gráfico, resulta lo siguiente:

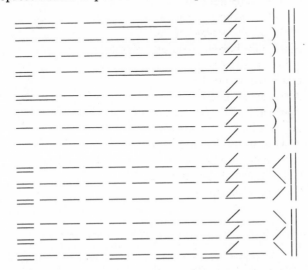

[3]SOR JUANA INÉS DE LA CRUZ. Ver la *Nota 2* en la Unidad *La liberación de la mujer.*

Determinamos los siguientes ritmos:

1. — — — — — —   repetición de versos de once sílabas (medida)
2. | repetición de estrofas (dos cuartetos, dos tercetos)
3. |)/\   repetición de sonidos finales (rima)
4. /   repetición del acento final en décima sílaba
5. | repetición de la pausa final de verso
6. ____   repetición de palabras

Podríamos fijar otros ritmos o repeticiones. Por ejemplo, y en adición al acento final, la repetición de acentos rítmicos interiores (en la mayoría de estos versos, en la sexta sílaba); la repetición de ideas o conceptos sinónimos: horrores-rigores; venciendo-triunfar; vano-inútil; la repetición de estructuras sintácticas como por ejemplo la de los predicados que corresponden al sujeto éste (retrato): "es un vano artificio del cuidado", "es una flor al viento delicada", "es un resguardo inútil para el hado", "es una necia diligencia . . .", etc. hasta terminar con los cuatro predicados acumulados en el último verso: "es cadáver", "es polvo", "es sombra", "es nada". Pero creemos que los distintos ritmos analizados muestran hasta qué punto un poema como éste se apoya, y obtiene muchos de sus efectos gracias a los recursos de repetición.

Por fin, transcribimos el romance "La monja gitana", de Federico García Lorca[4].

cal: óxido de calcio	Silencio de cal° y mirto°°.
mirto: arbusto de flores blancas	Malvas° en las hierbas finas°°.
malva: planta con flores rojas	La monja borda alhelíes°
hierba fina: planta con flores rojas	sobre una tela pajiza°.
alhelí: planta con flores blancas, amarillas, rojas, etc.	Vuelan en la araña gris
pajizo: de color de paja (amarillo)	siete pájaros del prisma°.
prisma: el prisma triangular de cristal que descompone la luz en siete colores	La iglesia gruñe a lo lejos
	como un oso panza arriba.
	¡Qué bien borda! ¡Con qué gracia!
	Sobre la tela pajiza,
girasol: planta con flores amarillas	ella quisiera bordar
magnolia: planta con flores muy blancas	flores de su fantasía.
lentejuela: planchita redonda de plata u otra materia que se usa en bordados	¡Qué girasol°! ¡Qué magnolia°°
	de lentejuelas° y cintas!
azafrán: planta algunas de cuyas partes se usan para teñir de amarillo, y condimentar manjares	¡Qué azafranes° y qué lunas,
	en el mantel de la misa!
toronja: fruta anaranjada	Cinco toronjas° se endulzan
	en la cercana cocina.

[4]FEDERICO GARCÍA LORCA (1898–1936). Poeta y dramaturgo español. A través de un lenguaje rico en imágenes y metáforas, refleja la animación, el colorido, pero también el fatalismo y la influencia de lo árabe y gitano, características todas de su tierra andaluza. Obras: Poesías: *Poema del cante jondo, Romancero gitano, Poeta en Nueva York*. Dramas: *Bodas de sangre, Yerma, La casa de Bernarda Alba, La zapatera prodigiosa.*

Las cinco llagas de Cristo
cortadas en Almería[5].
Por los ojos de la monja
galopan dos caballistas.
Un rumor último y sordo
le despega la camisa,
y al mirar nubes y montes
en las yertas° lejanías,　　　　　　　yerto:　tieso, rígido
se quiebra su corazón
de azúcar y yerbaluisa°.　　　　　　yerbaluisa:　planta con flores blancas
¡Oh!, qué llanura empinada°　　　　empinado:　levantado, muy alto
con veinte soles arriba.
¡Qué ríos puestos de pie
vislumbra° su fantasía!　　　　　　vislumbrar:　ver algo en forma
Pero sigue con sus flores,　　　　　confusa, conocer imperfectamente
mientras que de pie, en la brisa,
la luz juega el ajedrez
alto de la celosía°.　　　　　　　　celosía:　enrejado de listoncillos de
　　　　　　　　　　　　　　　　madera o de hierro que se pone en las
　　　　　　　　　　　　　　　　ventanas u otros huecos análogos

Como dijimos, este poema es un romance, o sea una serie indefinida de versos octosílabos, los impares libres, y los pares con rima asonante. Este esquema métrico ofrece en sí las repeticiones de la medida (ocho sílabas); del acento final en séptima sílaba; de la rima en los versos pares; de la pausa final después de la octava sílaba. Pero más que a ellos, nos vamos a referir ahora al ritmo que el poeta organiza sobre la base de la repetición de imágenes cromáticas.

El tema central de la poesía está sintetizado en el título "La monja gitana". *Monja* da aquí idea de limitación, encierro, candor. *Gitana* tiene en el vocabulario de Lorca connotaciones de vitalidad, libertad, colorido sensual. Las dos palabras plantean la antítesis que es al mismo tiempo el dilema de la protagonista, escindida entre su profesión monjil y las ansias de vida errabunda que son el llamado de su raza. A lo largo del poema el autor ilustra estos sentimientos y sensaciones mediante el uso de colores, en especial el blanco y el amarillo.

Podemos subrayar con el respectivo color la palabra que lo alude, de acuerdo con la siguiente lista:

blanco (plateado): cal, mirto, alhelíes, magnolia, lentejuelas, lunas, azúcar, yerbaluisa.

rojo: malvas, hierbas finas, alhelíes.

amarillo (anaranjado): alhelíes, pajiza, girasol, azafranes, toronjas, soles.

Como vemos es clara la reiteración de estas imágenes de color. Por supuesto, y como ya lo aclaramos varias veces, éste no es el único efecto rítmico que usa el autor, ni siquiera el más importante. Pero con él demostramos que

[5]ALMERÍA:　Provincia, y ciudad de España, en Andalucía.

los recursos del ritmo poético en su más amplio sentido no se limitan solamente al ritmo métrico sonoro, sino que se encuentran en repeticiones de imágenes, ideas, sensaciones, percepciones, etc.

Núcleos de vocabulario

PALABRAS ANÁLOGAS O SINÓNIMAS

la repetición repetition
la reaparición reappearance
la reiteracion reiteration
la reproducción reproduction

el poeta (la poetisa) poet, (poetess)
el vate bard
el bardo bard
el rapsoda rhapsodist, poet
el cantor singer, poet
el lírico lyric poet, lyricist

el *rimador* rhymer
el *versificador* versifier

el poema poem
la poesía poesy, poem
los versos poem
el canto short heroic poem; a division of a long poem; poem
las estrofas stanzas
la composición lírica lyric composition

PALABRAS AFINES

el pareado couplet
el terceto tercet, triplet
la cuarteta quatrain
la quintilla five-line stanza
la sextilla sextain
la octava octave
la décima ten-line stanza
el soneto sonnet

el verso bisílabo disyllabic verse
el verso trisílabo trisyllabic verse
el verso tetrasílabo tetrasyllabic verse
el verso pentasílabo pentasyllabic verse
el verso hexasílabo hexasyllabic verse
el verso heptasílabo heptasyllabic verse
el verso octosílabo octosyllabic verse
el verso eneasílabo verse of nine-syllables
el verso decasílabo decasyllabic verse

el verso endecasílabo hendecasyllabic verse
el verso dodecasílabo verse of twelve syllables
el verso alejandrino Alexandrine verse; verse of fourteen syllables

la licencia poetica poetic license
la diéresis diaeresis
la sinéresis syneresis
el hiato hiatus
la sinalefa synalepha

el poema épico epic poem
el poema ditirámbico dithyrambic poem
el poema elegíaco elegiac poem
el poema bucólico bucolic poem
el poema epigramático epigrammatic poem
el poema madrigalesco madrigalesque poem
el poema epitalámico epithalamic poem

Algunos verbos relacionados con el tema

poetizar   to poetize
Tiene el don de **poetizar**.

componer   to compose
En una noche **compuso** el bello poema.

versificar   to versify
Versifica con habilidad.

medir   to measure, to scan
Debes **medir** esos versos.

escandir   to scan
Escandían la poesía latina.

rimar   to rhyme, to make verses
Esas dos líneas no **riman**.

ritmar   to rhythmize, to produce a rhythm
Ritma tus palabras y tus ideas.

aconsonantar   to observe a complete rhyme at the end of each verse; to rhyme
Buscaba **aconsonantar** las estrofas.

asonantar   to assonate; to make a partial rhyme
Sólo puedes **asonantar** esos finales.

parodiar   to parody
Se puso a **parodiar** su estilo literario.

recitar   to recite
Recitó la composición en voz alta.

declamar   to declaim, to recite
La niña **declamó** la conocida poesía.

improvisar   to improvise
Improvisó unas breves palabras.

danzar   to dance
Todos los pueblos primitivos **danzan**.

bailar   to dance
Bailas con gracia.

cantar   to sing
Cantaba y mantenía bien el ritmo.

hablar   to speak, to talk
Hablábamos con ritmo rápido.

repetir   to repeat
Al **repetir** la misma palabra creas un ritmo.

limitar   to limit
No debemos **limitar** el concepto de ritmo

sujetar   to subject
Sujetó los versos a medida y rima.

VARIACIONES DE EXPRESIÓN

Subordinadas adverbiales

La definición es justa, <u>siempre que se encierre dentro del círculo de</u>
subordinada adverbial

<u>definición mínima.</u>

La anterior es una oración compuesta formada por una principal: **La definición es justa;** y por una subordinada adverbial condicional: **siempre que se encierre dentro del círculo de definición mínima.**

Las subordinadas adverbiales pueden clasificarse en:
1. Subordinadas adverbiales de lugar
2. Subordinadas adverbiales de tiempo
3. Subordinadas adverbiales de modo
4. Subordinadas adverbiales condicionales
5. Subordinadas adverbiales concesivas
6. Subordinadas adverbiales consecutivas

Demos un ejemplo de cada una de ellas:
Subordinada adverbial de lugar

Lo encontró <u>donde se cruzan los caminos.</u>
sub. adverbial de lugar

Subordinada adverbial de tiempo
Puedo irme <u>cuando quiera.</u>
sub. adverbial de tiempo

Subordinada adverbial de modo
Cuídalos <u>como yo los cuidé.</u>
sub. adverbial de modo

Subordinada adverbial condicional
Si es posible iré a buscarla.
sub. adverbial condicional

Subordinada adverbial concesiva
Aunque se lo pidas no te lo dará.
sub. adverbial concesiva

Subordinada adverbial consecutiva
Corrió tanto <u>que no podía hablar.</u>
sub. adverbial consecutiva

Ensayemos ahora reemplazar un adverbio en una oración simple por una subordinada adverbial en la oración compuesta:

Lo buscaremos <u>allí.</u>
adverbio

Lo buscaremos   donde termina el parque.
                         sub. adverbial

Lo buscaremos   donde empieza el bosque.
                         sub. adverbial

Lo buscaremos   donde están los árboles.
                         sub. adverbial

Lo buscaremos   donde crece la maleza.
                         sub. adverbial

Lo había aconsejado   **previamente.**
                         adverbio

Lo había aconsejado   antes que comenzara el juicio.
                         sub. adverbial

Lo había aconsejado   antes que iniciaran el debate.
                         sub. adverbial

Lo había aconsejado   antes que decidieran las medidas a tomar.
                         sub. adverbial

Lo había aconsejado   antes que hablara.
                         sub. adverbial

A veces sonreía   **comprensivamente.**
                         adverbio

A veces sonreía   como si comprendiera.
                         sub. adverbial

A veces sonreía   como si lo entendiera.
                         sub. adverbial

A veces sonreía   como si lo considerara con benevolencia.
                         sub. adverbial

A veces sonreía   como si lo mirara con buenos ojos.
                         sub. adverbial

Posiblemente   te lo regalará.
adverbio

Si cumples sus órdenes   te lo regalará.
sub. adverbial

Si haces lo debido   te lo regalará.
sub. adverbial

Si lo pides con humildad te lo regalará.
sub. adverbial

Si no lo perjudica   te lo regalará.
sub. adverbial

Incluso así adverbio	no te escucharán.
Aunque grites sub. adverbial	no te escucharán.
Por más que ruegues sub. adverbial	no te escucharán.
Aun cuando llores sub. adverbial	no te escucharán.
Así clames al cielo sub. adverbial	no te escucharán.
Actuó de manera extraña,	**alocadamente.** adverbio
Actuó de manera tan extraña	**que alteró a todos.** sub. adverbial
Actuó de manera tan extraña	**que asombró al público.** sub. adverbial
Actuó de manera tan extraña	**que inquietó al auditorio.** sub. adverbial
Actuó de manera tan extraña	**que perturbó a sus oyentes.** sub. adverbial

PRÁCTICA: Modifique en todas las formas que pueda las siguientes oraciones, ya sea cambiando el vocabulario con el uso de palabras sinónimas o análogas, o cambiando el orden de los elementos sintácticos.
1. En "La monja gitana", García Lorca usa la repetición de imágenes de color para intensificar el efecto rítmico.
2. Los pueblos primitivos ofrecen la prueba de la importancia del ritmo de la danza o del canto para las prácticas religiosas.

TEMAS DE COMENTARIO ORAL O ESCRITO

1. Mencione los seres y las cosas que, en el universo, están sujetos a ritmo.

2. ¿Le gusta bailar? ¿Por qué?

3. ¿Qué significa el título, y la primera línea de la canción de Gershwin "I got rhythm"?

4. Analice el ritmo de cualquier poesía que conozca.

5. Comente un párrafo del texto de Henríquez Ureña.

6. Comente, en relación con el ritmo, el soneto de Sor Juana.

7. Comente, en relación con el ritmo, el romance de García Lorca.

Actividades optativas

1. Es posible que haya escuchado la canción "Guantanamera" en la que se cantan algunos de los *Versos sencillos* del gran escritor y héroe cubano José Martí (1853–1895). Puede analizar las relaciones entre el ritmo poético y el musical a través de las siguientes estrofas:

> Yo soy un hombre sincero
> de donde crece la palma,
> y antes de morirme quiero
> echar mis versos del alma.
>
> Mi verso es de un verde claro
> y de un carmín encendido:
> mi verso es un ciervo herido
> que busca en el monte amparo.
>
> Con los pobres de la tierra
> quiero yo mi suerte echar:
> el arroyo de la sierra
> me complace más que el mar.

2. Párese en una esquina, en una calle, y trate de escuchar todos los sonidos que allí existen. Enumérelos en orden de intensidad de sonido (más fuertes, más débiles); en orden de altura de sonido (más graves, más agudos); haga otra lista con los sonidos rítmicos, y en una última anote los ruidos.

3. Haga listas de obras en las que de alguna manera se combinen dos o más artes, o a través de una se aluda a otra. Por ejemplo:

Literatura	*Música*
"Himno a la alegría" de Schiller	Novena Sinfonía de Beethoven
Fausto de Goethe	Ópera de Charles Gounod

Pintura	*Danza*
Cuadros de Edgar Degas	Ballet

Pintura	*Música*
Cuadros cubistas (Picasso, Juan Gris, Braque) con instrumentos musicales	Guitarras, violines, piezas de música

4. Pruebe escribir una poesía en español, o trate de continuar, o hacer un agregado a alguna que conozca.

BIBLIOGRAFÍA

Henríquez Ureña, Pedro. "En busca del verso puro" en *Estudios de versificación española*. Buenos Aires: Universidad de Buenos Aires, 1961.

Navarro Tomás, Tomás. *Arte del verso*. México: Compañía General de Ediciones, S.A., 1965.

Función de ballet en Santiago, Chile. *Fotografía de D. Ulloa, cortesía de la Universidad de Chile.*

FORMATION OF WORDS

Four methods of forming new words can be distinguished in Spanish. These include: **composición** *(composition)*, combining already existing words to form a new compound word; **prefijación** *(prefixion)*. adding a prefix to a word; **sufijación** *(suffixion)*, adding a suffix to a word; and **parasíntesis** *(parasynthesis)*, mixing the other methods of word formation in order to form a new word. This Unit is divided into four sections to discuss each of the methods of word formation.

Composition is the union of words that exist independently of each other in order to form a new word having its own unique meaning. For example:

Composition

guardabosque	guarda + bosque
siempreviva	siempre + viva
nochebuena	noche + buena

Although almost all compound words are formed from two existing words, there are some cases where three or more words are joined to form a single word. For example:

nomeolvides	no + me + olvides
vaivén	va + y + ven
metomentodo	meto + me + en + todo
correveidile	corre + ve + y + di + le

As a method of word formation, composition is not used as much as prefixion or suffixion, although a large quantity of compound words do exist. For the present discussion, some examples of the more common compound words will suffice to illustrate this method of word formation:

bocacalle	agridulce
cortaplumas	lavaplatos
camposanto	salvoconducto
vanagloria	mondadientes
espantapájaros	altibajos
sordomudo	abrelatas
puercoespín	pasamano
tocadiscos	salvavidas
sacabocados	sacacorchos
cuentagotas	noroeste
norteamericano	decimotercero
guardarropa	guardapolvo
cejijunto	boquiabierto

Certain of the written numbers are compound words and should be included in this discussion:

1–15	Uno through **quince** are single words.
16–19	**Dieciséis** through **diecinueve** are compound words.
20	**Veinte** is a single word, as are the other multiples of **diez**, such as **treinta, cincuenta, noventa**, etc.
21–29	**Veintiuno** through **veintinueve** are compound words.
31	Beginning with **treinta y uno** the numbers that are not multiples of **diez** are written separately.

Prefixion

Prefixion is the way of forming words in which a particle with its own meaning is added to the beginning of an existing word to change its meaning.

Spanish, as English, uses prefixes of Latin and Greek origin. In addition, Spanish prepositions are used as prefixes. In this use of the prepositions, opinion is divided as to whether the method by which they form new words should be considered as prefixion or composition. The different views are based on the fact that the Spanish prepositions exist as separate words, while the prefixes do not function independently.

The following list of prefixes is grouped according to their language of origin. It indicates the meaning or significance of each of the prefixes and gives examples of their usage.

Latin

abs	*(deprivation, separation)*	abstraer, abstener
bi, bis	*(two, twice)*	bicolor, bifocal, bilingüe, bimotor, bisabuela, bisnieto
des, dis, de, di	*(negation, deprivation)*	desatar, desarmar, desagradable, descomponer, disgusto, disfavor, deforme, degradar, decapitar, difamar
ex	*(movement away)*	extraer, exportar, expatriación
in, im, i	*(negation)*	inútil, incapaz, indeseable, ilegal, ilógico, impropio, imposible
post, pos	*(after)*	postdiluviano, postdorsal, posponer, poscomunión

pre	*(before)*	preconcebido, preliminar, prefijar, prever
semi	*(half, almost)*	semidiós, semitono, semirrecta
sub	*(below, inferiority)*	subterráneo, submarino, subdesarrollo, subordinado, subrayar

Greek

a, an	*(deprivation)*	ateo, amoral, analfabeto
auto	*(self)*	autorretrato, autoservicio, automóvil, autodidacto
anti	*(against)*	antiácido, antivariólico, anticomunista
hemi	*(half)*	hemiciclo, hemisferio
mono	*(one)*	monosílabo, monólogo, monolingüe
pan	*(all)*	panamericano, panteísta
peri	*(around)*	perímetro, pericardio
poli	*(many)*	polígloto, politécnico
seudo	*(false)*	seudoclásico, seudónimo

Spanish *(prepositions)*

ante	*(before, in front of)*	anteanoche, anteayer, antebrazo, anteojo, antecocina
con	*(cooperation)*	consocio, concentrar, conmover
contra	*(against, opposition)*	contrabando, contraindicar, contraataque
de	*(deprivation)*	decolorar, demérito, declamar
en	*(in, within)*	enlazar, encadenar, endiosar, enamorar
entre	*(in the middle of)*	entreacto, entrelazar
sin	*(lacking, without)*	sinsabor, sinnúmero
sobre	*(addition, superiority)*	sobreponer, sobrecargar, sobrecama
tras	*(after)*	trastienda, trasfondo

Suffixion is the way of forming words in which a particle with its own meaning is added at the end of an existing word to change its meaning.

Suffixion

This method of forming new words is used with great frequency and gives Spanish an unusual richness, especially through the use of the diminutive and augmentative suffixes. Spanish is indebted to these two types of suffixes for a synthetic and very effective means of expressing not only an idea of size, but ideas involving affection and value.

Spanish makes use of suffixion much more than English or French. With the addition of a suffix, new nouns, adjectives and verbs can be formed; even certain adverbs admit diminutives.

The following lists present the principal Spanish suffixes (nominal, verbal and adverbial). They indicate the significance of the suffixes and offer some examples of usage.

Nominal Suffixes

FORMATION OF NOUNS

Augmentatives: (indicate size or importance greater than normal)	on, ona	barrigón, barrigona hombrón, mujerona
	azo, aza	animalazo, perraza, hombrazo, mujeraza
	ote, ota	hombrote, mujerota
Diminutives: (indicate size or importance less than normal)	ito, ita	niñito, casita, campito, sillita
	cito, cita	Juancito, Carmencita
	ecito, ecita	solecito, florecita
	ecillo, ecilla	pececillo, redecilla
	ico, ica	gatico, cosica
	cico, cica	pastorcico, pastorcica
	ecico, ecica	solecico, florecica
	uelo, uela	muchachuelo, muchachuela
	ete	borriquete
Pejoratives: (indicate a downgrading in meaning)	ucho, ucha	tenducho, casucha
	astro	politicastro, poetastro
	acho, acha	ricacho, ricacha
	ajo	colgajo
	orrio	villorrio
Suffixes that express: Occupations or Professions	ante, ente	comerciante, viajante, intendente
	ero	jardinero, estanciero, mensajero

	ista	dentista, oculista, cronista
Abstract Qualities	anza	bonanza, esperanza
	ancia	prestancia, arrogancia
	dad	ansiedad, brevedad
	encia	indulgencia, clemencia
	ez	esbeltez, robustez, pequeñez
	eza	belleza, nobleza
	itud	rectitud, plenitud
Formation of Collective Nouns	ar	pinar, colmenar
	al	robledal, juncal
	eda	alameda, arboleda
	ada	indiada, caballada
	ío, ía	caserío, palabrería
	aje	ramaje, gauchaje
Doctrine or Ideology	ismo	nacionalismo, comunismo, futurismo
Hitting or Striking Dignity	azo	codazo, latigazo, manotazo
	ada	patada, manotada
	ado	doctorado, obispado
	azgo	padrinazgo, madrinazgo

FORMATION OF ADJECTIVES:

Suffixes that express:

Tendency, Nuance, or Aptitude	able	amable, sociable
	az	veraz, montaraz
	uzco, uzca	blancuzco, negruzco, negruzca
	izo, iza	rojizo, rojiza
	oso, osa	mentiroso, mentirosa, mimoso, mimosa
	undo, unda	meditabundo, meditabunda
	usco, usca	verdusco, verdusca
Nationality, or Place of Origin	an, ana	alemán, alemana, catalán, catalana
	ano, ana	castellano, castellana
	ense	costarricense, bonaerense

eño, eña	limeño, limeña, quiteño, quiteña
eo, ea	europeo, europea
es, esa	inglés, inglesa, francés, francesa

Verbal Suffixes

Suffixes that express:

Idea of doing or making	**ificar**	edificar prosificar versificar
Frequentative, idea of repetition	**ear**	golpear martillear zapatear
Inceptive, beginning of a process	**ecer**	oscurecer amanecer anochecer florecer

EXCEPTION: atardecer *(to end the afternoon)*

Diminutive Suffixes with Adverbs

ito	prontito, lueguito, despacito
ita	cerquita, ahorita, en seguidita

A SPECIAL NOTE ON AUGMENTATIVE AND DIMINUTIVE SUFFIXES We have made several references to the frequency with which augmentative and diminutive suffixes are used in Spanish. In the majority of the cases the reference to size—bigger for augmentatives and smaller for diminutives—is of secondary importance, or is irrelevant, because most often these suffixes are used to express feelings of affection or value, or to appeal to others. Thus, if we refer to **mi casita** this does not necessarily imply that our house is small, but it does imply that the house has a sentimental value for us. In the same way, in the sentence: **El médico recordaba a su hijita muerta;** we cannot be sure whether the doctor's daughter was a child, an adolescent or an adult. Here, hijita is a term of affection and the diminutive may or may not be related to her size or age.

The diminutives and augmentatives are part of the everyday vocabulary in the Spanish speaking world and also are used by Spanish writers. As an example of the later, the following paragraph is taken from *Platero y yo,* a book written by the Spanish poet Juan Ramón Jiménez (1881–1958).

This passage describes a scene between the central character, **Platero,** the donkey, and a little girl:

"Ella, en una confianza ciega, pasaba una vez y otra bajo él, y le pegaba <u>pataditas</u>, y le dejaba la mano, nardo cándido, en aquella <u>bocaza</u> rosa, almenada de grandes dientes amarillos; o cogiéndole las orejas, que él ponía a su alcance, lo llamaba con todas las variaciones mimosas de su nombre: ¡Platero! ¡Platerón! ¡Platerillo! ¡Platerete!"

Thinking about the popular use of diminutives and augmentatives, the lyrics of innumerable songs come to mind. Some of these songs have achieved literary status, for example we can cite **los corridos** or ballads of the Mexican Revolution, as well as some of the lyrics of the Gauchos of the Río de la Plata region. Those who originated **los corridos** and the Gauchos came from the geographic extremes of Spanish America and each group had its distinct characteristics. However, both expressed themselves in a direct and viril language with little sentimentality; nonetheless, the diminutives appear in the vocabularies of both groups with notable frequency, demonstrating the force of common usage. The following stanza from the well known Gaucho poem, *Martín Fierro,* by José Hernández (1834 – 1886) is an example. It speaks of a small boy captured by the Indians:

> Había un gringuito cautivo
> Que siempre hablaba del barco —
> Y lo ahogaron en un charco
> Por causante de la peste —
> Tenía los ojos celestes
> Como potrillito zarco.

At times the suffixes are used in a cumulative sense, as is the case with the following derivations of the word **chico** *(little)*:

chiquitín, chiquito, chiquillo, chiquilín, chiquirritico, chiquirritillo, chiquirritito, chiquirritín, etc.

The importance of the use of the augmentatives and diminutives in Spanish is unquestionable, and for this reason it is necessary to know how to use them correctly. However, the ways of going about mastering these forms present certain problems. It is possible to give some general rules, for example:

If the word ends in a consonant or an accented vowel, the augmentative or diminutive suffix is added without changing the word:

mujer	animal	papá
mujer-ota	animal-azo	papa-íto
mujer-aza	animal-ito	

If the word ends in an unaccented vowel, that vowel is dropped in order to add the augmentative or diminutive suffix:

niño	casa	gato
niñ-ito	cas-ita	gat-ico

But, in addition to these two, there are a large number of other rules. For example, to decide when the diminutive suffixes -ito, -cito, -ecito, -ececito should be used requires knowing five or six different rules and their exceptions. It is almost impossible to imagine anyone learning all of the rules and remembering when and how to apply them. In this case, as in many others, we feel that the best way to learn is by actively practicing the language, orally whenever possible, and continually through a variety of good readings. In this way the student can develop a sensitivity to the significance of words in given contexts, which at times assigns special meanings to words and particles that are very different from the meanings in other contexts.

With this in mind, the remarks that follow should be useful, not only in learning to use diminutives and augmentatives, but in general for prefixion and suffixion:

The lists of prefixes and suffixes that we have included are incomplete in terms of the number of other possible particles that could be mentioned, and they are limited in the significance or meanings that we have assigned. We have indicated the most common meanings, but there are many prefixes and suffixes that have various meanings or represent different gradations of one meaning.

We also must keep in mind that the significance of a particle depends upon or is related to the word to which it is attached. Sometimes the significance of the same particle changes to a certain degree according to the word with which the particle joins. The inceptive verb suffix -ecer, that in **anochecer, amanecer,** and **humedecer** signifies the beginning of the action, signals the exact opposite in **atardecer.** There is the added danger that some prefixes or suffixes can be confused with the beginnings or endings of words that in fact do not have prefixes or suffixes.

What is most important here is to be familiar with the frequency with which prefixes and suffixes are used in Spanish, and the possibilities for enriching vocabulary and modes of expression that their uses offer. This is especially true with the diminutives and augmentatives. The student should learn to recognize the prefixes and suffixes when they appear, and eventually to utilize them through practice, having become acquainted with them in readings.

Parasynthesis

Parasynthesis is the combination of the methods of word formation discussed in the previous sections. That is, new words can be formed by composition and suffixion, prefixion and suffixion, and by all three methods. For example:

ropavejero (*one who sells old clothes*)	ropa + vieja + ero composition suffixion
desfavorable (*unfavorable*)	des + favor + able prefixion suffixion
antinorteamericano (*anti-North American*)	anti + norte + america + ano prefixion composition suffixion

Calendario azteca, Museo Antropológico, Ciudad de
México. *Cortesía del Instituto Nacional de Antropología e
Historia.*

*En una de las prominencias de Machu Picchu, la maravillosa ciudadela de
los Incas, oculta y perdida hasta no hace mucho tiempo, existe esta roca a la que
se denomina Intiwatana (del quechua Inti: sol, y watana: amarradero).*

    *Se supone que pudo haber sido un observatorio solar que permitía determinar
los meses y estaciones del año, o un altar del dios Sol en donde el sacerdote
"amarraba" al Sol en el solsticio de invierno.*

La perplejidad de San Agustín[1] ante el fenómeno del tiempo es justificada. A lo largo de los siglos los hombres han tratado de entender y definir el tiempo desde distintos puntos de vista. Así, se lo relaciona con el movimiento de la Tierra (tiempo astronómico); se busca medir el tiempo (tiempo cronológico); se lo considera dentro de conceptos físicos, filosóficos, psicológicos, gramaticales, etc.

Los antiguos deificaron al tiempo. En la mitología griega Cronos era el dios que lo personificaba, y a quien se representaba con una guadaña y un reloj de arena o una clepsidra. Entre los egipcios el dios del tiempo tenía cuatro alas, dos desplegadas en actitud de volar, y dos recogidas. Así se simbolizaban el movimiento y la quietud que eran, para estos pueblos, los atributos del tiempo.

En nuestro vocabulario cotidiano la palabra "tiempo" es una de las más comunes. Hablamos de "pasar el tiempo", "ganar tiempo", "perder el tiempo", etc., aunque la mayoría de las veces no nos detenemos a pensar en el significado último de este término.

Una de las meditaciones más profundas acerca del tiempo es la que San Agustín escribió en el Libro XI de sus *Confesiones*. En los párrafos que leeremos a continuación comienza por preguntarse qué es el tiempo, para pasar luego a definirlo en cuanto a contenidos de conciencia: el pasado (la memoria); el presente (la visión); el futuro (la expectación).

---

[1]SAN AGUSTÍN (354–430). Una de las figuras más importantes de la cultura latino-cristiana. Después de una juventud disipada, se consagró a la vida religiosa y llegó a ser obispo de Hipona, y el más célebre de los Padres de la iglesia latina.

Además de las *Confesiones*, obra en la que junto con un relato autobiográfico ofrece páginas memorables de índole filosófica y teológica, pueden mencionarse entre sus obras importantes *La ciudad de Dios*, y *Tratados sobre la gracia*.

¿Qué es, pues, el tiempo? Si nadie me lo pregunta, lo sé; pero si quiero explicárselo al que me lo pregunta, no lo sé.
San Agustín

EL TIEMPO

8

CONFESIONES

CAPÍTULO XIV

¿Qué es, pues, el tiempo? ¿Quién podrá explicar esto fácil y brevemente? ¿Quién podrá comprenderlo con el pensamiento, para hablar
luego de él? Y, sin embargo, ¡qué cosa más familiar y conocida
mentamos° en nuestras conversaciones que el tiempo? Y cuando
hablamos de él, sabemos sin duda qué es, como sabemos o entendemos lo que es cuando lo oímos pronunciar a otro. ¿Qué es, pues, el
tiempo? Si nadie me lo pregunta, lo sé; pero si quiero explicárselo al
que me lo pregunta, no lo sé. Lo que sí digo sin vacilación es que sé
que si nada pasase no habría tiempo pasado; y si nada sucediese, no
habría tiempo futuro; y si nada existiese, no habría tiempo presente. Pero aquellos dos tiempos, pretérito y futuro, ¿cómo pueden
ser si el pretérito ya no es él y el futuro todavía no es? Y en cuanto
al presente, si fuese siempre presente y no pasase a ser pretérito, ya
no sería tiempo, sino eternidad. Sí, pues, el presente para ser tiempo
es necesario que pase a ser pretérito, ¿cómo decimos que existe éste,
cuya causa o razón de ser está en dejar de ser, de tal modo que no
podemos decir con verdad que existe el tiempo sino en cuanto
tiende° a no ser?

mentar: nombrar, mencionar

tender: inclinarse

CAPÍTULO XX

Pero lo que ahora es claro y manifiesto es que no existen los pretéritos ni los futuros, ni se puede decir con propiedad que son
tres los tiempos: pretérito, presente y futuro; sino que tal vez
sería más propio decir que los tiempos son tres: presente de las cosas pasadas, presente de las cosas presentes y presente de las futuras.
Porque éstas son tres cosas que existen de algún modo en el alma, y
fuera de ella yo no veo que existan: presente de cosas pasadas (la
memoria), presente de cosas presentes (visión) y presente de cosas
futuras (expectación).

Si me es permitido hablar así, veo ya los tres tiempos y confieso
que los tres existen. Puede decirse también que son tres los tiempos: presente, pasado y futuro, como abusivamente° dice la costumbre; dígase así, que yo no curo° de ello, ni me opongo, ni lo
reprendo°; con tal que se entienda lo que se dice y no se tome por
ya existente lo que está por venir ni lo que es ya pasado. Porque
pocas son las cosas que hablamos con propiedad, muchas las que
decimos de modo impropio, pero que se sabe lo que queremos decir
con ellas.

abusivamente: con abuso,
excesivamente
curar de: preocuparse, cuidarse
reprender: corregir, amonestar

CAPÍTULO XXVIII

Pero ¿cómo disminuye o se consume el futuro, que aún no existe?
¿O cómo crece el pretérito, que ya no es, si no es porque en el alma,
que es quien lo realiza, existen las tres cosas? Porque ella espera,

atiende y recuerda, a fin de que aquello que espera pase por aquello que atiende a aquello que recuerda.

¿Quién hay, en efecto, que niegue que los futuros aún no son? Y, sin embargo, existe en el alma la expectación de los futuros. ¿Y quién hay que niegue que los pretéritos ya no existen? Y, sin embargo, todavía existe en el alma la memoria de los pretéritos. ¿Y quién hay que niegue que el tiempo presente carece de espacio por pasar en un punto? Y, sin embargo, perdura la atención por donde pase al no ser lo que es. No es, pues, largo el tiempo futuro, que no existe, sino que un futuro largo es una larga expectación del futuro; ni es largo el pretérito, que ya no es, sino que un pretérito largo es una larga memoria del pretérito.

Supongamos que voy a recitar un canto sabido de mí. Antes de comenzar, mi expectación se extiende a todo él; mas en comenzándole, cuanto voy quitando de ella para el pasado, tanto a su vez se extiende mi memoria y se distiende° la vida de esta mi acción en la memoria, por lo ya dicho, y en la expectación, por lo que he de decir. Sin embargo, mi atención es presente, y por ella pasa lo que era futuro para hacerse pretérito. Lo cual, cuanto más y más se verifica, tanto más, abreviada la expectación, se alarga la memoria, hasta que se consume toda la expectación, cuando, terminada toda aquella acción, pasare a la memoria.

distender: aflojar, relajar

Y lo que sucede con el canto entero, acontece con cada una de sus partecillas y con cada una de sus sílabas; y esto mismo es lo que sucede con una acción más larga, de la que tal vez es una parte aquel canto; esto lo que acontece con la vida total del hombre, de la que forman parte cada una de las acciones del mismo; y esto lo que ocurre con la vida de la humanidad, de la que son partes las vidas de todos los hombres.

En "Edipo y el enigma", Jorge Luis Borges[2] elabora el tema del tiempo en forma que recuerda, en parte, el texto agustiniano.

El título de esta poesía alude a Edipo, el héroe trágico griego, y al episodio de su vida en el que descifra el enigma que le propone la Esfinge. La pregunta del monstruo fue: ¿Cuál es el animal que camina en cuatro pies por la mañana, en dos a mediodía, y en tres por la tarde? Edipo acertó al responder que ese animal era el hombre quien, en la infancia, anda con pies y manos; luego se yergue en sus dos pies; y por fin, cuando viejo, usa el tercer apoyo de un bastón.

EDIPO Y EL ENIGMA

Cuadrúpedo en la aurora°, alto en el día
y con tres pies errando° por el vano
ámbito° de la tarde, así veía

aurora: amanecer, alba, madrugada, principio del día
errar: vagar, andar sin rumbo
ámbito: espacio, contorno

---

[2]JORGE LUIS BORGES. Ver la Nota 1, en la Unidad *Autor-personaje-lector.*

la eterna esfinge a su inconstante hermano,
el hombre, y con la tarde un hombre vino
que descifró aterrado en el espejo
de la monstruosa imagen, el reflejo

declinación: caída, descenso — de su declinación° y su destino.

Somos Edipo y de un eterno modo
la larga y triple bestia somos, todo
lo que seremos y lo que hemos sido.

ingente: enorme, muy grande — Nos aniquilaría ver la ingente°
forma de nuestro ser; piadosamente

deparar: conceder, suministrar, proporcionar — Dios nos depara° sucesión y olvido.

Nótese en los versos: *Somos* Edipo y de un eterno modo
la larga y triple bestia *somos,* todo
lo que *seremos* y lo que *hemos sido.*

cómo el autor usa los tres tiempos verbales: *somos* (Presente); *seremos* (Futuro); *hemos sido* (Pretérito) para expresar la simultaneidad de las tres instancias (triple bestia). En las líneas finales el poeta dice que nos resultaría insoportable asumir esta monstruosa realidad del Pasado, Presente y Futuro coexistentes y eternos. Por eso Dios nos ha dado la posibilidad del olvido que neutraliza la memoria, y de la sucesión que equilibra las ansiedades del presente y la expectativa del futuro.

Uno de los sonetos más difundidos de Francisco de Quevedo y Villegas[3] trata de esta idea del tiempo, aquí en relación con la fugacidad de la vida:

¡Ah de la vida! ¿Nadie me responde?

antaños: los años pasados — Aquí de los antaños° que he vivido:

morder: (en este caso) gastar, corroer — la Fortuna mis tiempos ha mordido°
las Horas mi locura las esconde.

¡Que sin poder saber cómo, ni adónde,
la salud y la edad se hayan huído!

faltar: acabar, consumirse
asistir: estar presente
rondar: dar vueltas alrededor — Falta° la vida, asiste°° lo vivido,
y no hay calamidad que no me ronde°.

Ayer se fue, mañana no ha llegado,
hoy se está yendo sin parar un punto:
soy un fue, y un será, y un es cansado.

En el hoy y mañana y ayer, junto

pañal: sabanilla o lienzo en que se envuelve a los niños chiquitos
mortaja: sábana en que se envuelve el cadáver — pañales° y mortaja°°: y he quedado
presentes sucesiones de difunto.

[3]FRANCISCO DE QUEVEDO Y VILLEGAS (1580–1645). Una de las grandes figuras de la literatura de los Siglos de Oro. Escribió numerosas poesías y prosas en un estilo pleno de ingenio y contrastes barrocos. Entre sus obras más recordadas figuran el *Buscón.* y *Los sueños.*

El autor comienza el poema con una invocación a la vida que se ha ido, y lamenta su ignorancia e impotencia para detener este proceso fatal. La tercera estrofa nos hace recordar nuevamente las reflexiones de San Agustín, cuando expresa la imposibilidad de fijar el tiempo: "Ayer se fue, mañana no ha llegado,/ hoy se está yendo sin parar un punto:/ soy un fue, y un será, y un es cansado./ En este último verso o línea, podemos observar cómo utiliza el verbo "ser" en los tres tiempos de Pretérito (fue), Futuro (será), y Presente (es).

Por fin, aquéllos interesados en un comentario humorístico acerca del tiempo y las formas de medirlo pueden leer el que Julio Cortázar tituló "Relojes", y que figura en *Historias de cronopios y de famas* (Buenos Aires: Ediciones Minotauro, 1970. Pág. 124). Los cronopios son los seres imaginativos, espontáneos, y libres, mientras que los famas representan en general a aquéllos sometidos a la rutina y los convencionalismos. De manera que, en relación con los relojes, mientras el fama tiene un reloj de pared al que cuidadosamente da cuerda todas las semanas, el cronopio inventa un reloj-alcachofa o alcaucil cuyas hojas marcan arbitrariamente las horas.

Núcleos de vocabulario

PALABRAS ANÁLOGAS O SINÓNIMAS

el tiempo   time[1]
el *transcurso*   course of time
el *lapso*   lapse of time
el *proceso*   lapse of time
el *decurso*   course of time
la *duración*   duration

la época   epoch
la *edad*   age
la *era*   era
el *período*   period
el *ciclo*   cycle
el *momento*   moment

la memoria   memory
el *recuerdo*   memory

la *remembranza*   remembrance
la *retentiva*   retentiveness, memory
la *evocación*   evocation
la *reminiscencia*   reminiscence

el amanecer   dawn, sunrise
el[2] *alba*   dawn
la *alborada*   dawn
la *madrugada*   dawn
la *aurora*   dawn

el ocaso   west, sunset
el *crepúsculo*   crepuscule, twilight
el *atardecer*   late afternoon
el *anochecer*   nightfall
la *puesta del sol*   sunset

PALABRAS AFINES

el *reloj*   clock
el *reloj de bolsillo*   pocket watch
el *reloj de pulsera*   wrist watch
el *reloj de arena*   sandglass
el *reloj de agua*   water clock

el *reloj de sol*   sundial
el *reloj despertador*   alarm clock
la *clepsidra*   clepsydra, water clock
el *cronógrafo*   stop watch

[1]This unit deals with tiempo in the sense of time. However, tiempo has various meanings in Spanish, including weather and verb tense.

[2]alba es un nombre femenino, pero dado que empieza con una *a* acentuada, para evitar la repetición del mismo sonido: *la a*lba, se usa el artículo "el".

ganar tiempo to gain time
matar el tiempo to kill time
perder el tiempo to waste time
pasar el tiempo to loiter away
tomarse tiempo to take time, to defer
gastar uno el tiempo to waste time
engañar el tiempo to kill time

Cronos Cronus, Kronos, Cronos
cronología chronology
cronómetro chronometer
crónica chronicle
crónico, crónica chronic
cronista chronicler

Algunos verbos relacionados con el tema

transcurrir to pass, to elapse
Transcurrieron cinco años desde su muerte.

huir to flee, to escape, to run away
Los recuerdos huyen de mi memoria.

correr to run, to race
Las horas corrían una tras otra.

pasar to pass
Han pasado muchos meses.

andar to walk, to go
Este reloj no anda.

avanzar to advance
Avanza minuto a minuto.

medir to measure
El reloj mide el tiempo.

calcular to calculate
Calculamos cuánto tardarías.

disminuir to diminish
Al anochecer disminuye la visibilidad.

consumir to consume
Consumió su tiempo en preparativos.

esperar to wait, to expect, to hope
Espero mejor suerte en el futuro.

atender to pay attention
Es mejor que atiendas los problemas del presente.

recordar to remember
Recuerdo lo que ocurrió ayer.

acontecer to happen, to occur
Aconteció lo que esperábamos.

descifrar to decipher
Descifraste el misterio.

aniquilar to annihilate, to destroy
La verdad puede aniquilarlo.

suceder   to succeed, to follow in order
Los días suceden a las noches.

olvidar   to forget
A veces es bueno olvidar.

VARIACIONES DE EXPRESIÓN

Aspecto y tiempo verbales

En el esquema de la conjugación verbal determinamos el tiempo con relación a nuestro presente, y fijamos los tres grupos fundamentales:

Pretérito	Presente	Futuro
canté	canto	cantaré

Como sabemos, y tomando como ejemplo el Modo Indicativo, existe una sola forma para el Presente, pero varias para el Pretérito, y dos para el Futuro. La razón de la abundancia de los Pretéritos frente a los Futuros se debe a que la escala de proximidad o lejanía es más clara en la representación del pasado que en la del porvenir.

Presente	Pretérito Perfecto
canto	he cantado
Pretérito Imperfecto	**Pretérito Pluscuamperfecto**
cantaba	había cantado
Pretérito Indefinido	**Pretérito Anterior**
canté	hube cantado
Futuro Imperfecto	**Futuro Perfecto**
cantaré	habré cantado

Hay cinco Pretéritos, dos entre los tiempos simples, y tres entre los compuestos.
La relación de lejanía de estos pasados con el presente podría representarse con el siguiente esquema:

Pretérito Pluscuamperfecto Pretérito Anterior	Pretérito Imperfecto Pretérito Indefinido Pretérito Perfecto	Presente

El pretérito Pluscuamperfecto y el Pretérito Anterior expresan una acción pasada anterior a otra también pasada.

Yo había salido cuando tú llegaste.
          Pret. Plusc.   Pret. Indef.

Apenas hubo leído la carta reaccionó furioso.
        Pret. Ant.   Pret. Indef.

Hasta aquí es más o menos clara la forma de determinar el pasado, pero el problema aparece cuando queremos determinar las diferencias entre los otros tres Pretéritos, especialmente entre el Pretérito Imperfecto y el Pretérito Indefinido.

Lo que ocurre es que la diferencia no está en el tiempo (los dos son Pretéritos simples que no exigen una forma de pasado anterior con la que se relacionen) sino en lo que denominamos **aspecto verbal.**

El **aspecto** es la forma en que se presenta el hecho verbal como completo o acabado en su desarrollo, o como incompleto. De allí el nombre de tiempos **Perfectos** e **Imperfectos.**

Todos los tiempos simples del Modo Indicativo, con excepción del Pretérito Indefinido, son Imperfectos. Todos los compuestos son perfectos.

Si nos limitamos a los pretéritos, debemos clasificarlos en cuanto al aspecto verbal de la siguiente manera:

Imperfectos	**Perfectos**
Pretérito Imperfecto	Pretérito Indefinido
	Pretérito Perfecto
	Pretérito Pluscuamperfecto
	Pretérito Anterior

El mayor problema es entre las dos formas simples del pasado, el Pretérito Imperfecto y el Pretérito Indefinido. De hecho los dos son formas simples del Pretérito. ¿En dónde está su diferencia? La diferencia está en el aspecto verbal.

El **Pretérito Imperfecto** (cantaba) presenta la acción como durativa, en desarrollo. Se atiende al transcurso de la acción sin que interese el principio o el fin de la misma.

El **Pretérito Indefinido** (canté) presenta la acción como perfecta en su desarrollo.

Por estas características, y en forma muy general puede decirse que el Pretérito Indefinido se usa más en las narraciones mientras que el Pretérito Imperfecto se prefiere en las descripciones.

Demos otros ejemplos de estas diferencias de aspecto verbal:

Pretérito Indefinido (acción perfecta en su desarrollo)	**Pretérito Imperfecto** (acción durativa)
Le **preguntó** su nombre. *(la acción de preguntar está terminada)*	Cada dos minutos le **preguntaba** la hora. *(la acción de preguntar se continúa, dura)*
San Agustín **escribió** las *Confesiones. (la acción de escribir está terminada)*	San Agustín **escribía** durante muchas horas cada día. *(la acción de escribir dura en el pasado)*
Recitó el canto entero. *(la acción de recitar está terminada)*	**Recitaba** en el mismo lugar todas las noches. *(la acción de recitar dura, es algo habitual en el pasado)*

El lunes **habló** con el administrador. *(la acción de hablar está terminada)*

Hablaba en voz alta mientras recorría la habitación a grandes pasos. *(la acción de hablar dura en el pasado)*

Por fin, tomemos una oración y variemos el verbo en todos los tiempos del Modo Indicativo:

Presente:

Edipo descifra el enigma de la Esfinge.
      Presente

Pretéritos:

Edipo descifró el enigma de la Esfinge.
      Pretérito Indefinido: acción terminada

Observaban asombrados como Edipo descifraba el enigma de la Esfinge.
      Pretérito Imperfecto: la acción de descifrar tiene duración en el pasado

Edipo ha descifrado el enigma de la Esfinge.
      Pretérito Perfecto: acción terminada

Ya Edipo había descifrado el enigma de la Esfinge cuando llegó el mensajero.
      Pretérito Pluscuamperfecto: acción terminada anterior a otra acción pasada (llegó)

Apenas hubo descifrado el enigma de la Esfinge, Edipo partió.
      Pretérito Anterior: acción terminada anterior a otra acción pasada (partió)

Futuros:

Edipo descifrará el enigma de la Esfinge.
      Futuro Imperfecto

Tal vez el mensajero llegará pronto pero Edipo ya habrá descifrado el enigma de la Esfinge.
      Futuro Perfecto: acción futura anterior a otra futura

PRÁCTICA Modifique en todas las formas que pueda las siguientes oraciones, ya sea cambiando el vocabulario con el uso de palabras sinónimas o análogas, o cambiando el orden de los elementos sintácticos.

1. A lo largo de los siglos los hombres han tratado de entender y definir el tiempo desde distintos puntos de vista.

2. En "Edipo y el enigma" Jorge Luis Borges elabora el tema del tiempo en forma que recuerda, en parte, el texto agustiniano.

TEMAS DE COMENTARIO ORAL O ESCRITO

1. Comente el epígrafe, o algún otro párrafo del texto de San Agustín.

2. ¿Qué piensa de las formas en que los antiguos griegos y egipcios representaban al dios del tiempo? ¿Qué opina del observatorio solar (Intiwatana) de los Incas?

3. ¿Qué es para usted más importante: el pasado, el presente, o el futuro?

4. ¿Qué significa para usted "perder el tiempo"? ¿En qué forma pierde usted el tiempo?

5. ¿Qué método le parece más seguro para medir el tiempo, un reloj, u observar el movimiento de los astros? (Note que no le preguntamos cuál método es más exacto, sino más seguro).

6. ¿Qué momento del día prefiere: el amanecer, la mañana, la tarde, el crepúsculo, o la noche? ¿Por qué?

7. Comente el poema de Borges, o el de Quevedo.

Actividades optativas

1. Construya un reloj de arena, o de sol. Explique el procedimiento que siguió, y la forma en que fijó la hora. Dé su opinión acerca de las ventajas o desventajas del uso de estos aparatos para medir el tiempo.

2. Dé su opinión acerca de la información que contiene el siguiente párrafo de la obra de Erich Fromm, *El miedo a la libertad* (Buenos Aires: Editorial Paidós, 1961), p. 86:

> "Ciertos cambios significativos en la *atmósfera psicológica,* acompañaron el desarrollo económico del capitalismo. Un espíritu de desasosiego fue penetrando en la vida. Hacia fines de la Edad Media comenzó a desarrollarse el concepto del tiempo en el sentido moderno. Los minutos empezaron a tener valor; un síntoma de este nuevo sentido del tiempo es el hecho de que en Nuremberg las campanas empezaron a tocar los cuartos de hora a partir del siglo XVI."

3. Complete, en forma seria o humorística, las siguientes frases:

ganar tiempo	tomarse tiempo
matar el tiempo	gastar uno el tiempo
perder el tiempo	engañar el tiempo
pasar el tiempo	

POR EJEMPLO: Ganar tiempo es leer el sábado el periódico del domingo.

LECTURAS COMPLEMENTARIAS

San Agustín, Libros X y XI de las *Confesiones*. Madrid: Biblioteca de autores cristianos, 1968.

Algunas obras de Jorge Luis Borges relacionadas con el tema del tiempo:
Verso: "El instante", "Límites", "El reloj de arena", "La noche cíclica"

Prosa: "Historia de la eternidad", "La doctrina de los ciclos", "El tiempo circular", "El inmortal", "El jardín de senderos que se bifurcan", "Los teólogos".

El Greco, Retrato de un hombre. Se estima que esta obra es en realidad un autorretrato. *The Metropolitan Museum of Art, Joseph Pulitzer Bequest Fund, 1924.*

Frente a Toledo se justifica la exaltada invocación de Góngora[1]. Toledo asombra y maravilla al que llega a sus puertas. En primer término, su topografía que la ofrece construida en un monte, con las callejuelas que suben y bajan, y rodeada, como en un abrazo, por el río Tajo. Después, su tradición gloriosa de foco de colonización romana, cabeza del reino visigodo, centro de cultura árabe y judía, metrópoli imperial con Carlos V, y capital de España hasta mediados del siglo XVI. Por fin, sus incalculables tesoros artísticos, y la gloria de haber sido cuna de Garcilaso de la Vega[2], y patria adoptiva del Greco[3].

Precisamente trataremos de aproximarnos a la imagen de esta ciudad a través de obras de los dos artistas mencionados, y también de la transcripción de estrofas de Góngora.

Pero antes, algunas aclaraciones acerca de las fotografías de la ciudad que ofrecemos en estas páginas.

La primera es una vista general que muestra en primer plano al Tajo, y en el fondo, los dos edificios

Salve, oh ciudad metrópoli de España . . .
Góngora

TOLEDO
9

[1]LUIS DE GÓNGORA Y ARGOTE (1561–1627). Gran lírico español, su estilo barroco, que formó escuela, se conoce con el nombre de "culteranismo". Escribió numerosas poesías en metro corto como letrillas y romances, excelentes sonetos, y poemas mayores entre los que sobresalen la *Fábula de Polifemo y Galatea*, y las *Soledades*.

[2]GARCILASO DE LA VEGA (1503–1536). Cortesano y soldado del Emperador Carlos V, imagen perfecta del caballero y artista renacentista. Junto con Boscán, introdujo y adaptó a la métrica castellana combinaciones del verso italiano. Escribió églogas, canciones, elegías, y numerosos sonetos.

[3]EL GRECO (DOMENICOS THEOTOCOPOULOS) (1541–1614). Pintor nacido en la Isla de Creta. Residió por un tiempo en Italia (Venecia, Roma), y alrededor de 1577 se radicó en Toledo, donde vivió hasta su muerte. Muchas de sus obras han quedado en Toledo, en la que fue su casa —hoy Casa-Museo—, en la Catedral, y en otros templos. Entre sus pinturas principales podemos menionar: *El Espolio*, *El entierro del Conde de Orgaz*, las series de los *Apóstoles*, el *Laocoonte*, el *Caballero de la mano al pecho*, *San Mauricio*, *San José y el Niño*, la *Resurrección*.

prominentes de Toledo: a la derecha, el Alcázar[4], y en el centro, la torre de la Catedral[5]. (ver sección en colores)

La segunda fotografía está tomada desde un punto casi opuesto al de la primera. De nuevo, el Tajo aparece en primer plano, y se ve el puente de Alcántara[6] en la parte central. Arriba, dominando la elevación de la ciudad, el Alcázar. Desde esta posición la Catedral, que aquí no aparece, está a la derecha del Alcázar (ver sección en colores).

El cuadro del Greco presenta casi la misma perspectiva de esta segunda fotografía: el Tajo, el puente de Alcántara en la línea media de la tela, y a la derecha el Alcázar y la Catedral, pero trastrocados (ver sección en colores). Aquí la torre de la Catedral está a la izquierda del Alcázar, cuando sabemos que su posición correcta es a la derecha. Gregorio Marañón[7], en su estudio *El Greco y Toledo,* explica: "Para su estética, le placía cambiar el sitio de la catedral y del alcázar toledano, e invariablemente, maniáticamente, lo hacía, colocando al borde del sombrío monte la torre de la Primada y dejando el palacio imperial a la derecha, donde debía estar la catedral".

Toledo es motivo casi permanente en los cuadros del Greco. Además de en esta tela, la pintó en la que lleva el título de *Vista y plano de Toledo,* y como fondo o escena lateral o secundaria en muchas otras obras. Según hemos visto, no se ajusta completamente a la realidad sino que la recrea artísticamente. Dice Marañón:

> El Greco creó, pues, una realidad nueva de Toledo y, cada vez más, lo vemos con esta realidad que es una de las muchas que tiene la ciudad imperial. Toledo, como todas las cosas de la Naturaleza, puede verse como es y como queremos que sea; y todas estas visiones son realidad. ¡Cuántas tardes, desde la otra orilla del río, he oído decir, quizá a gentes indoctas°: "Hoy Toledo parece *el del Greco*":

indocto: inculto, falto de instrucción

En este cuadro es sorprendente el cielo tormentoso y amenazador que se ennegrece sobre los dos edificios que representan los máximos poderes de la época: el poder real (Alcázar), y el poder religioso (Catedral).

---

[4]ALCÁZAR. Esta palabra proviene del árabe, y significa castillo y fortaleza. En España se conservan varios de estos importantes monumentos como el Alcázar de Sevilla, el de Córdoba, y el de Segovia. Este edificio de Toledo fue construido en la época de Carlos V, y sirvió como palacio imperial. En la Guerra Civil (1936) fue escenario de una lucha cruenta, y quedó casi completamente destruido. En el presente está restaurado.

[5]CATEDRAL. Esta Iglesia de Toledo es la Catedral Primada de España. Fue edificada entre los siglos XIII y XVI, y es una de las maravillas de la arquitectura gótica. Además, contiene tesoros artísticos de diferentes estilos y épocas: esculturas, pinturas, rejas, bronces, frescos, ventanales, y tallas, ejecutados por los mejores artistas de los siglos pasados.

[6]EL PUENTE DE ALCÁNTARA. Este famoso puente fue construido por los árabes en el siglo IX, posiblemente sobre las ruinas de un puente romano-visigodo.

[7]GREGORIO MARAÑÓN (1887–1960). Médico y escritor español, en sus obras utiliza sus conocimientos científicos en el campo de la biología y psicología, como asimismo una especial aptitud para apreciar épocas y momentos históricos. Obras: *El conde-duque de Olivares. La pasión de mandar, Don Juan Ensayos sobre el origen de su leyenda, Antonio Pérez. El hombre, el drama, la época.*

Garcilaso ofrece una imagen de Toledo en su "Égloga III". La escena muestra a una ninfa que está tejiendo en una tela delicada el paisaje de la ciudad y el río. Son las estrofas XXVI y XXVII:

> Pintado el caudaloso río se vía°,
> que, en áspera estrecheza° reducido,
> un monte casi alrededor tenía,
> con ímpetu corriendo y con ruïdo:
> querer cercarlo todo parecía
> en su volver°, mas era afán perdido
> dejábase correr, en fin, derecho,
> contento de lo mucho que había hecho.
>
> Estaba puesta en la sublime° cumbre
> del monte, y desde allí por él sembrada,
> aquella ilustre y clara° pesadumbre°°
> de antiguos edificios adornada.
> De allí con agradable mansedumbre°
> el Tajo va siguiendo su jornada°,
> y regando los campos y arboledas
> con artificio de las altas ruedas°.

vía: veía
estrecheza: estrechez

volver: dar vueltas, torcer el camino

sublime: elevado, eminente

claro: famoso, insigne, ilustre
pesadumbre: algo pesado
mansedumbre: benignidad, apacibilidad
jornada: camino que se recorre en un día, viaje
altas ruedas: ruedas de molino o de acequia

Estos versos nos comunican una sensación de serenidad y equilibrio, propia de un escritor renacentista.

Frente a esta "ilustre y clara pesadumbre,/de antiguos edificios adornada", que es la Toledo de Garcilaso. veamos cómo la califica Góngora. Los versos son de su comedia *Las firmezas de Isabela:*

> Esa montaña, que precipitante°
> ha tantos siglos que se viene abajo,
> ese monte murado°, ese turbante
> de labor° africana, a quien el Tajo
> su blanca toca° es listada° de oro,
> ciñó° las sienes de uno y otro moro[8];
> esa con majestad y señorío
> corona imperial que, al cielo grata,
> en las perlas comienza de este río,
> y en la cruz de aquel templo se remata°;
> ese cerro gentil°, al voto°° mío
> segundo Potosí[9] fuera de plata,
> si la plata no fuera fugitiva,
> o alguna vena° desatara arriba;
> ese obelisco de edificios claro,

precipitante: que despeña, arroja o derriba de un lugar alto
murado: protegido con un muro
labor: trabajo
toca: tela para cubrir la cabeza
listado: con rayas o tiras
ceñir: rodear, apretar

rematarse: acabarse
gentil: gracioso, noble
voto: ruego, deseo

vena: filón

---

[8]UNO Y OTRO MORO. Góngora puede referirse aquí a Tarik, y Muza, caudillos árabes que conquistaron a Toledo en el 712-713.

[9]POTOSÍ. Cerro de Bolivia, célebre desde los comienzos de la Conquista de América por sus ricas minas de plata.

menospreciar: desdeñar, despreciar

que con tanto esplendor, con gloria tanta,
menospreciando° mármoles de Paro[10]
sobre aquellos cristales se levanta,
urna es sagrada de artificio raro,
de una y otra ya ceniza sancta,

prenda: prueba, señal, parte
abono: substancia que fertiliza la
tierra

prendas° de aquéllos, si no son abonos°°
que fueron hijos, y ya son patronos.[11]
Esa, pues, o turbante sea, o montaña,
segundo Potosí, imperial corona,
sacro obelisco de grandeza extraña,

zona: región, extensión de terreno

Toledo es, claro honor de nuestra zona°.

Salve, oh ciudad metrópoli de España,

émulo: competidor

émula° de los años, y perdona
a mi pie enfermo, y a mi edad cobarde,
que tarde te pisó, y te admira tarde.
Salve, oh gran Capitolio un tiempo, ahora
sombra de aquella luz, pero no vana,
que en carros recibiste, triunfadora,

godo: propio de estos antiguos
pobladores de España

goda° virtud, y gloria castellana:
cuando rayos de tanta luna mora,
y plumas de tanta águila romana,
con escobas barrieron de oro y seda,
cuanto te falta ya, cuanto te queda.

Las estrofas anteriores muestran algunos de los recursos preferidos del estilo gongorino, y de ellas se desprende una imagen dinámica y exaltada de la ciudad.

Núcleos de vocabulario
(The **Núcleos de vocabulario** in *Las meninas* are related to this Unit as well)

PALABRAS ANÁLOGAS O SINÓNIMAS

el lugar place
el sitio site, place
el paraje place
el terreno land, ground, terrain
el espacio space

la montaña mountain
el monte mount
el pico peak, top, summit
la prominencia prominence
la cumbre top, summit, peak
la cima summit, top
la altura summit, top

la peña rock, large stone
el risco crag
el peñasco large rock
el cerro hill
la colina hill
la sierra mountain range

azul blue
añil indigo blue
índigo indigo
azul turquí indigo
azul marino navy-blue
azul celeste sky-blue

---

[10]PAROS. Una de las islas Cícladas, renombrada por sus mármoles blancos.

[11]DE UNA Y OTRA YA CENIZA SANCTA . . . PATRONOS. La mención puede corresponder a las reliquias de santos toledanos como Santa Leocadia, San Eugenio, San Hermenegildo, o San Ildefonso.

azulado azure, bluish
zarco light blue
cerúleo cerulean
opalino opaline
zafirino sapphire
azul claro light blue
azul oscuro dark blue

verde green
verdoso greenish
verdusco greenish
verdinegro dark green
glauco glaucous, light green
cetrino citrine
aceitunado olive-green
verde olivo olive-green
verde botella bottle green

amarillo yellow
amarillento yellowish
gualdo yellow
limonado lemon-yellow
pajizo straw-colored
azufrado sulphurous, greenish yellow
rubio blond
blondo blond
dorado gilt
áureo golden, gilt
ocre ocher
anaranjado orange

gris gray
grisáceo grayish
ceniciento ash-colored
plomizo leaden, lead-colored
agrisado grayish

rojo red
rojizo reddish

PALABRAS AFINES
la vista view, sight
la visión vision, object of sight
la imagen image
la figura figure, look
el panorama panorama
el paisaje landscape
el espectáculo spectacle
la escena scene, sight, view

púrpura purple
purpúreo purple
grana scarlet color
granate garnet-colored
carmín carmine
colorado red
encarnado red
carmesí bright red
punzó deep scarlet
escarlata scarlet
bermejo bright reddish
bermellón vermillion
rosa pink

violeta violet
violado violet-colored
violáceo violet-colored
morado mulberry
cárdeno mulberry
amoratado mulberry

blanco white
albo snow-white
cándido white
níveo snowy (Poet.)
cano white (Poet.)
blanquecino whitish
blancuzco whitish
plateado silvered
argentado silvered
nacarado nacreous; mother-of-pearl

negro black
prieto blackish
negruzco blackish
moreno dark
bruno blackish
oscuro, obscuro dark
azabachado jet-colored

el sonido sound
el ruido noise
el rumor murmur, sound of voices
el susurro whisper
el murmullo murmur, whisper
el chirrido any shrill sound
el chasquido crack of a whip or lash
el estallido crack

la resonancia   resonance
la cadencia   cadence
la armonía   harmony
la melodía   melody
el tintineo   tinkling (of a bell, etc.)
el sonsonete   sound produced by rhythmical raps
el tañido   tune, sound
el estruendo   din, noise
el estrépito   crash, din
el fragor   noise, clamor
el clamor   clamor
el bullicio   bustle, noise
el grito   cry, scream
la gritería   outcry
el alboroto   outcry

el olor   smell, odor
el aroma   aroma
el efluvio   effluvium, exhalation
la fragancia   fragrance
el perfume   perfume
el tufo   emanation

el gusto   taste
el sabor   savor, flavor
insípido   insipid
desabrido   tasteless, insipid
agrio   sour
empalagoso   cloying
ácido   acid
amargo   bitter
dulce   sweet
agridulce   bittersweet
salado   salty
picante   hot, highly seasoned
sabroso   savory, tasty
apetitoso   appetizing

áspero   rough
suave   smooth, soft
duro   hard
blando   soft
liso   smooth, even

Algunos verbos relacionados con el tema

ver   to see
Verás el mar azul e inquieto.

mirar   to look
Mirábamos a través de la ventana.

contemplar   to contemplate
El anciano lo contemplaba en silencio.

observar   to observe, to watch
Puedes observar los daños que causó la tormenta.

divisar   to glimpse
Lo divisó a lo lejos.

distinguir   to see clearly, to distinguish
Sólo pudo distinguir algunas figuras.

entrever   to see imperfectly
Sólo pudo entrever un ángulo del cuadro.

vislumbrar   to glimpse
A lo lejos, vislumbró la casa.

atisbar   to watch
Atisbaba detrás de la puerta.

oir   to hear
Oyó el grito.

escuchar   to listen
Lo escuchaba con atención.

percibir   to perceive
Percibimos un leve ruido.

oler   to smell
Olían el humo del incendio.

olfatear   to smell, to scent
El perro olfateaba cada rincón del cuarto.

husmear   to scent
La bestia husmeaba la presa.

paladear   to taste with pleasure, to relish
Paladeaba cada bocado.

saborear   to relish
Me gusta saborear lo que como.

probar   to taste
Prueba una cucharada de esta sopa.

tocar   to touch
Tocó la superficie fría.

palpar   to feel, to touch
Palpó sus ropas.

manosear   to handle, to touch
Deja de manosear esa página.

manipular   to manipulate, to handle
Manipuló las llaves.

FORMA DE COMPOSICIÓN: DESCRIPCIÓN (PAISAJE) VARIACIONES DE TÉCNICA Y EXPRESIÓN

En esta Unidad hemos presentado el paisaje de Toledo y el Tajo a través de fotografías, tal como fue pintado por el Greco, y en las descripciones poéticas de Garcilaso y Góngora.

Tratemos de determinar algunos elementos o recursos propios de la visión objetiva o fotográfica, y de la artística (pintura, versos).

Observación y punto de vista

Cuando nos disponemos a describir un paisaje o ambiente es importante el punto de vista o la visión en perspectiva que adoptamos.

En el caso de Toledo vimos que la ciudad y el río de la primera fotografía difieren de los de la segunda fotografía y de los del cuadro del Greco, porque en los últimos se los observa desde el lado opuesto.

Descripción objetiva y descripción subjetiva o artística

Si decidimos escribir la descripción de Toledo podemos optar por una forma objetiva, o sea describir con palabras algo semejante a la imagen de las fotografías: todo lo que vemos, en la manera más completa y fiel posible.

O podemos intentar una descripción subjetiva o artística. La diferencia básica es que en este último caso el pintor, o el escritor selecciona y organiza los elementos que ve para someterlos a sus designios estéticos. Así, el Greco insiste en las formas de la vegetación, o en las figuras de las nubes tormentosas más que en la pintura de los edificios de la ciudad. En las estrofas de Góngora se repite en cambio la imagen de la ciudad-montaña.

Percepciones sensoriales

En una descripción es fundamental tener en cuenta los datos de nuestros sentidos, en especial, tratándose de paisajes, las imágenes visuales y cromáticas.

En el cuadro del Greco, los diversos colores de la ciudad y el río han quedado reducidos a dos gamas preponderantes: la del azul y la del verde.

Góngora en cambio relaciona a Toledo con los colores de los metales preciosos: oro y plata. Una lista de las palabras que aluden a ellos resultaría así: blanca toca; listada de oro; perlas; plata; mármoles de Paro; cristales; luz; rayos; luna; oro.

Comparaciones y metáforas

Las comparaciones y metáforas son elementos básicos en la descripción literaria. Góngora crea las siguientes metáforas de Toledo:

montaña precipitante
monte murado
turbante de labor africana
corona imperial
cerro gentil
segundo Potosí de plata
obelisco claro de edificios
urna sagrada

Más adelante la llama:

claro honor de nuestra zona
ciudad metrópoli de España
gran Capitolio

La mayor fuerza de estos versos radica en la intensidad y el poder sugerente de estas metáforas y aposiciones.

Tiempos verbales

Los tiempos verbales más usados en la descripción son el Presente, y el Pretérito Imperfecto.

En los ejemplos anteriores, Góngora utiliza el Presente; Garcilaso el P. Imperfecto (vía-veía; tenía; parecía; era; dejábase; estaba).

Acerca del uso preferente del Pretérito Imperfecto para las descripciones, recordemos lo que explicamos en la Unidad *El tiempo* sobre el aspecto verbal. En español ésta es la única forma de Pasado con aspecto imperfecto, o sea que con el Pretérito Imperfecto la acción en el pasado se expresa como durativa. Es lógico que si nuestra intención es describir en el pasado, usemos el tiempo verbal que nos ofrece mayores posibilidades de expresar algo que permanece, dura, o acostumbra estar, como es el caso con los objetos de la descripción.

De acuerdo con lo anterior, propongámonos ahora posibles variaciones en la técnica de la descripción. Tomemos como tema la descripción de la ciudad de Nueva York.

Variaciones según el punto de observación

N. York vista desde lo alto del Empire State.	N. York vista a través de los vidrios de un automóvil.	N. York vista desde la altura de un niño de cinco años.

Variaciones entre una descripción objetiva y una descripción subjetiva o artística

Descripción objetiva, fotográfica. Puede ser una descripción de una vista general o de algún lugar especial de la ciudad. Expresemos con palabras los objetos exactamente como los vemos.

Descripción subjetiva o artística. Seleccionemos dentro de todos los elementos e imágenes que forman la ciudad aquellos que nos interesen. Por ejemplo, la línea de los rascacielos, o el tránsito y las luces en la ciudad nocturna, o el movimiento del público en las grandes tiendas, o en los teatros. Dentro de estas imágenes parciales todavía podemos seleccionar más, y tomar un detalle o elemento particular alrededor del cual centremos la descripción.

Variaciones en la expresión de las percepciones sensoriales

En la descripción de un paisaje urbano, los sentidos que más actúan son la vista, el oído y, a veces, el olfato.

Supongamos que estamos describiendo a N. York desde el puerto, y en un día nublado. Los términos del vocabulario que posiblemente usaremos serán:

vista	oído	olfato
ver	oír	oler
mirar	escuchar	husmear
contemplar	percibir	olfatear
observar		
divisar		
distinguir		
entrever		
vislumbrar		

vista	sonido	olor
visión	ruido	aroma
imagen	rumor	efluvio
figura	susurro	tufo
panorama	murmullo	
espectáculo	chirrido	
escena	chasquido	
	estallido	
gris	estruendo	
grisáceo	estrépito	
ceniciento	fragor	
plomizo	clamor	
agrisado	bullicio	
	grito	
	gritería	
	alboroto	

También podemos limitarnos sólo a una descripción pictórica de la ciudad y, como hizo el Greco, insistir en una gama de colores. Aquí sería el gris.

Variaciones gracias al uso de comparaciones, metáforas, aposiciones

Pensemos en metáforas y aposiciones para calificar a N. York:

Metáforas	Aposiciones
selva de cemento	la gran ciudad
Babel moderna	la urbe moderna
colmena de hierro	la metrópoli americana
hormiguero humano	la ciudad a orillas del Hudson
cordillera de rascacielos	

PRÁCTICA: Modifique en todas las formas que pueda las siguientes oraciones, ya sea cambiando el vocabulario con el uso de palabras sinónimas o análogas, o cambiando el orden de los elementos sintácticos.

1. El Greco creó una realidad nueva de Toledo.
2. En la *Vista de Toledo* el cielo tormentoso se ennegrece sobre el Alcázar y la Catedral.

1. Compare la segunda fotografía de Toledo con el cuadro del Greco.

2. Describa el cuadro del Greco, especialmente en cuanto a los colores predominantes.

3. Describa cualquier ciudad que usted conozca.

4. Describa lo que ve a través del ojo de una cerradura, o de la mirilla de una puerta.

5. Describa lo que ve desde un avión, o desde el último piso de un rascacielos.

6. Compare la descripción de Toledo en los versos de Garcilaso, y en los de Góngora.

7. Compare la imagen de Toledo en los versos de Góngora con la del cuadro del Greco.

Actividades optativas

1. Pinte una mancha usando la gama de dos o tres colores (rojo, azul, amarillo). Describa con los nombres correspondientes los distintos matices de color.

2. En un Museo de su localidad, o en reproducciones en libros de arte busque cuadros de paisajes. Elija uno, indique quién es el autor, a qué época o movimiento pictórico pertenece, y luego describa la tela.

3. Piense en obras musicales, ya sean de música clásica o popular, que se refieran a ciudades o lugares geográficos determinados. Por ejemplo, en lo clásico, de Isaac Albéniz, *Córdoba, Granada, Sevilla, Cádiz*. En lo popular, *Valencia, Guadalajara, Chicago, San Francisco*. Explique si le parece que el compositor expresó en forma apropiada la idea o imagen fundamental de la ciudad.

BIBLIOGRAFÍA

Alonso, Dámaso. "Garcilaso y los límites de la Estilística". En *Poesía española: Ensayo de métodos y límites estilísticos*. Madrid: Gredos, 1952.
Marañón, Gregorio. *El Greco y Toledo*. Madrid: Espasa-Calpe, S.A., 1956.

PREPOSITIONS

A preposition is a particle that indicates the relationship between two words or terms. The following is a list of Spanish prepositions with their most common English equivalents:

a	at, to	hacia	toward
ante	before	hasta	until, to, up to
bajo	under	para	for, in order to, by
cabe	near, close to	por	for, by, through
con	with	según	according to, by
contra	against	sin	without
de	of, from	so	under
desde	from, since	sobre	on, over, about
en	in, into, at, on	tras	after
entre	among, between		

Cabe and so are antiquated forms. Cabe still appears in poetic texts; so is used in such phrases as so pena de (*under penalty of*) and so color de (*under the guise of*).

The use of the Spanish prepositions can present certain problems to the English speaking student, just as English prepositions are a problem for Spanish speaking students. The difficulties are based especially on problems of translation. This is the case when a preposition in one language has the same meaning as several prepositions in the other language. For example, the English preposition *by* is the equivalent of a, en, por, según and para, depending upon how it is used:

We had arrived by four o'clock.	Habíamos llegado a las cuatro.
I traveled by plane.	Viajé en avión.
Don Quijote was written by Cervantes.	*Don Quijote* fue escrito por Cervantes.
They go by the rules.	Actúan según las reglas.
Study the poem by next week.	Estudien el poema para la semana próxima.

The Spanish preposition en is the equivalent of *at, on, in, into* and *about:*

Ella está en casa.	She is at home.
La comida está en la mesa.	The meal is on the table.
Él está en la habitación.	He is in the room.
Entraron en la casa.	They went into the house.
Pensé en partir.	I thought about leaving.

Among the most common prepositions, four of them —con *(with)*, **contra** *(against)*, **hacia** *(toward)*, **sin** *(without)*— are relatively easy to use because their English equivalents are unquestionable. But this is not the case with the other most frequently used prepositions. Very often the differences in meaning are extremely subtle and depend not only on the formal meaning but on other factors, such as the preposition a verb requires or the special intention within the context in which the preposition is being used.

The remainder of this discussion is devoted to some of the most commonly used Spanish prepositions that present the greatest problems. Each of them has a number of uses, many of which apply in only a very few cases. Thus, we are limiting the discussion to the most common uses. With these as a beginning, the student will be able to learn the other less frequent uses of the prepositions through practice in conversation and reading.

The Preposition *a* (at, to)

The Spanish preposition a basically signifies direction toward a point in space or a moment in time. It also is used to indicate direction in a classification scale category and direction toward a goal.

Fui de Miami a Buenos Aires. I went from Miami to Buenos Aires.
Llegamos a la estación. We arrived at the station.
Llegamos a las tres. We arrived at three o'clock.
Pasó del enojo a la furia. He passed from anger to fury.
Quiero enseñarle a leer. I want to teach him to read.

A is related to verbs of motion. It also is used in reference to a point in space or time in which that movement has been fixed:

Saldremos para el aeropuerto a las cuatro. We will leave for the airport at four o'clock.
Estaban a la vera del camino. They were at the edge of the road.

NOTE: In this case, the preposition en also can be used:
       Estaban en su casa.
       Estaban parados en el borde del camino.

When the direct object of a verb is a person, animal, or a personified thing, the direct object is preceded by the preposition a:

Amas a tu madre. You love your mother.
Respeta a sus maestros. He respects his teachers.
El Conejo venció a la Zorra. The Rabbit outwitted the Fox.
Defiende a su Patria. He defends his fatherland.

When the direct object is an indefinite person, the preposition a is omitted:

Buscamos un amigo fiel. We are looking for a faithful friend.
Ese alumno necesita un buen maestro. That student needs a good teacher.

The Spanish preposition en corresponds to various prepositions in English. In general, en refers to something "within an area of time or space". Its basic meaning includes the ideas of "enclosure" *(in* or *into)*, "location of a point, or line of demarcation" *(at)* or "contact" *(on)*.

En esa zona del país hace mucho frío.	In that zone of the country it is very cold.
Decidimos quedarnos en ese salón.	We decided to remain in that ballroom.
Colocó la rueda en el baúl.	He put the tire into the trunk.
Nos metimos en la cabaña.	We went into the cabin.
Estábamos en casa.	We were at home.
Voy a estudiar en la Universidad de México.	I am going to study at the University of Mexico.
Las hojas están en el suelo.	The leaves are on the ground.
Tiene un hermoso anillo en el dedo.	She has a beautiful ring on her finger.

In those cases where the use of en does not clearly express the meaning that is differentiated by *in* and *on,* it is preferable to use the preposition sobre when the meaning is *on:*

Dejé el libro en el escritorio.	I left the book in (on) the desk.
Dejé el libro sobre el escritorio.	I left the book on the desk.

These two Spanish prepositions are the ones that present the greatest difficulties in relation to English. First we will discuss the relationship between para and por, and then we will turn to some of the individual characteristics of each.

In the relationship between para and por, distinctions can be made on the basis of three ideas: **movement, cause and effect,** and **time.**

Movement

Para	Por
Para implies motion toward:	Por implies motion through:
Partimos para Pittsburgh. (We are leaving for Pittsburgh.)	**Caminamos por el parque.** (We walked through the park.)
Salieron para el campo esta tarde. (They left for the country this afternoon.)	**Corrimos por las calles del pueblo.** (We ran through the streets of the town.)

Cause and Effect

Para	Por
Para implies looking ahead to determine an objective or goal *(in order to):* $\longrightarrow$	Por implies looking backward to determine the cause or motive *(because of):* $\longleftarrow$

Vengo para defenderlo.
(I come to defend him.)

Estudio para progresar.
(I am studying in order to progress.)

Está en la cárcel por tu culpa.
(He is in jail on account of you.)

Estudio este tema por tu consejo.
(I am studying this topic because
of your advice.)

Time

Para

Para implies action directed toward
a future time:

Téngalo listo para el lunes.
(Have it ready by Monday.)

Regresarán para Navidad.
(They will return by Christmas.)

Por

Por implies the time during
which the action is taking place:

Estuvo inconsciente por media
hora. (He was unconscious for
half an hour.)

Siempre nieva por la época de
Navidad.   (It always snows during
Christmas season.)

Along with the uses of **para** and **por** that are easiest to understand when the two prepositions are compared as above, each preposition has several other common uses.

Para

In addition to motion toward a point in space (Mañana salgo *para* Madrid.), toward a goal or objective (Trabajan *para* ganar dinero.), and toward a point in future time (Lo terminaré *para* la semana próxima.), this preposition has another very common use. Para indicates an implicit comparison:

Para algunos fue fácil, para mí fue difícil.   For some it was easy; for
me it was difficult.

In some cases this implicit comparison is equivalent to the English phrase: "considering the fact that":

Es bajo para un muchacho de diez años.   He is short for a boy ten
years old.

Por

In addition to motion through (Anduvimos *por* el parque.), cause or motive (No habló *por* temor a ser castigado.), and the duration of time during which action takes place (Me prestó el libro *por* una semana.), this preposition has several other very common uses.

Por is used to introduce the active agent in a sentence in the passive voice:

El niño fue protegido por su hermano.   The boy was protected by his
brother.

España fue conquistada por los árabes.   Spain was conquered by the
Arabs.

Por indicates the manner or means:

Escuché el concierto por radio.	I listened to the concert by radio.
Hicimos todo el recorrido por tren.	We made the whole trip by train.

Por expresses an exchange:

Le dieron gato por liebre.	They gave him a cat for a hare.
Recibí diez dólares por mi reloj.	I received ten dollars for my watch.

To summarize, the following are the fundamental uses of **para** and **por**:

Para is used to indicate:	Por is used to indicate:
motion toward effect (goal or objective) future time (toward which action is directed) implicit comparison	motion through cause (motive) time during which action takes place presence of the active agent in a sentence in the passive voice manner or means exchange

Estas tres líneas del poema "A Roosevelt" de Rubén Darío[1] expresan en forma lírica la idea básica de la solidaridad interamericana. El hecho de que todos los países de América pertenecen a una entidad unida por fuertes lazos geográficos e históricos. Pero también, el poeta manifiesta el recelo que ha existido, y existe en muchos lugares de Latinoamérica acerca del enorme poder de los Estados Unidos, de la actitud de empresas norteamericanas, o de la intervención diplomática, y a veces armada, de los estadounidenses en los asuntos de las repúblicas latinoamericanas.

El panamericanismo ofrece episodios positivos y negativos, intentos existosos y fracasos. La bibliografía acerca de este tema es muy amplia, pero pertenece más a las ciencias políticas que a la literatura.

Preferimos adoptar un enfoque más limitado y transcribir impresiones de algunos escritores españoles que visitaron o residieron en Estados Unidos.

En primer término, "La aurora" del libro *Poeta en Nueva York* (1929–1930), de Federico García Lorca[2]. Este poema, de técnica surrealista, ofrece una interpretación pesimista y agobiante de la gran ciudad. Esta actitud de rechazo y prevención hacia lo que representa la fuerza inhumana de la máquina y la técnica es común a muchos artistas hispanoamericanos.

LA AURORA

La aurora° de Nueva York tiene
cuatro columnas de cieno°
y un huracán de negras palomas
que chapotean° las aguas podridas.

La aurora de Nueva York gime°
por las inmensas escaleras
buscando entre las aristas
nardos° de angustia dibujada.

La aurora llega y nadie la recibe en su boca
porque allí no hay mañana ni esperanza posible.
A veces las monedas en enjambres° furiosos
taladran° y devoran abandonados niños.

[1]RUBÉN DARÍO (1867–1916). Nicaragüense. Figura central del movimiento Modernista, y uno de los más grandes poetas en lengua española. Obras: *Azul, Prosas profanas, Cantos de vida y esperanza, Los raros.*

[2]FEDERICO GARCÍA LORCA: Ver la Nota 4 en la Unidad *El ritmo poético.*

*aurora: amanecer, **cieno:** lodo, **chapotear:** golpear el agua, **gemir:** lamentarse, **nardo:** flor blanca y olorosa, **enjambre:** muchedumbre, **taladrar:** horadar, perforar.

Los Estados Unidos son potentes y grandes. Cuando ellos se estremecen hay un hondo temblor que pasa por las vértebras enormes de los Andes.
Rubén Darío

LOS ESTADOS UNIDOS VISTOS POR ESCRITORES HISPANICOS

10

Los primeros que salen comprenden con sus huesos
que no habrá paraíso ni amores deshojados;
saben que van al cieno de números y leyes,
a los juegos sin arte, a sudores sin fruto.

La luz es sepultada por cadenas y ruidos
en impúdico° reto°° de ciencia sin raíces.
Por los barrios hay gentes que vacilan insomnes
como recién salidas de un naufragio° de sangre.

impúdico: deshonesto,
desvergonzado
reto: provocación, desafío
naufragio: hundimiento

Seguidamente, algunos fragmentos del capítulo titulado "Espacio y tiempo en la vida americana", del libro *Análisis de los Estados Unidos,* de Julián Marías[3].

cancelar: anular, suprimir

Para ir de Bloomington, en el estado de Indiana, a South Bend, en el mismo estado, se pasa en avión por Indianápolis; pero si un vuelo se cancela° y se pierde la conexión, las cosas se complican. Hace unos días tuve que elegir, para hacer ese recorrido, entre pasar por Chicago, en el estado de Illinois, o por Detroit, en el de Michigan. Los recorridos eran mucho más largos; había que salir de Indiana para volver a entrar; no importaba: lo único que contaba era que "hubiera vuelos" entre Indianápolis y South Bend, pasando por cualquier parte; lo que hubiera sido un "itinerario" se convertía en una combinatoria de recorridos abstractos de las líneas aéreas.

Esto me hizo pensar que no estaba tratando con un espacio geográfico, ni siquiera geométrico, sino funcional. El camino más corto entre dos puntos no es la línea recta, no tiene nada que ver con la geografía, sino con ese enorme, pavoroso libro en que se registran los vuelos de todas las compañías, es decir, una realidad técnica y social.

No es esto privativo de los Estados Unidos, sino que es un carácter del mundo actual; lo que pasa es que la actualidad suele comenzar en los Estados Unidos, y con mayor intensidad y brillantez, y por eso nos parecen a veces "americanas" las cosas que simplemente son del siglo XX, del mismo modo que en otro tiempo se interpretaba como galicismo° o "afrancesamiento" lo que era, ni más ni menos, el siglo XVIII. En los Estados Unidos, esto sí es cierto, se sacan las consecuencias de muchas cosas que se incoan° o inician tímidamente en otras partes. Por eso son siempre tan aleccionadores; por eso no se puede entender casi nada de lo que pasa en el mundo y, sobre todo, de lo que va a pasar sin mirar a los Estados Unidos; por eso estoy en perpetuo asombro al ver que los que dicen interesarse por lo problemas actuales los "omiten" y miran en otras direcciones.

galicismo: propio del francés

incoar: comenzar

[3]JULIÁN MARÍAS (1914). Filósofo, ensayista y profesor español, discípulo de Ortega y Gasset. Ha dado numerosas conferencias y cursos en distintas universidades norteamericanas. Entre sus obras pueden mencionarse: *Historia de la filosofía, Ensayos de convivencia, Los Estados Unidos en escorzo.*

La sociedad americana está definida por una enorme movilidad. Todo el mundo se desplaza continuamente; no sólo se va y viene, se viaja en coche, tren o avión por todo el país, sino que casi nunca se "está" demasiado tiempo en ningún lugar. Los estudiantes universitarios rara vez estudian en la ciudad donde residen con su familia, ni siquiera en las ciudades donde hay universidades o *colleges*. En parte, porque probablemente no son admitidos —cada estudiante hace solicitudes o *applications* a una serie de instituciones de mayor o menor prestigio, y espera, a veces angustiado, hasta saber si ha sido aceptado por una u otra— ; en parte también porque pretenden ir a una Universidad de su elección, esté donde esté; y finalmente, porque en principio parece mejor y es tradición que se encuentre en otra comarca° del país. Esto significa que desde los diecisiete o dieciocho años los americanos empiezan a desgajarse° de la casa paterna y a vivir en otro lugar. Es muy frecuente que pasen el *junior year* o tercer año universitario en el extranjero, y si no, los estudios graduados; muchos se inscriben en el Peace Corps y pasan un par de años en un país exótico. Tan pronto como terminan sus estudios —o los primeros niveles de ellos—, tienen puestos de trabajo, casi siempre en un lugar distante; y suelen cambiar varias veces, para mejorar, para ocupar otros de mayor responsabilidad y remuneración.

La consecuencia es que los que tenemos amigos americanos hemos de rectificar frecuentemente su dirección; al cabo de unos años, bajo sus nombres hemos ido anotando en un cuaderno diferentes nombres de ciudades en los Estados Unidos y quizá en países extranjeros. Podríamos decir que innumerables americanos acaban de llegar adonde están. Y esto quiere decir que están bastante solos: se desplazan aislados, si son solteros; con la mujer y los hijos, si tienen familia; esta unidad es el centro de la vida americana, y a *mucha* distancia viene todo lo demás: la gran familia de ascendientes° y colaterales, los amigos, los "conocidos" no íntimos pero de larga y frecuente convivencia°, que en pequeñas ciudades de otros países son "todo el mundo".

. . . .

En cuanto al tiempo, la prodigiosa productividad de los Estados Unidos ha permitido que el tiempo "enajenado°" disminuya mucho: el americano de cualquier profesión, con una jornada de trabajo corta, por lo general inferior a las cuarenta horas, consigue un nivel de vida más alto que en ningún otro país, y con él mayores posibilidades no sólo económicas, sino en general vitales. Pero hay una contrapartida: el tiempo que se pierde, el tiempo de nadie o *no man's time*, el que se invierte en desplazarse°, en esperar los vehículos públicos, en estacionar el coche propio, en aguardar la luz verde del tráfico, es una considerable porción de la jornada.

. . . .

Por otra parte, el horario americano tiene consecuencias más graves de lo que podría esperarse de cosa aparentemente tan trivial°.

comarca: región, provincia, territorio

desgajarse: separarse, apartarse, desprenderse

ascendiente: padre, madre, o abuelo

convivencia: vida en compañía de otros, cohabitación

enajenado: alienado, que pertenece a otro

desplazarse: moverse, trasladarse

trivial: común, ordinario, vulgar

cotidiano: diario

deslizarse: introducirse
falacia: engaño, mentira, fraude

pereza: flojedad, descuido o tardanza
en las acciones o movimientos, flojera

inverosímil: que no parece
verdadero, increíble, inaudito

blasonar: ostentar, mostrar algo
desvanecerse: desaparecer

El español está en el extremo opuesto; se ha señalado, y yo mismo lo he hecho hace muchos años, que el horario español, tan increíblemente tardío, con un almuerzo a las dos y media o tres de la tarde y una cena entre las diez y las once —o después: las que se prolongan un poco acaban siempre al día siguiente—, trae no pocas perturbaciones, entre ellas que la jornada de trabajo, largamente interrumpida, se prolonga durante casi todo el día, sin dejar una parte de él "libre", como en los Estados Unidos, donde los trabajos suelen terminar a las cinco de la tarde. Pero cada vez me parece más interesante, y más favorable a la felicidad de la vida cotidiana°, esa "mañana" española que llega hasta las dos, y esa interminable "tarde" que se extiende hasta las diez de la noche, y que deja tiempo libre para tanta conversación u otras ocupaciones placenteras.

En el horario americano se desliza°, si no me equivoco, una falacia°. En principio, se termina de trabajar a las cinco y se cena a las seis o seis y media; se entiende que no termina entonces la jornada, sino que empieza el tiempo "libre" o "propio". Después de la comida se hace lo que se *quiere* hacer, no lo que *hay que* hacer. Pero de hecho no ocurre así. El americano, al salir de su trabajo, busca su coche donde está estacionado, conduce largo rato, por carreteras de intenso tráfico, hasta llegar a casa; o va a la estación, toma el tren suburbano, recorre muchas millas, encuentra su coche en la población o la urbanización donde vive —acaso a su mujer que lo espera en el automóvil—, llega por fin a casa. Toma quizá un *whisky* o un *cocktail.* cena y . . . descubre que está cansado. Le da increíble pereza° volver al automóvil, volver a conducir largo rato por la carretera, hasta el espectáculo, el concierto o la casa de los amigos; y termina por encender la televisión y quedarse en casa. La jornada, que en principio no termina con la cena, de hecho con ella acaba; la diferencia está en que, en lugar de terminar, como entre nosotros, a las diez o diez y media, termina a las seis. Si se miran bien las cosas, resulta que el absurdo, inverosímil° horario español es inesperadamente realista y tiene en cuenta sabiamente las debilidades de la condición humana. La experiencia de la vida me hace temblar cuando pienso que en España podamos volvernos razonables y "europeizar" o americanizar nuestro horario.

Por fin, algunos comentarios acerca de características de la vida norteamericana, tal como las describe Fernando Díaz-Plaja en su libro *Los siete pecados capitales en Estados Unidos.* El autor, español, residió durante varios años en los Estados Unidos, donde fue profesor y conferenciante.

Primero, notas acerca de la atención médica y los temas relacionados con el ciudadò de la salud:

Lo rural se nota también en la admiración a lo letrado que este país siente. Toda la igualdad de que blasonan° se desvanece° ante el profesor, llamado aquí por el título de doctor, respeto doblemente importante en la región de los "Hola, tú". El médico tiene entre la gente americana la misma o parecida aura° de grandeza intelectual que tenía entre los negros de África. Un militante de este color, Baldwin, decía sarcásticamente que la tendencia del blanco liberal a que su raza subiese al mismo nivel le molestaba, porque no consideraba ganancia pasar, de la tiranía del brujo africano, a la del psiquiatra americano.

aura: soplo, favor, aceptación

No todos los americanos pueden permitirse el lujo° de asistir a la consulta de un psiquiatra, pero todos escuchan con atención lo que el médico les diga, por altos que sean los precios, altos incluso para esta economía, pero mucho más porque, en esta época de especialización, el médico acostumbra a cobrar diez o quince dólares sólo por aconsejar al paciente que vaya a ver a un colega. En un respeto a la ciencia de curar que casi llega a la superstición, la inmensa mayoría de las medicinas que en Europa se despachan libremente están aquí bajo la férula° de la receta, lo que representa una visita por medicina y, a juzgar por el aire solemne con que el farmacéutico estudia el permiso del galeno° y os entrega las sulfamidas o la penicilina, acaba de salvaros la vida. La verdad es que yo no he oído nunca hablar de muertes por exceso de sulfatiazol en Europa y, en cambio, quien aquí quiera suicidarse no tiene más que tomarse más somnífero del que le hace falta, como hizo la pobre Marilyn Monroe.

lujo: suntuosidad, demasía en el adorno, en la pompa y en el regalo

estar bajo la férula estar sujeto, estar bajo el dominio

galeno: médico

(Ironizando sobre tres admiraciones —patria, animales, médicos— de los americanos, los profesionales de la pluma sostienen que un cuento seguramente aceptado por todas las revistas del país, sería el que tuviera por protagonista al perro del médico de George Washington.)

. . . .

Cuando un europeo va al hospital, el periódico dice que "ingresó en él". Aquí dicen que fue *"admitted"* —admitido—, y no se trata de una leve diferencia conceptual, porque conseguirlo es un triunfo. Chistes y "sketches" en la televisión han mostrado la escena, entre trágica y cómica, del herido llegado al hospital, cuando sus esfuerzos para que le metan en una cama y le cuiden, chocan con la barrera fría e impersonal de una enfermera-secretaria que le somete a una serie de preguntas —datos personales y financieros—, destinadas a asegurarse de que el paciente, que mientras tanto se está retorciendo de dolor, será capaz de pagar la cuenta que le presentarán luego.

Mi experiencia personal, si no tan dramática, fue algo parecido. Estando de profesor en la Universidad de Tejas, en Austin, sufrí una caída de caballo en el salto de un obstáculo, y ya en el suelo, el animal me dio una coz° en el pecho. Acudí al hospital.

coz: patada violenta que dan las bestias

—Quisiera ver a un médico —dije—. He sufrido un accidente.

Tomaron nombre, nacionalidad, profesión, dirección. Luego
. . .

—¿Quién le manda?

—No me manda nadie. He venido impulsado por el dolor, como diría un romántico.

médico de cabecera: el que asiste especialmente y de continuo al enfermo

—Quiero decir, ¿quién es su médico de cabecera°?

—No lo tengo. Acabo de llegar a esta ciudad. He sufrido una caída y . . .

—Si no le manda a usted su médico no podemos tratarle . . .

—¿Que no puedo ver a un médico?

—No hay.

Miré alrededor. Pasillos, gente de bata blanca, más pasillos; el local era gigantesco.

—¿No hay médicos en el hospital?

—No, señor.

—¿Y qué hace el accidentado?

—Pasa a la sala de urgencia. Pero usted no puede ser atendido allí.

—¿Por qué?

—Porque lo suyo no es urgente.

—Un caballo me ha dado una coz en el pecho. Siento un dolor profundo. ¿Es eso urgente?

cuchicheo: susurro, conversación en voz baja

muralla: muro o pared muy fuerte que rodea y defiende un lugar

Se consultaron entre cuchicheos°. Alguien comentó favorablemente que era profesor de la universidad, y eso pareció abrir una brecha en la muralla°.

—Le llevaremos a la sala de "emergencias". Siéntese en esta silla de ruedas.

—Puedo caminar. He venido andando desde el coche.

—¡Siéntese le digo!

Tuve que acomodarme en la silla y ser transportado; era la única forma de justificar que un médico me viera.

Ahora, reflexiones acerca del sistema de seguros:

La protección al individuo en esta nación hace que, cualquier daño que se le cause, tenga que ser pagado a veces en cifras altísimas. Esto ha producido tal obsesión por asegurarse que los impactos emocionales se unen casi automáticamente a los económicos. Cuando uno oye de alguien que ha sufrido un accidente dice: "¡Pobre!", e inmediatamente después: "¿Estaba asegurado?" Porque la falta de cubrirse significa, además del daño inmediato, problemas que pueden durar muchos años. Estando en Palo Alto (California) hice ob-

encaramarse: subirse, treparse
tapia: pared, cerca

servar a la vecina que sus nietos, al encaramarse° en el árbol que desbordaba la tapia°, podían caerse en mi jardín y sufrir daños. "Es cierto", dijo ella, "pero usted estará asegurado ¿verdad?" Le contesté que no lo estaba, pero que, aparte de esa circunstancia, el he-

159
*Los Estados
Unidos
vistos por
escritores
hispánicos*

cho de que un niño se partiera la pierna en mi casa no me parecía espectáculo de ninguna gracia por muy protegido que estuviera en mis intereses. Se retiró mascullando algo sobre la absurda actitud de esos extranjeros.

Porque el seguro es elemento que forma parte de la vida diaria de este país, se interfiere con cualquier elemento humano. Si una novia recibe una herida yendo en el coche de su novio, el hombre con quien va a casarse, le demanda judicialmente por daños recibidos, y a todos les parece muy natural.

. . . .

Las compañías de seguros son de las más ricas de los Estados Unidos y han aprovechado la tendencia general de la ley para lanzar gigantescas campañas de propaganda que obliguen a mayor y más amplia cobertura a todos los americanos. Para convencer al reacio° no vacilan en usar métodos casi macabros, como el presentar una fotografía de una familia feliz, marido, mujer y dos hijos. En la fotografía siguiente están todos en la misma posición, menos el marido. "¿Qué pasará cuando usted falte?", pregunta melodramáticamente el texto. Acuciadas° por esa idea las esposas americanas plantean con claridad meridiana a sus maridos la necesidad de quedarse protegidas. Lo que en Europa es a menudo° una concesión, un regalo de esposo, es aquí una exigencia directa y clara de la mujer. No hay amor que consiga olvidarlo, y como, de acuerdo con las estadísticas, el que muere es casi siempre él, no cabe siquiera la reciprocidad. Para que no se les escape un céntimo, las compañías tienen situadas estratégicamente en los aeropuertos unas oficinas, y cuando éstas están cerradas quedan unas máquinas automáticas que despachan la póliza. En mis viajes por avión he observado el trámite . . . El marido es el que se va, la mujer se queda. Mientras él llena la ficha, ella le hace notar que podía subir la cantidad que tiene que heredar°. Cuando le entrega la copia, ella echa una ojeada para ver si está correctamente redactada y la guarda en su bolso. Era una sensación extraña. Aunque puede darse, yo nunca he visto el caso contrario, el de la esposa firmando la póliza a favor del marido, y por ello, sin poderlo evitar, la mujer elegante, cuidada y perfumada, muchas veces bella, adquiría de pronto, ante mi vista de europeo, la horrible figura de un buitre°.

Por último, algo acerca de los préstamos:

La primera vez que tuve que ir al banco a pedir un préstamo jugamos, el banquero y yo, con cartas totalmente distintas. Tras apuntar nombre, dirección, profesión, preguntó casi afirmando:

—Usted tendrá deudas, claro . . .

—Ninguna —le dije orgullosamente—. (En mi adolescencia española, cuando se hablaba de alguien de poco fiar° se decía "está cargado de deudas", y un rumor de censura flotaba por la estancia.)

reacio: terco, porfiado, renuente, desobediente, remiso

acuciar: estimular, apresurar

a menudo: frecuentemente, muchas veces

heredar: recibir la sucesión de otro

buitre: ave rapaz

fiar: confiar

ahorrar: guardar una parte de lo que
se gana

abonar: pagar

avalar: garantizar

Pero el banquero en vez de felicitarme pareció entristecerse.

—No me diga. . . —insistió—. La casa . . . en que vive.

—Está alquilada —contesté—. La pago mensualmente.

—Pero el coche . . .

—Tenía un dinerillo ahorrado°. Lo compré al contado.

Su expresión se hizo más grave.

—Pero habrá usted pedido algún préstamo anterior . . . Estará usted abonando° los intereses.

—Nunca. Es la primera vez que entro en un banco a solicitar que me dejen dinero.

Tiró el lápiz sobre la mesa en un gesto desconsolado.

—Pues no puedo prestarle nada.

—¿Por qué?

—Porque no debe usted nada, y, por lo tanto, no tiene usted crédito.

Surgieron nombres de gente que podían avalarme°, se decidió el asunto a mi favor, y al entregarme los billetes, dijo:

—Ahora ya tiene usted crédito. Cuando vaya a pedir dinero a cualquier otro sitio, diga usted que nos llamen a nosotros para que le sirvamos de referencia.

Núcleos de vocabulario

PALABRAS ANÁLOGAS O SINÓNIMAS

el viaje   journey, voyage, travel, trip
el paseo   walk, promenade
la gira   tour
el veraneo   summer vacation
la excursión   excursion
la expedición   expedition
la caminata   long walk, hike

el viajero   traveler, passenger
el turista   tourist
el caminante   traveler, walker
el excursionista   excursionist
el explorador   explorer
el trotamundos   globetrotter
el pasajero   passenger
el viandante   traveler

el peregrino   pilgrim

la valija   suitcase, valise, traveling
   bag
la maleta   suitcase, valise
el baúl   traveling trunk
el maletín   small valise or case
el equipaje   baggage, luggage

el camino   road, way
la ruta   route, way
el trayecto   distance between two
   points
el itinerario   itinerary
la derrota   route, road

PALABRAS AFINES

la partida   departure
la salida   departure
la llegada   arrival
el arribo   arrival
la jornada   one-day march, stage

la etapa   stage
la escala   station, stopping
   place
la parada   stop

161
*Los Estados
Unidos
vistos por
escritores
hispánicos*

la gente   people
el pueblo   people
el país   country
la nación   nation
la patria   native country, fatherland
la tierra   land, native country
el terruño   one's native soil
el suelo natal   native soil

el habitante   inhabitant
el natural   native

el vecino   neighbor, resident
el ciudadano   citizen
el compatriota   compatriot, countryman (countrywoman)
el conciudadano   fellow citizen
el coterráneo   countryman
el morador   resident
el residente   resident
el burgués   bourgeois, city dweller
el provinciano   provincial
el aldeano   villager

Algunos verbos relacionados con el tema

viajar   to travel
Viajé muy incómodo.

caminar   to walk, to travel
Caminábamos sin rumbo.

andar   to walk
Juan **anduvo** por allí.

vagar   to rove, to roam
Acostumbran **vagar** por los campos.

peregrinar   to peregrinate
Peregrinaron por la Tierra Santa.

recorrer   to travel in or over
Ayer **recorrimos** el valle.

marchar   to go, to walk, to go away
Marchaban en dirección contraria.

ir   to go
Tú **fuiste** a Francia en 1967.

venir   to come
Hace tiempo que no **viene** al pueblo.

llegar   to arrive
Llegaron muy tarde.

arribar   to arrive
El ómnibus **saldrá** dentro de media hora.

partir   to depart, to leave
Tu hermano **partió** para Madrid.

salir   to go or come out, to depart
El ómnibus **saldrá** dentro de media hora.

visitar   to visit
Visitaremos a nuestros parientes.

hacer la maleta   to pack one's suitcase
Debes **hacer la maleta** ahora mismo.

preparar la valija   to pack one's suitcase
Se puso a **preparar la valija.**

hacer el equipaje   to pack
Su madre lo ayudó a **hacer el equipaje.**

analizar   to analyze
Analiza las características de los habitantes.

juzgar   to judge
Es difícil **juzgar** a otros pueblos con justicia.

FORMA DE COMPOSICIÓN: NARRACIÓN
VARIACIONES DE EXPRESIÓN

Básicamente, una narración es el relato de una acción, y dado que estamos contando esta acción, la ubicamos en el pasado. Por esto, el verbo en la narración aparece casi siempre en una forma de Pretérito. En Unidades anteriores vimos que el Pretérito Imperfecto, por su posibilidad de expresar el hecho en duración, se prefiere para las descripciones, mientras que para las narraciones se usan las formas perfectas del Pretérito, en especial el Pretérito Indefinido.

Tomemos algunos ejemplos de los textos anteriores:

Hace unos días **tuve** que elegir entre pasar por Chicago o por Detroit.
Mi experiencia personal, si no tan dramática, **fue** algo parecido.
Sufrí una caída de caballo.
Acudí al hospital.
Tomaron nombre, nacionalidad, profesión, dirección.
Se **consultaron** entre cuchicheos.
Tuve que acomodarme en la silla.
. . . **dijo** ella.
Le **contesté** que no . . .
Se **retiró** mascullando algo sobre la absurda actitud de esos extranjeros.
La primera vez que **tuve** que ir al banco a pedir un préstamo **jugamos,** el banquero y yo, con cartas totalmente distintas.
. . . **preguntó** casi afirmando . . .
Ninguna —**dije** yo orgullosamente—.
Pero el banquero en vez de felicitarme **pareció** entristecerse.
No me diga . . . —**insistió.**
—**contesté**—.
Lo **compré** al contado.
Su expresión se **hizo** más grave.
Tiró el lápiz sobre la mesa en un gesto desconsolado.
Surgieron nombres de gente que podían avalarme.
Se **decidió** el asunto a mi favor, y al entregarme los billetes, **dijo:**

Posibles variaciones para una misma oración

163
*Los Estados
Unidos
vistos por
escritores
hispánicos*

Intentemos ahora dar algunas posibles variaciones para una misma oración:

Hace unos días tuve que elegir entre pasar por Chicago o por Detroit.

Recientemente debí optar por el trayecto que pasa por Chicago o por Detroit.

Hace poco me vi en la necesidad de decidir el itinerario por Chicago o por Detroit.

La semana anterior me vi obligado a determinar el trayecto de mi viaje vía Chicago o vía Detroit.

Se retiró mascullando algo sobre la absurda actitud de esos extranjeros.

Se fue rezongando acerca de los hábitos ridículos de los extranjeros.

Se alejó murmurando sus quejas contra las costumbres extravagantes de los extranjeros.

Se separó de mí quejándose de las reacciones extrañas de los forasteros.

> PRÁCTICA: Modifique en todas las formas que pueda las siguientes oraciones, ya sea cambiando el vocabulario con el uso de palabras sinónimas o análogas, o cambiando el orden de los elementos sintácticos.
> 1. A la madrugada, inició el viaje de regreso a su patria.
> 2. El viajero organizó su gira con paradas en varias ciudades.

TEMAS DE COMENTARIO ORAL O ESCRITO

1. Comente el epígrafe de Rubén Darío. Acerca de este tema puede dar su opinión sobre las relaciones entre los Estados Unidos y Latinoamérica.

2. Comente el poema de García Lorca. ¿Puede dar una explicación acerca de las dificultades que muchos escritores hispánicos tuvieron para adaptarse a la vida en Estados Unidos?

3. Analice la comparación que Marías hace entre el "horario español" y el "horario americano".

4. ¿Cuál es su opinión acerca de la atención médica (hospitales, médicos, farmacéuticos, etc.) en los Estados Unidos? ¿Piensa que Díaz-Plaja está acertado en sus comentarios?

5. ¿Cuál es su opinión acerca del sistema de seguros y de préstamos en los Estados Unidos? ¿Coincide con Díaz-Plaja?

6. Comente el texto de Julián Marías, o el de Díaz-Plaja, en general, o sólo algún fragmento.

7. Escriba una narración de un viaje.

Actividades optativas

1. Solicite a varios de sus compatriotas norteamericanos que al lado del nombre de los países que mencionamos en la lista que sigue escriban las dos primeras ideas o imágenes que relacionen con los mismos. Analice estas respuestas, y trate de sacar algunas conclusiones acerca de la opinión que los norteamericanos tienen de estas naciones hispánicas.

España	México
Argentina	Paraguay
Cuba	Perú
Chile	Uruguay
Guatemala	Venezuela

2. Pida a las mismas personas que indiquen (en inglés) lo que saben acerca de los siguientes temas o personajes, relacionados con el plano de la política entre los Estados Unidos y los países hispánicos:

Doctrina Monroe
Guerra Hispano-Norteamericana (1898)
Fidel Castro
Salvador Allende
Soberanía sobre la zona del Canal de Panamá
Soberanía sobre las 200 millas del litoral oceánico

Transcriba en español estas opiniones o comentarios, y dé sus ideas acerca de los mismos.

3. ¿Ha leído libros de escritores norteamericanos como *Cuentos de la Alhambra* de Washington Irving, *Por quién doblan las campanas* de Ernest Hemingway, o *Cinco familias,* o *Los hijos de Sánchez* de Oscar Lewis, cuya acción transcurre en países hispánicos, o que en alguna forma comentan aspectos de la vida en estos países? Dé su opinión al respecto.

BIBLIOGRAFÍA

Darío, Rubén. "A Roosevelt", "Salutación al águila", en *Obras poéticas completas.* Nueva edición revisada. Madrid: Aguilar, 1941.

Delibes, Miguel. *USA y yo.* Editor Fortuna L. Gordon. New York: The Odyssey Press, 1970.

Díaz-Plaja, Fernando. *Los siete pecados capitales en Estados Unidos.* 7a edición. Madrid: Alianza Editorial, 1971.

Marías, Julián. *Análisis de los Estados Unidos.* Madrid: Ediciones Guadarrama, 1968.

CONJUNCTIONS

Conjunctions are particles that unite or connect syntatic elements: words, phrases or clauses. While there are only a few simple, original conjunctions in Spanish, there are many conjunctive phrases.

Except for the few cases which will be discussed the Spanish conjunctions present no special difficulties. Their meanings and uses are almost the same as those of their English equivalents.

The most common original conjunctions are:

y (e): and	mas: but
ni: nor, neither	sino: but, but rather
o (u): or	que: that
pero: but	si: if, whether

Y is a copulative conjunction; that is, it connects two propositions, each complete in itself. When the word that follows this conjunction begins with i or hi, in order to avoid the concurrence of identical sounds, the y changed to e:

EXAMPLES: Susana e Inés   Madre e hijo
           Lloró e imploró   Cosía e hilaba

The Conjunction *y*

However, y does not change when it precedes words beginning with hie or y:

EXAMPLES: Nieve y hielo   Ella y yo

O is a disjunctive conjunction; that is, it connects two propositions that are alternatives and involve choices. When the word that follows this conjunction begins with o or ho, in order to avoid the concurrence of identical sounds, the o changes to u:

EXAMPLES: Asia u Oceanía   Juan u Horacio
           Recuerdas u olvidas   Admiras u honras

The Conjunction *o*

Pero, mas and sino are adversative conjunctions; that is, they connect propositions which are contrary or antithetical. The three correspond to the English conjunction *but*.

The Conjunctions *pero, mas, sino*

167

Pero and **mas** can be used interchangeably and can be called corrective adversative conjunctions because they express opposition in which one element limits or modifies the other. Even though the propositions limit or modify each other, it is possible for the two situations or characteristics to exist at the same time:

Estoy cansado, pero seguiré trabajando.	I am tired but I will continue working.
Estoy cansado, mas seguiré trabajando.	I am tired but I will continue working.

Joven, pero responsable.	Young but responsible.
Joven, mas responsable.	Young but responsible.

While the elements connected by **pero** and **mas** can co-exist (the subject is tired, the subject works; the subject is young, the subject is responsible), this is not the case with **sino**.

Sino indicates mutually exclusive elements that are in opposition to each other and cannot co-exist.

No estoy cansado sino enfermo.	I am not tired but ill.
No es joven sino viejo.	He is not young but old.

In these examples two situations are presented, one of which invalidates the other—the subject is not tired, the subject is ill; the subject is not young, the subject is old.

Examples of the use of **pero** and **sino**:

Juan no es mi amigo, pero lo ayudaré.	John is not my friend, but I will help him.

(The two situations co-exist: **Juan no es mi amigo; yo ayudaré a Juan.**)

Juan no es mi amigo, sino mi peor enemigo.	John is not my friend, but rather my worst enemy.

(The two situations are mutually exclusive: **Juan no es mi amigo; Juan es mi peor enemigo.**)

No quería rendirse pero no pudo seguir luchando.	He did not want to surrender but he could not continue fighting.

(The two situations co-existed in the past; **No quería rendirse; no pudo seguir luchando.**)

No quería rendirse sino seguir luchando.	He did not want to surrender but to continue fighting.

(Each of the two situations excluded the other in the past: **No quería rendirse; quería seguir luchando.**)

As has been pointed out, **pero** and **mas** can be used interchangeably. In general, pero is more frequently used in every day language. Mas appears more often in literary style, for example, in these verses of Quevedo:

> Serán ceniza, **mas** tendrá sentido;
> polvo serán, **mas** polvo enamorado

The conjunction **que** *(that)* has many uses in both Spanish and English. Even though it is used with great frequency, **que** presents very few problems. For this reason, we will deal with only one very common case in which *that* can be omitted in English, but in Spanish **que** must always be used.

When **que** introduces a subordinate noun clause it is referred to as **que anunciativo,** partly to differentiate it from the **que relativo** of subordinate adjective clauses:

Me prometió que vendría.   He promised me he would come.
Dijo que estudiaría.   He said he would study.

As these two examples demonstrate, in some cases the conjunction *that* can be omitted in English, while in Spanish, **que** must be used.

Additional examples of the use of **que:**

Parece que tú estás triste.   It seems that you are sad.
Es cierto que nadie respondió.   It is true that no one answered.
Juan afirmó que nadie lo vencería.   John asserted that no one would defeat him.
Tú comprendes que la situación es difícil.   You understand that the situation is difficult.
El niño aseguró que no lo había visto.   The child affirmed that he had not seen him.
El abogado sostuvo que el fallo era injusto.   The lawyer maintained that the judgement was unfair.
Nadie supo que ella había muerto.   No one knew that she had died.

Some conjunctions are used in correlative pairs, separated by other words. For example:

ni-ni: *neither-nor*   Ni me lo pidió, ni se lo daré.
o-o: *either-or*   O vienes o te voy a buscar.
ora-ora: *now-now*   Ora trabajan, ora descansan.
ya-ya: *whether-or*   Ya sea cierto, ya sea mentira, lo defenderé.
ya-ya: *sometimes-sometimes*   Ya lo observaba, ya se quedaba indiferente.

Velázquez[1] y Goya[2] fueron, en su respectivo momento, pintores de Cámara del rey de España. Esta circunstancia les dio la posibilidad de observar de cerca al monarca y a su corte, y de apreciar desde una posición privilegiada los acontecimientos principales de la época. Ambos son grandes artistas, y extraordinarios retratistas, de modo que muchos de sus cuadros, al mismo tiempo que reúnen gran valor pictórico, son también un medio eficaz de introducirnos en la atmósfera de estos períodos históricos, y de interpretar la psicología y carácter de los personajes que los animaron.

Los críticos comentan que por una especie de trágica ironía del destino, estos dos colosos de la pintura estuvieron condenados a ser testigos de la decadencia de una dinastía, y a retratar a monarcas débiles y sin grandeza.

Felipe IV[3], de la casa de Habsburgo, reinó desde 1621 hasta su muerte en 1665. Era un príncipe bien dotado por la naturaleza: elegante caballero, jinete admirable, hábil cazador. Pero en cuanto a la administración de sus extensos dominios, si bien se mostró animado de buenas intenciones e interesado en dirigir los negocios del Estado, especialmente en los primeros años de su reinado, pronto se puso en evidencia su abulia para actuar y abandonó las decisiones en manos de sus ministros y privados. Con su hijo, Carlos II, enfermo e incapaz, termina en España el ciclo de los Austrias.

[1]VELÁZQUEZ Ver la Nota 1 en la Unidad *Las meninas.*
[2]FRANCISCO DE GOYA Y LUCIENTES (1746–1828). Nació en Fuendetodos, cerca de Zaragoza, y murió en Burdeos, Francia. Hombre del pueblo, Goya impone a sus obras un toque realista y una preeminencia de lo humano. Sobresale como grabador, con las series de los *Caprichos. Los desastres de la guerra,* y los *Disparates;* como pintor de frescos (en la ermita de San Antonio de la Florida); y con sus óleos en los que ejercita diversos motivos y técnicas que lo convierten para muchos críticos en un precursor directo de las modernas escuelas de pintura. Entre sus cuadros más famosos se pueden mencionar: *El quitasol, La maja desnuda, El 3 de mayo,* varios *Autorretratos, Aquelarre de brujas, La lechera de Burdeos.*
[3]FELIPE IV. Ver la Nota 5 en la Unidad *Las meninas.*

El Rey ha venido en nombrar Pintor de Cámara, con los goces que ha tenido hasta aquí, a D. Francisco Goya . . .
Pasaje de la Real orden de Carlos IV, del 25 de abril de 1789

RETRATOS

11

171

Carlos IV[4], de la casa de Borbón, reinó desde 1788 hasta que abdicó en favor de su hijo Fernando, quien se había rebelado contra él. En este momento (1808), Napoleón, conquistador de Europa, aprovecha la lucha entre padre e hijo para imponer en el trono de España a su hermano, José Bonaparte.

Carlos IV poseía un carácter bondadoso, pero era indolente, y se dejó dominar por su esposa, la reina María Luisa (ver sección en colores) y después por el favorito de ésta, Manuel Godoy.

Estos son los reyes, y los pintores: Felipe IV, Velázquez; Carlos IV, Goya. Veamos ahora los retratos, y las ilustraciones literarias que podemos agregar a ellos.

El cuadro de Felipe IV que ofrecemos (ver sección en colores) figura en el Museo del Prado. Se supone que fue pintado por Velázquez entre 1623 y 1628 de modo que en él el rey está en sus tempranos veinte años.

En *Las meninas,* de 1656, el rey que se refleja en el espejo junto con su segunda esposa, Mariana de Austria, es un hombre de más de cincuenta. Durante todos estos largos años en que Velázquez estuvo al servicio del rey, lo pintó repetidas veces, y no es exagerado decir que a través de sus cuadros el artista dio al monarca la inmortalidad que éste no pudo ganar como soberano.

Este óleo de Velázquez inspiró a Manuel Machado[5] la siguiente poesía:

MUSEO

Felipe IV

pulido: agraciado, pulcro, delicado guardar: preservar, amparar, cuidar	Nadie más cortesano ni pulido° que nuestro Rey Felipe, que Dios guarde°, siempre de negro hasta los pies vestido.
undoso: que forma ondas cobarde: débil, delicado	Es pálida su tez como la tarde, cansado el oro de su pelo undoso° y de sus ojos, el azul, cobarde°.
augusto: majestuoso joyel: joya pequeña	Sobre su augusto° pecho generoso ni joyeles° perturban ni cadenas el negro terciopelo silencioso.
cetro: insignia del poder supremo galán: elegante, gallardo	Y, en vez de cetro° real, sostiene apenas con desmayo galán°, un guante de ante la blanca mano de azuladas venas.

Es curioso notar que el poeta supone que el rey tiene un guante en la mano derecha, cuando lo cierto es que se trata de un papel, quizás un documento o memorial.

En varios retratos del rey, Velázquez pone en manos del monarca estos papeles, tal vez para mostrarlo como un gobernante atento a sus deberes. La

---

[4]CARLOS IV (1748–1819). Monarca débil, se desentendió de los negocios de gobierno para dejarlos en manos de sus ministros (Floridablanca, Aranda, Godoy), y realizó alianzas políticas desastrosas que apresuraron la decadencia de España.

[5]MANUEL MACHADO (1874–1947). Poeta sevillano, puede ubicarse dentro del grupo modernista-parnasiano. Junto con su hermano Antonio escribió también varias piezas teatrales.

confusión de Machado puede deberse a que casi por la misma época Velázquez pintó un retrato del hermano de Felipe IV, *El infante don Carlos.* Los dos cuadros y los dos personajes son muy parecidos en la figura, vestidos, colores, y actitud. El infante sostiene en su mano derecha un guante. Posiblemente, y dado que ambas telas están expuestas en el Museo del Prado, cuando el poeta estaba escribiendo sus versos, y tratando de recordar las líneas del dibujo, su memoria lo traicionó y le hizo trasladar un detalle de la imagen del infante a la del rey.

Pasemos ahora a *La familia de Carlos IV,* de Goya (ver sección en colores) Dado que son muchos los personajes de este cuadro, haremos un gráfico del contorno de las figuras para luego identificarlas:

1. D. CARLOS MARÍA ISIDRO (1788–1855): hijo de Carlos IV. Cuando su hermano Fernando VII muere en 1833 y al abolir la ley sálica que negaba el trono a las mujeres deja como sucesora a su hija Isabel II, D. Carlos reclama sus derechos, y estalla la primera guerra carlista.

2. GOYA: Como Velázquez en *Las meninas,* Goya se retrata aquí pintando un gran lienzo. Sin embargo pueden determinarse grandes diferencias en la manera e intención con que uno y otro artista emplearon este recurso.

3. D. FERNANDO (1784–1833): Príncipe de Asturias o Príncipe heredero en el momento en que se pintó esta tela. Luego Fernando VII, rey de

España desde 1808 hasta 1833. Prisionero de Napoleón inmediatamente después de ascender al trono, estuvo en Francia hasta 1813. A su regreso a España pretendió restablecer la monarquía absoluta. Su política reaccionaria fue nefasta para España: obligó a los hombres de ideas liberales a emigrar de la Península, y confirmó a las colonias hispanoamericanas en sus deseos y derechos de independencia, lo que consumaron durante el reinado de Fernando VII. Este monarca fue de carácter resentido y autoritario, y de figura poco agradable.

4. DOÑA MARÍA JOSEFA: hermana de Carlos IV.
5. Esta figura de perfil puede corresponder a la futura esposa del príncipe Fernando, no decidida aún en el momento de pintarse el cuadro.
6. DOÑA MARÍA ISABEL: hija de los reyes, aunque muchos atribuían la paternidad de María Isabel y de su hermano menor D. Francisco de Paula, al favorito de la reina, Manuel Godoy. Esta niña fue después reina de Nápoles por su casamiento con Francisco I.
7. LA REINA MARÍA LUISA (1751–1819): Mujer autoritaria, y de atractivos vulgares, dominó a su marido, y mostró ligereza de conducta, en especial en relación con el favorito Godoy.
8. DON FRANCISCO DE PAULA (1794–1865): hijo menor de los reyes.
9. CARLOS IV
10. DON ANTONIO PASCUAL (1755–1817): hermano de Carlos IV.
11. DOÑA CARLOTA JOAQUINA (1775–1830): hija de los reyes; reina de Portugal por su casamiento con Juan VI.
12. DON LUIS, PRÍNCIPE DE PARMA: luego rey de Etruria; yerno de los reyes.
13. DOÑA MARÍA LUISA: hija de Carlos IV; casada con D. Luis de Parma, luego reina de Etruria.
14. CARLOS LUIS: hijo de los Príncipes de Parma; nieto de Carlos IV y María Luisa.

Goya pintó este cuadro en 1800. Veamos ahora como Benito Pérez Galdós[6] describe en su novela *La corte de Carlos IV* a algunos de estos personajes. Esta obra de Pérez Galdós forma parte de la Primera serie de los *Episodios nacionales*. La acción transcurre en 1807, o sea siete años después de la escena que pintó Goya. En los fragmentos que transcribiremos desfilan los siguientes personajes: Fernando, Príncipe de Asturias; el rey Carlos IV; Don Carlos María Isidro; Don Francisco de Paula; Don Antonio Pascual; la reina María Luisa.

instruir: formalizar un proceso   El Príncipe de Asturias, a quien se había comenzado a instruir°
sumaria: proceso escrito   sumaria° por el delito de conspiración, volvía de la Cámara real,

[6]BENITO PÉREZ GALDÓS (1843–1920). Figura cumbre de la novelística española del siglo XIX. Autor de los *Episodios nacionales*, extensa serie de novelas históricas que ofrecen un friso total de casi un siglo de vida española. Además, deben mencionarse otras muchas novelas suyas como: *Doña Perfecta, Marianela, Fortunata y Jacinta, Miau, Ángel Guerra, El amigo Manso*. Escribió también obras de teatro como *El abuelo*, y *La loca de la casa*.

donde acababa de prestar declaración. No olvidaré jamás ninguna de las particularidades de aquella triste comitiva°, cuyo desfile°° ante mis asombrados ojos me impresionó vivísimamente aquella noche, quitándome el sueño. Iba delante un señor con grande candelabro en la mano, como alumbrando a todos, aunque tan poca luz servía sólo para hacer brillar los bordados de su casacón° de gentilhombre. Luego seguían algunos guardias españoles; tras ellos un joven en quien al instante reconocí, no sé por qué, al Príncipe heredero. Era un mozo robusto y de temperamento sanguíneo, de rostro poco agradable, pues la espesura° de sus negras cejas y la expresión singular de su boca hendida° y de su excelente nariz le hacían bastante antipático, por lo menos a mis ojos. Iba con la vista fija en el suelo, y su semblante alterado y hostil indicaba el rencor de su alma. A su lado iba un anciano como de sesenta años, en quien al principio no reconocí al Rey Carlos IV, pues yo me había figurado a este personaje como un hombrecito enano y enteco°, siendo lo cierto que, tal como le vi aquella noche, era un señor de mediana estatura, grueso, de rostro pequeño y encendido, sin rasgo alguno en su semblante que mostrase las diferencias fisonómicas establecidas por la Naturaleza entre un Rey de pura sangre y un buen almacenista° de ultramarinos°.

comitiva: acompañamiento, gente que va acompañando a alguno
desfile: marcha en fila

casacón: casaca, saco ceñido al cuerpo, con mangas y faldones

espesura: densidad
hendido: abierto, partido, rajado

enteco: débil, flaco, enfermizo

almacenista: comerciante, dueño de una tienda
ultramarinos: productos traídos de la otra parte del mar, y especialmente de América y Asia

· ·

Pero mi buena estrella, que sin duda me tenía reservado el honor de conocer de una vez a toda la familia Real, hizo que viera aquel mismo día al Infante D. Carlos, segundo hijo de nuestro Rey. Este joven aún no aparentaba veinte años, y me pareció de más agradable presencia que su hermano el Príncipe heredero. Yo le observé atentamente, porque en aquella época me parecía que los individuos de sangre Real habían de tener en sus semblantes algo que indicase la superioridad; pero nada de esto había en el del Infante Don Carlos, que sólo me llamó la atención por sus ojos vivarachos° y su carita de Pascua°. Este personaje varió mucho con la edad en fisonomía y carácter.

vivaracho: vivo, alegre, travieso
cara de Pascua: cara apacible, risueña y placentera

También vi aquella misma tarde en el jardín al Infante D. Francisco de Paula, niño de pocos años, que jugaba de aquí para allí, acompañado de mi Amaranta y de otras damas; y por cierto que el Infante, saltando y brincando con su traje de mameluco° completamente encarnado, me hacía reír, faltando con esto a la gravedad que es indispensable cuando se pone el pie en parajes hollados° por la regia familia.

mameluco: vestido enterizo para niños

hollar: pisar

Antes de bajar al jardín, habían llamado mi atención unos recios golpes de martillo que sentí en las habitaciones inferiores; después sucedieron a los golpes unos delicados sones de zampoña°, con tal arte tañida°, que parecían haberse trasladado al Real Sitio° todos los pastores de la Arcadia. Habiendo preguntado, me contestaron

zampoña: instrumento musical, a modo de flauta
tañer: tocar un instrumento musical
Real Sitio: Palacio

ocio: descanso, inacción, diversión u
ocupación reposada, obras de ingenio
formadas en los ratos que dejan
libres otras tareas

huerta: campo donde se cultivan
verduras y árboles frutales
jerónimo: religioso de la orden de
San Jerónimo
bonachón: dócil, amable
cortesanía: atención, urbanidad,
agrado

tregua: descanso, intermisión
zozobra: inquietud, aflicción,
congoja

choza: cabaña, vivienda rústica
arrebolado: de color rojo

naufragio: hundimiento
incólume: sano, sin lesión o
menoscabo

que aquellos distintos ruidos salían del taller del Infante D. Antonio Pascual, quien acostumbraba matar los ocios° de la vida alternando los entretenimientos del oficio de carpintero o de encuadernador con el cultivo del arte de la zampoña. Yo me admiré de que un Príncipe trabajase, y me dijeron que el D. Antonio Pascual, hermano menor de Carlos IV, era el más laborioso de los Infantes de España, después del difunto D. Gabriel, celebrado como gran humanista y muy devoto de las artes. Cuando el ilustre carpintero y zampoñista dejó el taller para dar su paseo ordinario por la huerta° del Prior, en compañía de los buenos Padres jerónimos° que iban a buscarle todas las tardes, pude contemplarle a mis anchas, y en verdad digo que jamás vi fisonomía tan bonachona°. Tenía costumbre de saludar con tanta solemnidad como cortesanía° a cuantas personas le salían al paso, y yo tuve la alta honra de merecerle una bondadosa mirada y un movimiento de cabeza que me llenaron de orgullo.

Todos saben que D. Antonio Pascual, que después se hizo célebre por su famosa despedida del valle de Josafat, parecía la bondad en persona. Confieso que entonces aquel Príncipe casi anciano, cuya fisonomía se habría confundido con la de cualquier sacristán de parroquia, era, entre todos los individuos de la regia familia, el que me parecía de mejor carácter. Más tarde conocí cuánto me había equivocado al juzgarle como el más benévolo de los hombres.

. . . .

La dama dio tregua° por un momento a su zozobra°° para pensar en mi descortesía. Pareció muy asombrada de oír tal lenguaje, y se levantó para tirar de la campanilla. En aquel momento me fijé por primera vez atentamente en ella, y pude observar que era, poco más o menos, de este modo:

Edad que pudiera fijarse en el primer período de la vejez, aunque tan bien disimulada por los artificios del tocador, que se confundía con la juventud, con aquella juventud que se desvanece en las últimas etapas de los cuarenta y ocho años; estatura mediana, cuerpo esbelto y airoso, realzado por esa suavidad y ligereza de andar que, si alguna vez se observan en las chozas°, son por lo regular cualidades propias de los palacios. Su rostro, bastante arrebolado°, no era muy interesante, pues aunque tenía los ojos hermosos y negros, con extraordinaria viveza y animación, la boca lo afeaba bastante, por ser de éstas que con la edad se hienden, acercando la nariz a la barba. Los finísimos, blancos y correctos dientes no conseguían embellecer una boca que fue airosa, si no bella, veinte años antes.

Las manos y brazos, por lo que de éstos se descubría, advertí que eran a su edad las mejores joyas de su persona y las únicas prendas que del naufragio° de una regular hermosura habían salido incólumes°. Nada notable observé en su traje, que no era rico, aunque sí elegante y propio del lugar y de la hora.

Núcleos de vocabulario

(The *Núcleos de vocabulario* in *Las meninas* and *Toledo* are related to this Unit as well)

PALABRAS ANÁLOGAS O SINÓNIMAS

el retrato portrait
la efigie effigy
la imagen image
la representación figure, representation, image
la silueta silhouette, figure
la figura figure

el aspecto aspect, look
el porte disposition (of a person)
la traza aspect, look
la apariencia appearance
la facha appearance, look
el empaque appearance, look

bello beautiful
hermoso beautiful
lindo pretty
agraciado graceful
precioso beautiful
bonito pretty
guapo handsome

feo ugly
horrible horrible
horroroso horrible
atroz atrocious
espantoso frightful
monstruoso monstrous
repulsivo repulsive
grotesco grotesque
disforme deformed, ugly

admirable admirable
magnífico magnificent
maravilloso wonderful, marvellous
soberbio superb
excelente excellent
imponente imposing
estupendo stupendous
fascinador fascinating
prodigioso prodigious
asombroso astonishing, wonderful
extraordinario extraordinary
portentoso prodigious
sorprendente surprising

PALABRAS AFINES

el retrato portrait
el autorretrato self-portrait
el busto bust
el perfil profile
  de cuerpo entero full-length (picture)
  de medio cuerpo half-length (picture)

la cara face
el rostro face
la faz face
el semblante countenance
el gesto facial expression
el visaje facial expression
la mueca ridiculous facial expression
el continente countenance
el ceño frown
la fisonomía physiognomy

las facciones features
la tez complexion
la piel skin
los rasgos features
las facciones features
la frente forehead
la sien temple
la ceja eyebrow
el entrecejo space between eyebrows
el ojo eye
el iris iris
la pupila pupil
el párpado eyelid
la pestaña eyelash
la nariz nose
la mejilla cheek

la **boca** mouth
el **labio** lip
el **bigote** moustache
el **mentón** chin
la **barbilla** point of the chin
la **barba** beard, chin
la **oreja** ear
el **lóbulo** lobe of the ear, lobule

la **forma** form
  deforme deformed
  amorfo amorphous
  alto tall

bajo short
grueso corpulent, fat
delgado thin
corpulento corpulent
gordo fat
flaco thin
ancho broad, wide
estrecho narrow
recto straight
curvo curved
redondo round
angular angular
plano plane, level, flat

Algunos verbos relacionados con el tema

retratar to portray
El pintor **retrató** a los soberanos.

copiar to copy
Ese artista no **copia** a la Naturaleza.

modelar to model
El escultor **modeló** primero la arcilla.

desfigurar to disfigure
El dolor **desfiguraba** su rostro.

demudarse to be changed, to change facial expression suddenly
Se le **demudó** el semblante.

ruborizarse to blush
Te **ruborizaste** frente a él.

palidecer to pale, to turn pale
Los niños **habían palidecido**.

aparecer to appear
Apareció ante el público lleno de turbación.

impresionar to impress, to make an impression on
Su figura me **impresionó** vivamente.

reconocer to recognize
Reconoció al príncipe heredero.

indicar to indicate
Su semblante alterado **indicaba** el rencor de su alma.

mostrar to show
Las facciones del rey no **mostraban** diferencias con las de un buen comerciante.

aparentar to pretend, to feign
Aparentaba calma.

parecer to seem
El joven me **pareció** agradable.

parecerse to look like
El niño **se parece** a su madre.

variar to vary, to change
Ese hombre **varió** completamente.

admirar to admire
Tú **admirabas** al príncipe.

admirarse to wonder, to be amazed
Yo **me admiré** de que un príncipe trabajase.

confundir to confound, to confuse
Lo **confundió** con un sacristán.

desvanecer to disintegrate, to cause to vanish
Desvaneció sus dudas.

desvanecerse to vanish, to disappear
La juventud **se desvanece**.

FORMA DE COMPOSICIÓN: RETRATO
VARIACIONES DE EXPRESIÓN

Para el retrato valen los principios generales de la descripción que enunciamos en la Unidad IX, *Toledo*. Repasándolos rápidamente, podemos anotar:

Observación y punto de vista

Aquí es importante la relación de ubicación entre el que retrata (pintor, escritor, observador) y el que es retratado (personaje). También se debe atender al ambiente y los objetos que rodean a la figura retratada, y en el caso de un retrato en grupo, como los de *La familia de Carlos IV*, a los otros personajes o el conjunto que ellos forman.

Por ejemplo Pérez Galdós presenta al Príncipe de Asturias y al rey Carlos IV como parte de una comitiva integrada por caballeros y guardias. Es decir que la descripción de los personajes reales se hace como integrantes de un grupo, y en parte sobre la base de la relación entre ellos.

Descripción objetiva y descripción subjetiva

El retrato objetivo o fotográfico supone la descripción más completa y exacta que podamos lograr. Pero a veces puede interesarnos destacar un detalle o rasgo del personaje. Así cuando Goya o Pérez Galdós retratan a la reina María Luisa dando especial importancia a la belleza de los brazos y manos. Además es fundamental en un retrato las relaciones que pueden establecerse entre los rasgos físicos que observamos objetivamente, y los rasgos de carácter moral que a veces delatan los primeros.

Dice Pérez Galdós al describir al príncipe Fernando que "su semblante alterado y hosco indicaba el rencor de su alma".

Percepciones sensoriales

Fundamentalmente actúan en el retrato las percepciones visuales y cromáticas. Por ejemplo, el poema de Machado insiste en los colores oscuros y austeros:

> vestido de **negro**, tez **pálida**, pelo de **oro cansado**, terciopelo **negro**, ojos de **azul cobarde**, mano **blanca**, venas **azuladas**

Comparaciones y metáforas

Como síntesis final del retrato de Carlos IV, Pérez Galdós lo compara con "un buen almacenista de ultramarinos". Al hermano del rey, D. Antonio Pascual lo ve como un "sacristán de parroquia". Es decir que con estas comparaciones saca a ambos del nivel de la nobleza para igualarlos con simples personajes del pueblo.

Con respecto a las metáforas literarias para describir rasgos físicos, son de una riqueza extraordinaria como puede apreciarse en la lectura de distintos textos.

Tiempos verbales

Como explicamos en la Unidad IX, los tiempos más usados para la descripción son el Presente y el Pretérito Imperfecto.

En su poema, Machado usa el Presente. Pérez Galdós describe a los personajes por medio del Pretérito Imperfecto.

Variaciones léxicas

Tomando como base un párrafo del texto de Pérez Galdós, y con el auxilio de los grupos de vocabulario, practiquemos variaciones de expresión:

> **El Príncipe de Asturias era un mozo robusto, de rostro poco agradable, pues la espesura de sus negras cejas y la expresión singular de su boca hendida y de su excelente nariz le hacían bastante antipático.**

El Príncipe de Asturias	era	un mozo robusto,
El heredero del trono	aparecía como	un joven corpulento
El Infante Fernando	impresionaba como	un muchacho grueso

de rostro poco agradable,	**pues la espesura de sus negras cejas**
de facciones desagradables	porque sus cejas oscuras
de semblante disforme	pues las cejas anchas y pobladas

y la expresión singular de su boca hendida y de su excelente nariz

y los rasgos especiales de su boca cortada y de su larga nariz

y la mueca de su boca y de su nariz prominente

le hacían bastante antipático.

lo mostraban muy desagradable

lo hacían aparecer un poco repulsivo

PRÁCTICA: Modifique en todas las formas que pueda las siguientes oraciones, ya sea cambiando el vocabulario con el uso de palabras sinónimas o análogas, o cambiando el orden de los elementos sintácticos.

1. En ese retrato el rey tiene un porte agraciado, y su rostro muestra un expresión serena.
2. "En aquella época me parecía que los individuos de sangre Real habían de tener en sus semblantes algo que indicase la superioridad".

TEMAS DE COMENTARIO ORAL O ESCRITO

1. Compare *Las meninas* de Velázquez (cuadro de la corte de Felipe IV) con *La familia de Carlos IV* de Goya.

2. Compare el autorretrato de Velázquez en *Las meninas,* con el autorretrato de Goya en *La familia de Carlos IV.*

3. Observe y describa a los personajes de *La familia de Carlos IV.* Puede estudiarlos en su totalidad, limitarse a un grupo, o a un solo personaje.

4. Compare el retrato de Sor Juana Inés de la Cruz con el soneto "A su retrato" de la citada autora (Unidad VII. *El ritmo poético*).

5. Comente el poema "Museo. *Felipe IV*" de Manuel Machado, en relación con el *Retrato de Felipe IV* de Velázquez.

6. Comente los pasajes de *La corte de Carlos IV* de Pérez Galdós. Puede compararlos con el cuadro de Goya.

7. Escriba su autorretrato.

Actividades optativas

1. Vaya a un museo de su localidad y busque un retrato o autorretrato. (Puede tratar de conseguir alguno de los autorretratos de Goya o de Rembrandt, si no existen en el museo, en algún libro de arte). Prepare un comentario oral o escrito indicando quién es el artista, qué obra escogió, y cuál es su impresión acerca de la misma.

2. En el artículo sobre *Goya y Lucientes (Francisco José)* de la *Enciclopedia Universal Ilustrada Europeo-Americana Espasa-Calpe,* lea en la Parte III, "El arte

de Goya". Prepare un comentario general sobre esta lectura, o sobre algún párrafo que le interese en especial.

3. Lea el siguiente poema que aparece en el libro *Apolo* (1911) de Manuel Machado. Trate de conseguir en un libro de arte una reproducción del cuadro de Goya que da motivo a la poesía. Haga un comentario de ambas obras de arte (el cuadro de Goya, y el poema de Machado).

GOYA
La reina María Luisa

Al contemplar la juventud forzada
de este cuerpo flexible, y aun ligero,
la inclinación garbosa del sombrero,
y el fuego inextinguido en la mirada . . .

Aun es gallarda la apostura, aun tiene
gentil empaque la real persona
de esta arrogante vieja, esta amazona,
mejor montada de lo que conviene.

Y en vano esta cabeza, un poco loca,
pierde el cabello, y súmese esta boca,
y de estos ojos el mirar se empaña . . .

Con su uniforme-rojo y negro- ella,
siempre será la suspirada y bella
María Luisa de Borbón, de España.

BIBLIOGRAFÍA

Díaz-Plaja, Guillermo. *Cuestión de límites. Cuatro ejemplos de estéticas fronterizas* (Cervantes, Velázquez, Goya, El cine). Madrid: Revista de Occidente, 1963.

Enciclopedia Universal Ilustrada Europeo-Americana. Madrid: Espasa-Calpe, S.A. Ver artículos sobre Felipe IV, Carlos IV, y Fernando VII.

Gómez de la Serna, Ramón. *Goya,* en *Obras Completas.* Tomo I. Barcelona: Editorial AHR, 1956.

Hinterhäuser, Hans. *Los "Episodios nacionales" de Benito Pérez Galdós.* Madrid: Gredos, 1963.

Justi, Carl. *Velázquez y su siglo.* Madrid: Espasa-Calpe, S.A., 1953.

Goya, La gallina ciega, óleo. *Cortesía del Ministerio de Información y Turismo, Madrid, España.*

Representación del Don Juan Tenorio de Zorrilla con
decorados de Salvador Dalí. *Cortesía del Departamento de
Información, Embajada de España, Washington, D.C.*

La etimología de las palabras *teatro* y *drama* nos aclara el sentido fundamental de esta actividad. Ambas provienen del griego. *Drama,* de la raíz que significa "hacer", "obrar", "ejecutar", o sea que insiste en la <u>acción</u>.

Teatro deriva de "contemplar", "mirar", "ver", o sea que se refiere a la <u>observación</u>.

Con ellas tenemos establecidos dos de los entes sobre los que se apoya la actividad teatral: el actor y el espectador. El tercero es el autor.

A diferencia de los otros géneros literarios que se desarrollan sobre la base de una relación binaria: autor-lector (u oyente), el teatro pone en juego una tercera parte: el actor.

Tal como lo entendemos hoy en Occidente, el teatro nació en Grecia, unido a ceremonias religiosas. En el culto del dios Dioniso se pasó del recitado y canto de canciones improvisadas a entonar himnos corales con acción mímica; luego se introdujo un diálogo incipiente, los temas salieron de los límites del relato de las aventuras del dios, y por fin se cumplió el agregado de los actores (tres en la tragedia griega clásica).

Después del intervalo impuesto por las invasiones de los bárbaros, el teatro renace en la Edad Media, también unido al culto. Los clérigos cristianos, lo mismo que los sacerdotes griegos, comprueban que el pueblo interpreta mejor las historias religiosas si se le ofrecen aquellos hechos a través de una representación. Así, en los atrios de las iglesias, se dramatizan escenas de la vida de Cristo, en especial las del Nacimiento y la Pasión.

A continuación transcribiremos dos textos relacionados con el teatro en España.

El primero está formado por breves fragmentos de *Orígenes del teatro español* de Leandro Fernández de Moratín.[1]

En estos párrafos, Moratín se refiere especialmente al aspecto material de los teatros entre los siglos XVI y XVIII.

El teatro es una escuela de llanto y de risa y una tribuna libre donde los hombres pueden poner en evidencia morales viejas o equívocas y explicar con ejemplos vivos normas eternas del corazón y del sentimiento del hombre.
Federico García Lorca

EL TEATRO

12

---

[1]LEANDRO FERNÁNDEZ DE MORATÍN (1760–1828). Poeta y comediógrafo. Nació en Madrid y murió en París. Espíritu fino, representa la corriente neoclásica y, a pesar de las limitaciones academicistas de esta escuela, logra obras excelentes como *La comedia nueva o El café,* y *El sí de las niñas.*

corral: patio o teatro donde se representaban las comedias

acogimiento: acogida, recibimiento, aceptación
caudal: cantidad, abundancia
arrendar: alquilar
concurso: grupo o cantidad de gente

aposento: palco, pieza pequeña

hilera: formación en línea de un número de personas o cosas

toldo: lienzo que se extiende sobre un sitio para darle sombra

indiana: tela de algodón pintada por un solo lado
damasco: tela fuerte de seda o lana, con dibujos formados con el tejido
comedia de capa y espada: en el teatro español del siglo XVII, la de costumbres caballerescas de aquel tiempo

Hecho ya el teatro necesidad del pueblo, y multiplicándose por todas partes las compañías cómicas, llegaron a establecerse en la corte, ocupando los dos corrales° de la Cruz y el Príncipe, construído el primero en el año de 1579, y el segundo en el de 1582.

. . . .

Las compañías cómicas se detenían en Madrid y en las demás poblaciones considerables, según el acogimiento° que les hacían y el caudal° de piezas que llevaban. Arrendaban° para esto algunos patios o corrales, y en ellos armaban sus tablados y disponían los asientos para el concurso°. El nombre de patio y corral llegó a ser sinónimo de teatro.

. . . .

Eran los teatros unos grandes corrales a cielo abierto con tres corredores alrededor, divididos con tablas en corta distancia que formaban los aposentos°; uno muy grande y de mucho fondo enfrente de la escena, en el cual se acomodaban las mujeres; debajo de los corredores había unas gradas; en el piso del corral hileras° de bancos, y detrás de ellos un espacio considerable para los que veían la función de pie, que eran los que propiamente se llamaban mosqueteros.[2] Cuando empezaba a llover, corrían en la parte alta un gran toldo°; si continuaba la lluvia, los espectadores procuraban acogerse en la parte de las gradas debajo de los corredores; pero si el concurso era grande, mucha parte de él tenía que salirse, o tal vez se acababa el espectáculo antes de tiempo. La escena se componía de cortinas de indiana° o de damascos° antiguos; única decoración de las comedias de capa y espada° (. . .) En las comedias que llamaban de teatro ponían bastidores, bambalinas y telones pintados según la pieza lo requería, y entonces se pagaba más a la puerta. Como la comedia se empezaba a las tres de la tarde en invierno, y a las cuatro en verano, ni había iluminación ni se necesitaba.

Seguidamente, el Prólogo de *Los intereses creados,* de Jacinto Benavente[3]. Esta obra está considerada como una de las mejores del autor. Éste la presenta como una antigua farsa cuyos personajes son títeres estereotipados.

Los protagonistas, Leandro y Crispín, amo y criado, representan respectivamente la posición idealista soñadora, y el sentido práctico picaresco.

Benavente opina que en cada ser humano coexisten estas dos actitudes, y que los Crispines son los que organizan y mueven los hilos de los intereses que comprometen a todos.

Al iniciar la obra con este Prólogo, Benavente sigue una costumbre del teatro antiguo en el que se habituaba comenzar la representación con el recitado

----

[2]MOSQUETEROS: En los antiguos corrales de comedias, el que las veía de pie desde la parte posterior del patio.

[3]JACINTO BENAVENTE (1866–1954). El más famoso dramaturgo español contemporáneo. Nació y murió en Madrid. Ganador del Premio Nobel en 1922. Su teatro se caracteriza por el uso de un diálogo brillante, un ingenio fino, y una sátira aguda habitualmente dirigida contra costumbres y tipos sociales. Algunas de sus obras más importantes son: *Los intereses creados, La malquerida, Señora ama, La noche del sábado, Lo cursi.*

de un discurso que servía para explicar el argumento de la pieza dramática, para disculpar al poeta de censuras contra él dirigidas, para solicitar indulgencia, o para otros fines análogos.

En el teatro español de los Siglos de Oro esta costumbre se convertía a veces en una necesidad. Ocurría entonces que el público que asistía a los teatros era, en general, muy exigente en cuanto a la calidad, variedad, y diligencia puestas en el espectáculo. Con frecuencia los asistentes expresaban su impaciencia e inquietud de manera ruidosa, podían interrumpir la representación si ésta no les satisfacía, y hasta llegar al extremo de impedir que la misma comenzara, si los ánimos estaban muy agitados. Por ello muchos autores se valían del Prólogo para lograr una mejor y más segura aceptación por parte de los espectadores. En éste, Benavente explica que la farsa a representar es la misma que desde muy antiguo se presentó en los pueblos y en las ciudades, en los palacios frente a los grandes señores, y en las plazas humildes para los pobres; la misma que atrajo a los más sabios, y a los más simples, la que fue y es entretenimiento para gente de toda condición. Alude a los grandes dramaturgos como Lope de Rueda, Shakespeare, y Molière que elevaron la farsa al más alto nivel artístico. Por fin indica que esta será una farsa sencilla, cuyos personajes son títeres o muñecos movidos con hilos, y que sólo pretende divertir a través de su ingenua·simplicidad.

PRÓLOGO

Telón corto en primer término, con puerta al foro, y.en ésta un tapiz. Recitado por el personaje Crispín

He aquí el tinglado° de la antigua farsa, la que alivió en posadas°° aldeanas el cansancio de los trajinantes°, la que embobó°° en las plazas de humildes lugares a los simples villanos°, la que juntó en ciudades populosas a los más variados concursos, como en París sobre el Puente Nuevo[4], cuando Tabarín[5] desde su tablado de feria° solicitaba la atención de todo transeúnte°, desde el espetado°° doctor que detiene un momento su docta cabalgadura para desarrugar por un instante la frente, siempre cargada de graves pensamientos, al escuchar algún donaire° de la alegre farsa, hasta el pícaro°° hampón°°°, que allí divierte sus ocios horas y horas, engañando al hambre con la risa; y el prelado y la dama de calidad y el gran señor desde sus carrozas°, como la moza alegre y el soldado y el mercader y el estudiante. Gente de toda condición, que en ningún otro lugar se hubiera reunido, comunicábase allí su regocijo, que muchas veces, más que de la farsa, reía el grave de ver reír al risueño, y el sabio al bobo°, y los pobretes de ver reír a los grandes señores, ceñudos° de ordinario, y los grandes de ver reír a los pobretes, tranquilizada su conciencia con pensar: ¡también los pobres ríen! Que nada prende° tan

tinglado: tablado
posada: hostería, hospedería, casa de huéspedes, mesón, fonda
trajinante: caminante, viajero
embobar: entretener, asombrar, atontar, embelesar
villano: vecino de una villa, rústico
feria: mercado, exposición comercial
transeúnte: pasajero, caminante
espetado: estirado, tieso, grave
donaire: dicho gracioso y agudo
pícaro: astuto, travieso, descarado, desvergonzado
hampón: valentón, bravo, bribón, haragán
carroza: coche grande y lujoso

bobo: tonto, necio, torpe
ceñudo: enojado, enfadado

prender: hacer presa una cosa de otra

[4]PUENTE NUEVO: uno de los puentes más antiguos de París, fue durante mucho tiempo el lugar preferido por el pueblo que concurría a las numerosas tiendas que lo circundaban, y a las representaciones teatrales que allí se presentaban.

[5]TABARÍN (1584–1626). Famoso actor de farsas francés, su verdadero nombre era Antoine Girard.

humorada: dicho o hecho festivo, caprichoso o extravagante

ejecutoria: acción que ennoblece
hada: ser fantástico que se representaba como una mujer con poderes mágicos
Cenicienta: protagonista del cuento de hadas de Perrault
estirpe: raíz y tronco de una familia o linaje

chochear: debilitarse las facultades mentales por efecto de la edad
polichinela: títere, personaje burlesco de farsas

pronto de unas almas en otras como esta simpatía de la risa. Alguna vez, también subió la farsa a palacios de príncipes, altísimos señores, por humorada° de sus dueños, y no fue allí menos libre y despreocupada. Fue de todos y para todos. Del pueblo recogió burlas y malicias y dichos sentenciosos, de esa filosofía del pueblo, que siempre sufre, dulcificada por aquella resignación de los humildes de entonces, que no lo esperaban todo de este mundo, y por eso sabían reírse del mundo sin odio y sin amargura. Ilustró después su plebeyo origen con noble ejecutoria°: Lope de Rueda[6], Shakespeare[7], Molière[8], como enamorados príncipes de cuento de hadas°, elevaron a Cenicienta° al más alto trono de la Poesía y del Arte. No presume de tan gloriosa estirpe° esta farsa, que por curiosidad de su espíritu inquieto os presenta un poeta de ahora. Es una farsa guiñolesca[9], de asunto disparatado, sin realidad alguna. Pronto veréis cómo cuanto en ella sucede no pudo suceder nunca, que sus personajes no son ni semejan hombres y mujeres, sino muñecos o fantoches de cartón y trapo, con groseros hilos, visibles a poca luz y al más corto de vista. Son las mismas grotescas máscaras de aquella comedia de Arte italiano[10], no tan regocijadas como solían, porque han meditado mucho en tanto tiempo. Bien conoce el autor que tan primitivo espectáculo no es el más digno de un culto auditorio de estos tiempos; así, de vuestra cultura tanto como de vuestra bondad se ampara. El autor sólo pide que aniñéis cuanto sea posible vuestro espíritu. El mundo está ya viejo y chochea°; el Arte no se resigna a envejecer, y por parecer niño finge balbuceos . . . Y he aquí cómo estos viejos polichinelas° pretenden hoy divertiros con sus niñerías.

Núcleos de vocabulario

PALABRAS ANÁLOGAS O SINÓNIMAS

el **teatro**   theatre, playhouse
el **coliseo**   theatre, coliseum
la **sala**   large room, playhouse

el **corral**   ancient playhouse
el **drama**   drama, play
la **pieza**   play

[6]LOPE DE RUEDA (1510–1565). Autor que representa la corriente del teatro breve popular, y también la de la comedia italianizante. Entre sus obras más recordadas puede citarse el paso de *Las aceitunas.*

[7]SHAKESPEARE (1564–1616). El más notable poeta dramático inglés.

[8]MOLIÈRE (1622–1673). Gran comediógrafo francés, su nombre real era Jean Baptiste Poquelin. Entre sus obras principales figuran *Las Preciosas ridículas, Tartufo, Don Juan, El Misántropo, El Avaro, El burgués gentilhombre, El enfermo imaginario.*

[9]GUIÑOLESCA: de *guiñol,* representación teatral por medio de títeres movidos con los dedos.

[10]COMEDIA DE ARTE ITALIANO. La *Commedia dell'arte* fue un tipo de representación que surgió en Italia en el siglo XVI, y se difundió inmediatamente por otros países de Europa. Se caracterizaba por la existencia de personajes fijos como Arlequín, Pantalón, Colombina, el Capitán; y por no poseer un texto establecido. El juego escénico se basaba en gran parte en la habilidad de los actores para improvisar.

la *obra* performance
la *representación* performance, production

el *argumento* plot, argument
el *asunto* subject
la *trama* plot
el *enredo* plot

el *actor*, la *actriz* actor, player; actress
el *comediante* player, actor, comedian
el *cómico* player, actor
el *trágico* tragedian

el *histrión* actor, player
el *mimo* buffoon, mime

la butaca seat in a theatre
la luneta seat in a theatre
el asiento seat
la localidad seat in a theatre

la entrada admission, ticket
el billete ticket
el boleto ticket
la localidad ticket

PALABRAS AFINES
la *comedia* comedy
la *tragedia* tragedy
la *tragicomedia* tragicomedy
el *melodrama* melodrama
el *entremés* one-act farce, playlet
el *sainete* a kind of farce or short dramatic composition
el *auto* allegorical or religious play
la *loa* prologue of a play; short dramatic panegyric
la *farsa* farce
el *paso* short dramatic composition

el *prólogo* prologue
el *acto* act
la *jornada* act
el *cuadro* a division of an act of a play
la *escena* scene
el *entreacto* intermission
el *intermedio* intermission, interlude
el *intervalo* interval
el *desenlace* conclusion
el *epílogo* epilogue

la *compañía* company
el *elenco* cast
la *farándula* strolling troupe of players
el *empresario* manager of a theatre
el *director* director
el *apuntador* prompter

el *acomodador* usher in a theatre
el *tramoyista* stage machinist
el *escenógrafo* scenery designer
el *coreógrafo* choreographer
el *taquillero* clerk in a ticket office
el *espectador* spectator

el *escenario* stage
el *tablado* stage boards
el *tinglado* temporary board floor
el *proscenio* proscenium
las *candilejas* footlights of a theatre
la *embocadura* proscenium arch
el *foro* back, in stage scenery
el *telón* curtain
el *bastidor* wing of stage scenery
la *bambalina* fly in theatrical scenery
la *platea* orchestra
el *palco* box
el *camarín* dressing room
la *taquilla* ticket office

la *función:* show
la *gira* tour

el *personaje* character
el *protagonista* protagonist
el *héroe*, la *heroína* hero, heroine
el *papel* role

Algunos verbos relacionados con el tema

representar   to perform, to act
Van a **representar** la obra de Lope de Vega.

dramatizar   to dramatize
Dramatizaron la popular novela.

poner en escena   to put on a show, to play
Pondrán en escena *Los intereses creados.*

reponer   to replay
Repusieron el éxito de hace dos años.

ensayar   to rehearse
Los actores **ensayaron** toda la mañana.

interpretar   to interpret
El protagonista **interpretó** perfectamente el sentido de la obra.

escenificar   to stage
Escenificó la famosa obra de Cervantes.

apuntar   to prompt
A ese actor era necesario **apuntarle** cada frase.

actuar   to act
Actuó como protagonista con gran seguridad.

dirigir   to direct
Dirigirá a un famoso elenco.

concurrir   to attend
Concurriremos a la próxima función.

asistir   to attend
Asistió a la representación de la comedia.

presenciar   to attend, to see
Pudimos **presenciar** el final del primer acto.

acomodar   to put in a convenient place, to accommodate
Nos **acomodó** en unas butacas alejadas.

decorar   to decorate
Decoraste el escenario con habilidad.

anunciar   to announce
Anunciaron el programa del día siguiente.

participar   to participate, to take part in
Participaron en varias representaciones escolares.

organizar   to organize
El empresario **organizó** la gira.

divertir   to amuse
Los cómicos **divierten** al público.

entretener   to entertain
Ese actor sabe **entretener** a los niños.

FORMA DE COMPOSICIÓN: DIÁLOGO
VARIACIONES DE EXPRESIÓN

Seguidamente damos parte del diálogo sostenido entre Leandro y Crispín en el comienzo de *Los intereses creados.* La vivacidad del mismo radica en especial en las diferencias de temperamento, carácter, y opiniones que existen entre los dos personajes.

ACTO PRIMERO

CUADRO PRIMERO

Plaza de una ciudad. A la derecha, en primer término, fachada° de una hostería°° con puerta practicable y en ella un aldabón°. Encima de la puerta un letrero que diga: "Hostería"

fachada: parte exterior de un edificio
hostería: mesón, fonda, hospedaje, posada
aldabón: llamador de hierro o bronce que se pone en las puertas

ESCENA PRIMERA

LEANDRO Y CRISPÍN, QUE SALEN POR LA SEGUNDA IZQUIERDA.

LEANDRO

—Gran ciudad ha de ser ésta, Crispín; en todo se advierte su señorío° y riqueza.

señorío: dignidad, distinción

CRISPÍN

—Dos ciudades hay. ¡Quiera el Cielo que en la mejor hayamos dado!

LEANDRO

—¿Dos ciudades dices, Crispín? Ya entiendo, antigua y nueva, una de cada parte del río.

CRISPÍN

—¿Qué importa el río ni la vejez ni la novedad? Digo dos ciudades como en toda ciudad del mundo: una para el que llega con dinero, y otra para el que llega como nosotros.

LEANDRO

—¡Harto° es haber llegado sin tropezar con la Justicia! Y bien quisiera detenerme aquí algún tiempo, que ya me cansa tanto correr tierras.

harto: bastante, sobrado

CRISPÍN

—A mí no, que es condición de los naturales, como yo, del libre reino de Picardía, no hacer asiento° en parte alguna, si no es forzado y en galeras°, que es

hacer asiento: establecerse
galeras: pena de servir remando en las galeras (barcos) reales

duro asiento. Pero ya que sobre esta ciudad caímos y es plaza fuerte a lo que se descubre, tracemos como prudentes capitanes nuestro plan de batalla si hemos de conquistarla con provecho.

LEANDRO

pertrechar: abastecer, proveer

—¡Mal pertrechado° ejército venimos!

CRISPÍN

—Hombres somos, y con hombres hemos de vernos.

LEANDRO

caudal: bienes, hacienda, dinero

—Por todo caudal°, nuestra persona. No quisiste que nos desprendiéramos de estos vestidos, que, malvendiéndolos, hubiéramos podido juntar algún dinero.

CRISPÍN

parecer: dejarse ver

—¡Antes me desprendiera yo de la piel que de un buen vestido! Que nada importa tanto como parecer°, según va el mundo, y el vestido es lo que antes parece.

Notamos que este es un diálogo dramático, es decir que el autor no interviene directamente con explicaciones u opiniones dichas en calidad de tal, sino que toda la acción se expresa por boca de los personajes.

En la Unidad III *Autor-personaje-lector* transcribimos la **narración** de un diálogo, en la que el autor (Unamuno) intervenía como intermediario para contarnos el diálogo, dentro del relato general.

Aunque no es fácil emular a Benavente en su brillante manejo de este recurso, probemos variar o decir con distintas palabras lo que aquí expresan Leandro y Crispín:

LEANDRO

—Esta tiene que ser una ciudad importante, Crispín. Todo muestra su grandeza.

CRISPÍN

—Siempre existen dos clases de ciudades. ¡Ojalá hayamos llegado a la conveniente!

LEANDRO

—¿Hablas de dos ciudades? Ya comprendo. Te refieres a una vieja y una nueva, una a cada lado del río.

CRISPÍN

—¿Qué importancia tiene el río, ni la vejez, ni lo nuevo? Hablo de dos ciudades como existen en cualquier ciudad del globo: una para el que tiene dinero, y otra para el que nada posee.

LEANDRO

—¡Por lo menos hemos arribado sin encontrar problemas con la justicia! Desearía detenerme en ella por algunos días porque estoy cansado de errar constantemente.

CRISPÍN

—Yo no estoy cansado puesto que mi naturaleza de pícaro no acostumbra asentarse en ningún sitio, salvo que sea condenado a la pena de galeras. Dado que hemos caído en esta villa que parece importante, organicemos nuestro plan de conquista como sensatos capitanes.

LEANDRO

—Somos una milicia pobre de armas.

CRISPÍN

—Somos hombres, y con hombres nos hemos de enfrentar

LEANDRO

—Sólo poseemos nuestra persona. Te negaste a vender nuestras ropas, las que nos hubieran provisto de un poco de dinero.

CRISPÍN

—¡Antes preferiría despellejarme que perder mi traje! Que en estos tiempos lo más importante es la apariencia, y el traje es lo que más se nota a primera vista.

PRÁCTICA: Modifique en todas las formas que pueda las siguientes oraciones, ya sea cambiando el vocabulario con el uso de palabras sinónimas o análogas, o cambiando el orden de los elementos sintácticos.
1. Durante varias semanas, los comediantes representaron la famosa obra en aquella antigua sala.
2. Después de comprar la entrada, nos ubicamos en las butacas asignadas para presenciar la representación del drama.

TEMAS DE COMENTARIO ORAL O ESCRITO

1. Comente el epígrafe de García Lorca.

2. ¿Piensa que el teatro cumple una función social?

3. ¿Prefiere el teatro o el cinematógrafo? Indique semejanzas y diferencias entre estas dos artes.

4. Comente alguna representación teatral a la que haya asistido, o en la que haya actuado.

5. Escriba un diálogo dramático.

Teatro Real, Madrid, España.

6. Comente los textos de Moratín, en especial con referencia al aspecto material del teatro en el pasado y en el presente.

7. Comente el Prólogo de *Los intereses creados*.

Actividades optativas

1. Con otro estudiante de la clase de Español intente representar el fragmento del Primer Acto de *Los intereses creados* que transcribimos en esta Unidad. (Puede conseguir el texto completo, y continuar la escena).

2. Organice un grupo teatral entre los alumnos de la clase de español. Consiga el paso de *Las aceitunas* de Lope de Rueda, que es una pieza muy breve que sólo requiere cuatro actores (dos mujeres y dos hombres). Designen un director, y traten de representar la obra.

3. Si alguna vez ha participado en una representación teatral, indique cómo se organizó el aspecto material: escenografía, vestuario, iluminación, sonido, etc.

BIBLIOGRAFÍA

Carilla, Emilio. *El teatro español en la Edad de Oro (escenarios y representaciones).* Buenos Aires: Centro Editor de América Latina, 1968.

Díaz-Plaja, Guillermo. *Esquema de Historia del Teatro.* Barcelona: Instituto del teatro, 1944.

Ortega y Gasset, José. *Idea del teatro.* Madrid: Revista de Occidente, 1958.

Representación de "El hombre de la Mancha", comedia
musical basada en El Quijote de Cervantes

NON-PERSONAL VERBAL FORMS

The non-personal forms of the verb are the **infinitivo**, the **participio** and the **gerundio**. These are called non-personal forms, or **verboides**, because they do not indicate the grammatical person (first, second, or third; singular or plural) involved in the action.

Regarding the general function of each of the three non-personal forms,

> the **infinitivo** corresponds to the *verbal noun*
> the **participio** corresponds to the *verbal adjective*
> the **gerundio** corresponds to the *verbal adverb.*

In addition to being non-personal forms, the **verboides** themselves do not express the time in which the action takes place. The time can be deduced from the verb in the sentence in which the **verboide** appears, or from the adverbs that accompany it.

Because it has the characteristics of both a verb and a noun, the **infinitivo** is referred to as a *verbal noun.* It is used in both its simple and compound forms. Examples of the simple form are **amar, temer,** and **partir,** with the -ar, -er, and -ir endings of the first, second, and third conjugations. Examples of the compound form are **haber amado, haber temido,** and **haber partido.** The simple form expresses the action with imperfect aspect; the compound form expresses the action with perfect or completed aspect.

The **infinitivo** is a verbal noun of masculine gender; it is the name of the verb. Some have achieved the permanent character of nouns, for example: **deber, pesar, haber, andar, querer.** As nouns they have plural forms: **deberes, pesares, haberes, andares, quereres.**

Articles, and demonstrative, possessive and indefinite adjectives can be used with Spanish infinitives: **el luchar, un suponer, ese suspirar, mi parecer, otro cantar.**

The **infinitivo,** as a noun, can be the subject of a sentence; it can be the verb object or complement, with or without preposition; and it can be the modifier of a noun, an adjective or an adverb.

The **infinitivo** as the subject:

<u>Reír</u> es saludable.
(subject)

Fue inútil **interrogarlo.**
(subject)

Difamar es deshonesto.
(subject)

The **infinitivo** as a verb object or complement:

Él escuchó **sonar** la guitarra.
(direct object)

Vimos **correr** a los animales.
(direct object)

Con gritar no resuelves nada.
(adverbal complement)

The **infinitivo** as a noun, adjective or adverb modifier:

Siempre tiene la <u>casa</u> por **barrer.** (meaning **sin** barrer)
(noun)

<u>Próximo</u> a **morir.**
(adjective)

<u>Cerca</u> de **alcanzar** la victoria.
(adverb)

At times, the **infinitivo** is used as an imperative or command form, for example:

Mezclar el azúcar con los huevos.
No **fumar.**
No **codiciar** los bienes ajenos.
Seguir la flecha indicadora.

Participio   The **participio** shares the qualities of the verb and the adjective, and for this reason it is referred to as a *verbal adjective.*

The regular **participios** of the first conjugation end in **-ado (amado)** and those of the second and third conjugations end in **-ido (temido, partido).** There are a number of irregular **participios** and many of them are used very frequently. For example:

abierto (abrir)	escrito (escribir)
cubierto (cubrir)	roto (romper)
puesto (poner)	hecho (hacer)
visto (ver)	muerto (morir)
dicho (decir)	vuelto (volver)

With the auxiliary verb **haber,** the **participio** serves as a verb to form the compound tenses, and it does not vary in gender or number.

Yo he **leído** tres libros.
Nosotros hemos **leído** una novela.

With other auxiliary verbs (**ser, estar, tener**) the **participio** functions as an adjective and must agree in gender and number with the word it modifies:

Fueron **leídos** tres libros.   Fue **leída** una novela.

Fue **leído** un libro.   Tengo **leídos** tres libros.
Fueron **leídas** tres novelas.   Tengo **leída** una novela.
El edificio está **hecho** de adobe.   Las casas están **hechas** de adobe.

In this explanation we have been refering to the **participio pasado**. Early in the development of the Spanish language the use of the true Latin **participio de presente** disappeared. In their derivation from the Latin, the **participios de presente** were converted into adjectives. For example: **conveniente, obediente, permanente,** etc. Once converted into adjectives, some of them subsequently became permanent noun forms. For example: **cantante, estudiante, presidente, sirviente.**

The **gerundio** has the characteristics of the verb and the adverb, and for this reason is called a *verbal adverb.* The **gerundio**, like the **infinitivo**, has both a simple and a compound form. The simple form uses the ending -**ando** for verbs of the first conjugation (**amando**) and -**iendo** for verbs of the second and third conjugation (**temiendo, partiendo**). The compound form is created with the auxiliary verb **haber**: **habiendo amado, habiendo temido, habiendo partido**.

Gerundio

The simple form denotes imperfect aspect, expressing coincidence or simultaneous occurrence (or, at most, immediate antecedence) with respect to the verb of the sentence in which it appears.

> **Caminando** por la ciudad, **descubrí** lugares interesantes.
> (The action, *"walking",* expressed with the **gerundio** is simultaneous with the *"discovery".*)

The compound form denotes perfect or completed aspect, expressing an occurrence preceding the action of the verb of the sentence in which it appears.

> **Habiendo dicho** adiós, **abandoné** la casa.
> (The action, *"saying"* goodbye, expressed with the compound **gerundio**, occurs prior to *"leaving"* the house.)

As we have said, the **gerundio** can be used as an adverb, and at times as a present participle (within the limits that this form offers in Spanish).

The appropriate use of the **gerundio** can increase the force and the clarity of expression. For example, we can emphasize the duration of action through the use of the **gerundio**. Nonetheless, it is not easy to use this form correctly, and very frequently it can be used erroneously. For this reason, the next short section points out some of the more common errors in usage.

Some Incorrect Uses of the Gerundio

It is incorrect to use the **gerundio** to express an action which takes place *after* that of the verb in the sentence. As has been stated, the **gerundio** can express action that takes place before or simultaneous with, but never after, the action of the verb. For example, it is incorrect to say:

> **Asaltó** el Banco, **huyendo** con miles de dólares.
> (The action of *"getting away with",* expressed by the **gerundio**, occurred after the action of *"robbing"* the bank.)

Picasso, El viejo guitarrista, *Courtesy of The Art Institute of Chicago*

Estalló un incendio, **muriendo** cinco bomberos.
(The *"death"* of the firemen, expressed by the **gerundio** occurred after the fire *"broke out"*.)

The correct form for these sentences might be, for example:

Asaltó el Banco, y **huyó** con miles de dólares.
Estalló un incendio, y **murieron** cinco bomberos.

It is incorrect to use the **gerundio** as a direct modifier of a noun, and without reference to a process or an action in progress. For example, it is incorrect to say:

Trajo una <u>caja</u> <u>**conteniendo**</u> bombones.
        (noun)   (gerundio)

Había muchos <u>**alumnos**</u> <u>**poseyendo**</u> conocimientos.
        (noun)   (gerundio)

Firmó una <u>ley</u> <u>regulando</u> los precios.
        (noun) (gerundio)

In these sentences it would be correct to say:

Trajo una caja que **contenía** bombones.
Había muchos alumnos que **poseían** conocimientos.
Firmó una ley que **regulaba** los precios.

Picasso, cuadro No. 1 de la serie Las meninas © *by SPADEM PARIS 1974*

Las palabras del epígrafe, y la observación de *Las meninas* de Picasso[1], y del *Retrato de Picasso* de Juan Gris[2] (ver sección en colores) pueden ayudarnos a iniciar estas reflexiones sobre la pintura contemporánea.

Si comparamos la tela de Velázquez con la de Picasso, o el *Retrato* de Juan Gris con cualquier otro de los retratos que aparecen en este libro, las diferencias son evidentes.

Posiblemente lo primero que destacaremos es que las obras de Velázquez (*Las meninas, Retrato de Felipe IV*) son más "reales" o "verdaderas". Con esto aludimos a que representan la realidad de una manera acorde con la imagen que nuestros sentidos (en especial la vista) nos ofrecen. Esto es lo que algunos críticos han denominado el "prejuicio representativo", el pretender que la pintura se ajuste a la visión directa y empírica del objeto.

De hecho, uno de los principios más tempranos en el arte occidental fue lo que los griegos denominaron "mimesis", o sea, principio de imitación. El arte debía imitar a la naturaleza.

Esta idea amplia, y dentro de la cual podían caber las más diversas actitudes, se interpretó de una manera muy rígida y superficial en determinadas épocas, y no sólo se limitó la libertad del artista sino que se crearon confusiones fundamentales en el observador y el público.

Muchos pintores retrataron a Felipe IV, pero los cuadros de Velázquez sobresalen entre todos no porque haya imitado mejor que otros la figura del rey, sino por ciertas cualidades de color, formas, equilibrio de planos, claroscuro, perspectiva, y demás imponderables que son los que provocan el placer estético en su contemplación.

[1]PABLO PICASSO (1881–1973). Pintor y escultor español, considerado por muchos como la figura máxima del arte contemporáneo. Nació en Málaga, residió en La Coruña y Barcelona y, muy joven, se radicó en París. Desde entonces hasta su muerte vivió en distintos lugares de Francia. Entre sus innumerables obras pueden mencionarse: *La Vida; Retrato de Gertrudis Stein; Las señoritas de Aviñón*, de 1907, considerado como el primer cuadro cubista; *El aficionado, El violín; Mujer con mandolina; El estudio; Los tres músicos; La danza; Guernica; Retrato de muchacha*.

Entre agosto y noviembre de 1957, Picasso pintó 44 variaciones sobre el tema de *Las meninas*. La que ofrecemos en este libro, fechada el 17 de agosto de 1957, es la primera de la serie. En ella figura la escena del cuadro de Velázquez en forma completa. En otros casos solamente trabajó con algunos personajes aislados o secciones de la imagen total. Picasso admiró desde temprano la obra de Velázquez y en el caso de *Las meninas* debe haberle interesado especialmente la forma en que Velázquez trata el problema del artista y el modelo, incluyéndose en la tela como un personaje más. *(continues next page)*

Pinto los objetos como los pienso, no como los veo.
Pablo Picasso

LA PINTURA CONTEM-PORANEA

13

Lo mismo pasa con un cuadro de Picasso. Si experimentamos una complacencia estética al apreciarlo no es porque ofrezca o no una imagen que se ajusta a la realidad de nuestra experiencia sensorial. Esta no tiene que ser necesariamente la finalidad del artista. Como dice el maestro español, éste puede pintar los objetos como los piensa, como los imagina, como los recrea en su mente.

Por otra parte, y aun en el caso en que el pintor contemporáneo quiera seguir adhiriéndose a la interpretación empírica de la realidad, surgen problemas.

Nuestra época, en especial desde comienzos del siglo, está sufriendo una crisis radical en los fundamentos de todo orden. Se nos han revelado nuevas teorías acerca del espacio, de la energía, de las estructuras y formas. La ciencia, la filosofía, la técnica, nos ofrecen cada día hallazgos sorprendentes que cambian y hacen tambalear las ideas que parecían sostener la realidad.

Por lo tanto las relaciones con el mundo exterior, y nuestra manera de aprehenderlo, están en permanente cambio. Esto se refleja necesariamente en el artista, y en sus interpretaciones estéticas.

Transcribimos a continuación algunos fragmentos del libro *Qué es el arte abstracto* de Jorge Romero Brest[3].

Bajo la apariencia de cartas a una discípula, el autor discute aquí algunas de las ideas básicas del arte contemporáneo.

En los párrafos siguientes comienza por precisar la tendencia general del arte de nuestra época hacia una liberación de la subjetividad, y cómo ésta se expresa a través de formas que rechazan las imágenes representativas del mundo visible. Afirma que la imagen representativa en sí tiene un valor relativo, y en el pasado tanto como en el presente sólo es apoyo o pretexto de la creación artística. Por fin concluye que este desdén por las formas representativas obedece a las características generales de nuestro tiempo en el que, en especial por los adelantos de las ciencias físico-matemáticas, se ha alcanzado una concepción de la vida y del mundo que desborda los límites de la experiencia humana individual.

Sí, querida amiga, lo que advierto como nota dominante en este medio siglo transcurrido es la pretensión de liberar de modo más absoluto la subjetividad. Fueron pequeños grupos, cuando no

Es posible observar en esta pintura algunos de los recursos principales del estilo del autor: la superposición de planos, la supresión de la perspectiva tradicional, y las imágenes dibujadas desde distintos ángulos, todo según los preceptos cubistas. También aparece el feísmo en la deformación de los rostros, y rasgos de humor como la metamorfosis del severo mastín del cuadro de Velázquez en un perrito estirado y juguetón, o la del enano Nicolasillo en un niño suspendido en posición de tocar el piano.

[2]JUAN GRIS (1887–1927). Nació en Madrid, y su nombre verdadero era José Victoriano González. En 1906 se une, en París, con Picasso, Braque y los otros artistas que formarán el primer grupo cubista, movimiento del cual será uno de los mejores representantes. Los títulos de algunos de sus cuadros son: *El desayuno; Guitarra; El tablero de ajedrez; Las tres cartas; Guitarra, botella y vaso; Paisaje; Los racimos.*

El *Retrato de Picasso* es de 1912, y muestra la maestría y el rigor casi matemático con que Juan Gris organiza planos y formas sólidas para plasmar la imagen del modelo.

[3]JORGE ROMERO BREST (1905). Profesor y crítico de arte argentino, ha publicado, entre otras obras, *La pintura europea contemporánea, Qué es el cubismo, Historia de las artes plásticas.*

hombres aislados, los que comenzaron hace cerca de cincuenta años[4] a sentirse molestos por tener que emplear formas que no correspondían a sus modos de intuir° la realidad, y en la propia intimidad cada uno experimentó la necesidad de rebelarse. Después los grupos han seguido aumentando al par que aumentaba el desajuste, y hoy ningún artista de calidad escapa a esa rebelión de la subjetividad. Mas no se engañe a propósito de esta palabra: subjetividad no significa encerramiento o evasión —como algunos sostienen torpemente desconociendo el mecanismo de la creación artística en los períodos de crisis°—, sino una más rica elaboración de contenidos emocionales, necesario punto de partida para la creación de una nueva objetividad. Este planteo destaca los caracteres del conflicto contemporáneo y el orden de nuestra investigación: será necesario saber qué razones o sinrazones determinan el nuevo sesgo° de la subjetividad para saber por qué se expresa ésta a través de formas que no aceptan más las del mundo visible representable, ni como apoyo ni como pretexto.

Ahora se dará Ud. plena cuenta del motivo determinante de mis cartas anteriores. He querido hacerle comprender el valor relativo de la imagen representativa° en el pasado, reduciéndola a lo que es —apoyo o pretexto— para que no le otorgue° demasiada importancia a su desaparición y para que enfoque el problema desde el único ángulo legítimo, el de la concepción espiritual, que justifica la elección y el tratamiento de las formas, sean o no representativas. Abrigo la esperanza de que mis argumentos la hayan convencido y que concuerde, ahora, en la necesidad de explicar fenómenos que no son solamente artísticos. ¿Qué está pasando en el alma del hombre de nuestro tiempo para que el artista rechace el apoyo de las formas representativas? —esto es lo que debe preguntarse—.

. . . .

Creo que podré intentar con éxito la descripción de lo que está pasando en el alma del hombre de nuestro tiempo si comienzo por señalarle algunos caracteres de los primeros movimientos de vanguardia: *fauvisme* y expresionismo, cubismo y futurismo. La tendencia a desmaterializar la forma plástica en beneficio de una expresión más abstracta, en lo posible, del color; a valorizar el trazo° no como límite, sino en su calidad expresiva derivada de la tensión con que se lo hace; a dar mayor importancia que los naturalistas a los problemas de la composición, como consecuencia de intelectuales actitudes relacionadoras; a eliminar las formas de representación, trocándolas° por otras en las que mantienen algunos elementos de éstas, pero organizadas de acuerdo con una lógica *sui generis;* a inventar otras formas no representativas, con el plano especialmente, para movilizar las estructuras plásticas introduciendo de modo simbólico, se comprende, el tiempo.

[4]El autor escribe en 1953.

intuir: percibir clara, instantáneamente

crisis: cambio, mutación, momento decisivo y peligroso

sesgo: curso, rumbo

representativo: que representa, es imagen o símbolo de una cosa o la imita perfectamente
otorgar: conceder, dar

trazo: línea, raya

trocar: cambiar, permutar, mudar, variar

desestima: desprecio, desdén

Aborde ahora la consideración de los mismos movimientos desde el punto de vista del creador. Advertirá entonces una desestima° de la experiencia y una sobreestima de los factores irracionales: el instinto, el sentimiento, la imaginación, la fantasía, la ingenuidad, los cuales no se ejercen más, como en el pasado, sobre las cosas sensibles sino en un campo de invención casi absoluta. Tales factores no parecen referirse, por eso, a ninguna clase de objetividad, pero al mismo tiempo no le será difícil percibir un intento de coordinación de esas fuerzas y la voluntad bien definida de intelectualizarlas, lo que demuestra que aquellos artistas no se detuvieron solamente en lo que sentían individualmente y pretendieron extraer de la suma de experiencias internas formas generales para constituir un nuevo lenguaje.

. . . .

prever: saber, conocer, ver con
anticipación

Y bien: ¿cree Ud. que una época que tiene tales caracteres puede ser expresada por medio de imágenes representativas? ¿Puede suponer que los objetos del mundo visible, ni siquiera como pretextos, han de servir ahora como antes para simbolizar el mundo? Si Ud. ha comprendido mi exposición sobre el carácter de apoyo o de pretexto que ha tenido la imagen representativa en el pasado, tendrá que descubrir inmediatamente por qué razón ella es insuficiente cuando se quiere dar cuerpo a una concepción de la vida que excluye la experiencia. El reducido mundo del hombre en el siglo XV pudo ser simbolizado por la figura humana, y el de la Francia de Luis XV por el tema de costumbres; pero el amplio mundo de nuestro tiempo, en el que se ha ido anulando el misterio de lo que sólo puede preverse° con instrumentos de precisión matemática, no puede ser simbolizado por la figura, el retrato, la naturaleza muerta o el paisaje. La subjetividad vuela en alas de una fantasía menos empírica, a consecuencia de lo cual necesita apoyarse en imágenes que posean otra precisión, no porque hayan dejado de interesar la naturaleza y el hombre, sino porque nada de lo que cae en el dominio de los sentidos puede encerrar, simbólicamente hablando, el sentido del mundo, que ya no es mirado desde el punto de vista

rezar: decir

humano individual, según rezaba° la célebre fórmula de Protágoras.[5]

Por fin, algunos fragmentos del capítulo titulado "El espacio en el cubismo", del libro *Picasso y el cubismo* de José Camón Aznar[6].

La idea central que el autor discute es la del cambio absoluto que el cubismo aporta acerca de la noción de espacio. En toda la pintura anterior, el

[5]PROTÁGORAS. Filósofo sofista griego, del siglo V antes de Cristo. Autor de la célebre sentencia: "El hombre es la medida de todas las cosas".

[6]JOSÉ CAMÓN AZNAR (1898). Crítico de arte, profesor y periodista español. Obras: *El arte desde su esencia, El Greco, Las artes y los pueblos de la España primitiva.*

espacio se entendía como el ámbito que contenía a las formas, y también las separaba. En el cubismo, este espacio desaparece. El espacio cubista deja de ser el escenario donde se ubican los objetos para convertirse en un espacio que es la consecuencia, el resultado de las formas y planos que integran el cuadro.

Otra de las grandes contradicciones del cubismo con toda la pintura precedente reside en su concepción del espacio. Para el arte anterior el espacio no es problema, porque se supone que es el principio vital de la pintura. Sobre el espacio se erigen° las formas, y éstas se hallan mediatizadas° en tamaño, situación y conexión dramática, o simplemente compositiva, con las vecinas por el ámbito° que las contiene. El espacio no sólo es el habitáculo° de los seres, sino que constituye por sí mismo uno de los temas fundamentales de la pintura. Casi puede decirse que cada uno de los estilos se halla vinculado° a una concepción espacial que la define. Y en la pintura occidental el proceso estilístico consiste en conquistar una gradación normal y seguida entre los primeros y los últimos términos. Esta continuidad entre el proscenio y el horizonte, que parece la visión primordial de la extensión, ha sido, sin embargo, una de las más esforzadas adquisiciones que sólo en el barroco se alcanzó.

erigir: levantar, construir, edificar
mediatizado: próximo a una cosa con algo intermedio
ámbito: espacio, recinto
habitáculo: habitación

vinculado: relacionado

. . . .

Pues bien: este espacio, con el que se ha contado siempre, unas veces por su misma significación espiritual y otras como sustentáculo° de los episodios efigiados°°, desaparece en el cubismo. Las cosas se plantean sin arraigo° físico, sin plano terrero° que las sostenga y sin horizontes que rayen el fondo del cuadro. Las formas se construyen sin relación perspectiva, articuladas por valores sólo significativos. Pero es evidente que en toda construcción, aunque sea de planos alusivos, hay un espacio. Y que las cosas por sí mismas modelan un ámbito. Y es ésta la definición del espacio cubista. No está imaginado *a priori,* como escenario que luego se rellena con historias o con paisajes, sino que se deduce de la estructura de las formas; es una consecuencia de los planos que allí se articulan. El pintor cubista va efigiando sus estilizaciones en el vacío, menospreciando las normas perspectivas y no subordinando tampoco la composición a figuras geométricas regulares.

sustentáculo: apoyo, sostén
efigiar: presentar en efigie, imagen
arraigo: raíces, sustento, apoyo
terrero: de tierra

Los sistemas compositivos tradicionales se alzan sobre una base espacial que los explica. En el cubismo las inflexiones de color, los grises modulados, se trazan como si la tercera dimensión no existiera, como si los seres se hubieran evadido de la ley de la gravedad. Todo vive espectral, aun las formas que quieren sintetizar arquitecturas o fisonomías. El espacio cubista es el que resulta de este despliegue° de alusiones grises. Y así nos encontramos con la paradoja, desde el punto de vista de la estética occidental, de un espacio sin perspectiva.

despliegue: extensión desdoblamiento

Núcleos de vocabulario

PALABRAS ANÁLOGAS O SINÓNIMAS
la extensión   extension
la superficie   surface, area
el área   area
el terreno   terrain
el lugar   space, place

> *extenso*   extensive, vast
> *extendido*   extended, widespread
> *espacioso*   spacious
> *amplio*   ample, large
> *dilatado*   large, extended

PALABRAS AFINES
el espacio   space
el ámbito   scope
el vacío   void
la dimensión   dimension
el largo   length
el ancho   width, breadth
el alto   height

la perspectiva   perspective
la profundidad   depth
la lejanía   distance, remoteness
la figura   figure
el objeto   object
el primer plano   foreground
el fondo   background
el horizonte   horizon

la línea   line
la recta   straight
la curva   curve
la espiral   spiral
la vertical   vertical

difuso   widespread
vasto   vast

la *figura*   figure
la forma   form, shape
el contorno   contour
la disposición   disposition
la apariencia   appearance, aspect
el aspecto   aspect
la conformación   conformation

la horizontal   horizontal
la paralela   parallel
la perpendicular   perpendicular
la diagonal   diagonal

el volumen   volume
el cuerpo   body
el sólido   solid
la cara   face
la faceta   facet
la base   base
el vértice   vertex
la arista   edge
el lado   side

> *Clasicismo*   Classicism
> *Romanticismo*   Romanticism
> *Impresionismo*   Impressionism
> *Expresionismo*   Expressionism
> *Futurismo*   Futurism
> *Cubismo*   Cubism
> *Dadaísmo*   Dadaism

Algunos verbos relacionados con el tema

extender   to extend, to enlarge
El rey **extendió** sus dominios.

extenderse   to extend
El campo se **extendía** a lo lejos.

ocupar   to occupy, to fill
La figura **ocupa** el ángulo inferior del cuadro.

llenar   to fill
Llenó la tela con manchas de color

rellenar   to refill
Rellenó el agujero con cemento.

rayar   to make lines
Rayaste toda la superficie.

subrayar   to underline
Subrayó el título de la obra.

alinear   to align
Alineó las distintas piezas del juego.

cuadricular   to divide into squares
Cuadriculó la página.

equilibrar   to equilibrate, to balance
Debes **equilibrar** los planos.

nivelar   to level
Trató de **nivelar** las diferencias.

formar   to form, to shape
Formó un cuerpo sólido extraño.

colocar   to place, to arrange
Colocó los planos en diferentes niveles.

configurar   to form, to shape
Configuraste un contorno dinámico.

situar   to place, to put, to locate
Situó el máximo de color allí.

medir   to measure
Midió la distancia de la perpendicular.

erigirse   to erect, to arise
Sobre el espacio **se erigen** las formas.

trazar   to draw
Trazó dos paralelas.

superponer   to superimpose
El pintor **superpone** los planos.

entrecruzar   to interlace
Entrecruza las líneas.

regular   to regulate
No **regula** el tamaño de las formas.

yuxtaponer   to juxtapose
No **yuxtapongas** objetos distintos.

plasmar   to mold, to shape
Plasmó fantásticas imágenes.

FORMA DE COMPOSICIÓN: CARTA
VARIACIONES DE EXPRESIÓN

Qué es el arte abstracto, de Jorge Romero Brest, lleva como subtítulo: "Cartas a una discípula". Efectivamente, estas reflexiones sobre problemas estéticos están organizadas en forma epistolar. Esto demuestra que una carta es una forma dúctil que tanto permite expresar impresiones inmediatas y superficiales, como comunicar ideas profundas y complejas.

Las cartas que escribimos con mayor frecuencia son las de tipo familiar o amistoso. No es posible (ni aconsejable) dar indicaciones rígidas en cuanto a la forma de redactarlas. Tal vez el único precepto válido es el de la naturalidad, es decir tratar de escribir en forma clara y espontánea, sin recurrir a fórmulas fijas o artificiales.

Tomemos como ejemplo una carta de Federico García Lorca a su amigo y compatriota, el poeta y crítico literario Guillermo de Torre (1900–1971):

Granada. Marzo, 1927

Querido Guillermo:

Mil abrazos por tu precioso artículo. No tengo que decirte lo mucho que te agradezco esta prueba de cariño y camaradería.

Entre mis jóvenes amigos de Granada ha producido verdadera satisfacción.

Ahora esperamos tu colaboración. ¿No vendrás pronto, querido Guillermo? Haz lo posible. Yo estaría en Madrid si no estuviera un poco enfermo, aunque afortunadamente no sea de gravedad. De todas maneras, es cuestión de días el que te dé el gran abrazo que deseo. Mientras tanto, recibe éste, hecho tres dobleces, en prueba de cariño y agradecimiento.

Federico

Vemos que el texto es breve, conciso, y muy eficaz no sólo para comunicar las noticias sino para demostrar la relación afectiva que unía al remitente y al destinatario.

Disposición gráfica y partes de una carta

En cuanto a la disposición gráfica de la carta, y a su estructura, podemos recordar que la carta se divide en tres partes: 1) **Encabezamiento** 2) **Cuerpo o contenido** 3) **Despedida.**

1. **El encabezamiento** comprende: *a)* el lugar y la fecha en que se escribe, *b)* el nombre de la persona a quien va dirigida la carta, *c)* el tratamiento que impone la amistad, familiaridad, o el conocimiento de ella.

a) Lugar y fecha: Chicago, 25 de octubre de 1972
Madrid, 14 de noviembre de 1970
Madrid, noviembre 14, 1970

b) Nombre de la persona a quien va dirigida. En las cartas familiares, o de una relación amistosa muy próxima, estos datos se omiten. En el caso de una relación profesional, se coloca el título y la posición que el destinatario ocupa, y a veces, el lugar de su residencia. Por ejemplo:

Señor Rector de la Universidad Nacional Mayor
de San Marcos
Dr. Luis Alberto Sánchez
Lima, Perú

c) Tratamiento: varía según el grado de afecto, y el tipo de relación amistosa o jerárquica profesional:

Tratamiento familiar, amistoso
Querida mamá:
Mi querida mamá:
Querido amigo:
Mi querido Juan:
Mi muy querido amigo:
Queridísimo amigo:

Tratamiento formal
Distinguido doctor:
Distinguido señor:
De mi consideración:

Tratamiento formal-amistoso
Estimado doctor:
Estimado profesor:
Apreciado amigo:

2. **Cuerpo o contenido:** Es aconsejable una organización gráfica que favorezca la mejor lectura de la carta.

3. **Despedida:** también aquí depende del nivel amistoso-familiar, o formal, en el que está escrita la carta:

**Fórmula de despedida
familiar o amistosa**
Adiós. Un abrazo fuerte.
Recibe un fuerte abrazo.
Todo mi cariño.
Mi saludo más afectuoso.

Fórmula de despedida formal
Lo saludo atentamente.
Muy atentamente (Muy atte.)
Atentamente (Atte.)
Lo saludo con toda consideración.
Lo saludo con mi consideración más
distinguida.
Lo saludo con el mayor respeto.

Por fin, si hemos omitido algo en el cuerpo de la carta, podemos agregarlo como Postdata (P.D.), o Post scriptum (P.S.).

De manera que el esquema gráfico de una carta sería como sigue:

a) Lugar, fecha ⎤

b) Nombre
 Título o posición
 Lugar de residencia

    Encabezamiento

c) Tratamiento: ⎦

‾‾‾‾‾‾‾‾‾‾‾‾‾‾‾‾‾‾‾‾‾‾‾‾ ⎤
‾‾‾‾‾‾‾‾‾‾‾‾‾‾‾‾‾‾‾‾‾‾‾‾
‾‾‾‾‾‾‾‾‾‾‾‾‾‾‾‾‾‾‾‾‾‾‾‾
‾‾‾‾‾‾‾‾‾‾‾‾   Cuerpo

‾‾‾‾‾‾‾‾‾‾‾‾‾‾‾‾‾‾‾‾‾‾‾‾ ⎦

Fórmula de despedida ⎤

    Despedida

Firma ⎦

P.D.

PRÁCTICA: Modifique en todas las formas que pueda las siguientes oraciones, ya sea cambiando el vocabulario con el uso de palabras sinónimas o análogas, o cambiando el orden de los elementos sintácticos.
1. Sobre la dilatada superficie se dibujaba el contorno de los altos edificios.
2. El escultor modeló una figura extraña, totalmente distinta si la comparamos con sus obras anteriores.

TEMAS DE COMENTARIO ORAL O ESCRITO

1. Comente las palabras de Picasso, en el epígrafe.

2. Compare *Las meninas* de Velázquez con *Las meninas* de Picasso.

3. Compare el *Retrato de Picasso* de Juan Gris con cualquier otro de los retratos que aparecen en este libro (Retrato de Unamuno, de Sor Juana, de Felipe IV).

4. ¿Cuál es su opinión acerca de la pintura contemporánea? ¿Le gusta, le interesa, le parece absurda?

5. Elija cualquier cuadro contemporáneo (si es posible presente una reproducción del mismo), y analícelo o dé sus opiniones sobre él.

6. Comente el texto de Romero Brest.

7. Comente los párrafos del texto de Camón Aznar.

Actividades optativas

1. Vaya a un museo de su localidad y busque alguna obra de los pintores españoles contemporáneos: Pablo Picasso, Juan Gris, Joan Miró, Salvador Dalí (Si no las hay búsqueda en algún libro de arte). Prepare un comentario oral o escrito indicando quién es el artista, qué obra escogió, y cuál es su impresión acerca de la misma.

2. Muestre a varias personas *Las meninas* de Velázquez, y *Las meninas* de Picasso. Pregúnteles cuál prefieren, y por qué. Haga un comentario de las respuestas recibidas.

3. ¿Conoce algunos *móviles* de Alexander Calder? Con seguridad ha visto algún móvil en las tiendas (aunque no sea de Calder). ¿Qué opina de este tipo de escultura que incorpora el movimiento a la obra? ¿Qué opina de la enorme difusión comercial que han adquirido los móviles?

BIBLIOGRAFÍA

Camón Aznar, José. *Picasso y el cubismo.* Madrid: Espasa-Calpe, S.A., 1956.

Romero Brest, Jorge. *Qué es el arte abstracto: Cartas a una discípula.* Buenos Aires: Editorial Columba, 1953.

Romero Brest, Jorge. *Qué es el cubismo.* Buenos Aires: Editorial Columba, 1961.

Torre, Guillermo de. *Apollinaire y las teorías del cubismo.* Barcelona: E.D.H.S.A., 1967.

Rufino Tamayo, Eclipse total. *Courtesy of Fogg Art Museum, Harvard University, Cambridge, Massachusetts*

VERBAL PERIPHRASES

Although the Spanish language has an abundance of words, there are times when the use of a single word is not sufficient to express an idea with the various nuances that the speaker has in mind. In these instances, two or more words are used in what is referred to as a *periphrasis* (etymologically: circle around a word). When these periphrases are formed with verbs they are called *verbal periphrases.*

The verbal periphrasis is formed by a conjugated verb plus a non-personal verbal form (**infinitivo, participio, gerundio**), and occasionally the particles **a, de** and **que**.

From this point of view, the compound forms of verbs — **he trabajado, había trabajado, hubiera trabajado,** etc. — are periphrases, as are the forms in the passive voice — **fue perseguido, era respetado, será premiado.**

Some grammarians use the denomination *verbal phrases* in referring to *verbal periphrases,* although many differ on the criteria of definition and classification. These criteria can be based on meaning; thus, there is a verbal phrase when there appear an auxiliary verb (that has lost its own meaning), plus an **infinitivo, participio** or **gerundio,** and occasionally the particles **a, de** and **que.** In other cases, the formal criteria can be followed; it is said that there is a verbal phrase when a verb appears that must be accompanied by an **infinitivo, participio** or **gerundio,** plus a **verboide (infinitivo, participio** or **gerundio)** that cannot be replaced by equivalent constructions.

A discussion of this problem, which exists principally on a theoretical level and has no direct application to the practical use of the language, is beyond the scope of this book. For this reason, we will do no more than acknowledge that among the experts on Spanish grammar there are differences in the criteria for the classification of verbal phrases or periphrases. The most important points in this discussion are:

1. Periphrases are used very frequently in Spanish.
2. Through their use it is possible to obtain richer and more complete forms of expression than are possible with a single verb.
3. There are certain uses of periphrases, and certain periphrases that have specific meanings.

With this in mind, the following is a list of periphrastic verbal constructions with examples of their usage. Verbal phrases can be divided into three broad groups: those constructed with **infinitivos,** those constructed with **participios,** and those constructed with **gerundios.**

Classification and Usage

215

Those formed with a conjugated verb plus an **infinitivo** give the action a progressive character oriented toward the future. Those formed with the **participio** give the action a perfective sense, and situate the action in the relative position of the preterite. Those formed with the **gerundio** give the action a character of duration, and situate the action in the present.

Conjugated verb + infinitivo

ir + a + infinitivo	**Voy a trabajar.**
	Iba a decir la verdad.
echar + a + infinitivo	**Echó a correr,** asustado.
	Se echó a llorar.
venir + a + infinitivo	**Vengo a coincidir** con usted.
	Ojalá no **vengan a discutir.**
volver + a + infinitivo	Tal vez **vuelva a empezar.**
	Yo **vuelvo a trabajar.**
haber + de + infinitivo	**He de recompensar** tu buena acción.
	Habré de castigar su audacia.
haber + que + infinitivo	**Hay que tomar** precauciones.
	Hubo que vigilar al prisionero.
tener + que + infinitivo	**Tengo que regresar** temprano.
	Tiene que luchar con valor.
deber + de + infinitivo	**Debía de estar** cansado.
	Debe de estar en casa.

Conjugated verb + participio

llevar + participio	**Llevo recorridos** muchos caminos.
	Llevo analizados cincuenta casos.
tener + participio	**Tenía leídos** cinco capítulos.
	Tiene estudiada toda la cuestión.
traer + participio	**Trae curados** muchos enfermos de ese mal.
	Trae revisados muchos archivos.
quedar + participio	**Quedó resuelto** el camino a tomar.
	Quedó decidido que regresarían mañana.
dejar + participio	**Dejó dicho** que volvería más tarde.
	Dejaron aclarado que eran inocentes.

Conjugated verb + gerundio

estar + gerundio	**Estoy leyendo** una novela.
	Estás pintando un cuadro.
ir + gerundio	**Va caminando** por la ciudad.
	Iba llegando a la fiesta.

venir + gerundio	Vengo observando sus gestos.	217 *Verbal periphrases*
	Viene estudiando el problems desde hace meses.	
andar + gerundio	Anda difamando a su amigo.	
	Andaba escribiendo un poema.	

There is a group of verbs which, when followed directly by an **infinitivo,** serves to express the attitude of the subject in relation to the action indicated by the **infinitivo.** This group is composed of verbs designating behavior, intention, desire, will. Some examples are: **poder, soler, deber, querer, intentar, pensar, ordenar, resolver, desear, esperar,** etc.

Modal Verbs

These verbs are referred to as *modal verbs* because they indicate the manner in which the action, expressed by the **infinitivo,** is carried out. Thus:

Yo **puedo** trabajar	expresses	possibility
Yo **suelo** trabajar	expresses	habit or custom
Yo **debo** trabajar	expresses	obligation
Yo **quiero** trabajar	expresses	will
Yo **intento** trabajar	expresses	intention
Yo **pienso** trabajar	expresses	intention
Yo **ordeno** trabajar	expresses	will
Yo **resuelvo** trabajar	expresses	intention, decision
Yo **deseo** trabajar	expresses	desire
Yo **espero** trabajar	expresses	desire, confidence

Fotógrafo ambulante, Montevideo, Uruguay *Photo du Monde*

Desde los tiempos más remotos el hombre ha tratado de captar y conservar las imágenes que se presentan ante sus ojos. Grabados, tallas, dibujos y pinturas sobre distintos materiales y texturas sirvieron para satisfacer este propósito. Pero todos estos procedimientos exigían maestría y tiempo para ejecutarlos lo que en la mayoría de los casos los convertía en objetos costosos que sólo podían poseer los privilegiados.

Desde el Renacimiento se conocen algunos principios ópticos y químicos que dan la base para la fotografía, pero hay que llegar a fines del siglo XVIII para que la manifiesta emergencia de la clase media, y la demanda masiva de pinturas y reproducciones active la búsqueda de una técnica práctica y barata.

Así, gracias a la fotografía, cualquier campesino o burgués podrá poseer lo que hasta entonces había sido un sueño inalcanzable, y un lujo privativo de los poderosos: su propio retrato.

Después de estas brevísimas reflexiones acerca de la significación histórica y social de la fotografía, pasemos al aspecto práctico.

Dejamos aclarado que no somos fotógrafos profesionales o expertos en fotografía, y que por lo tanto no pretenderemos dar opiniones o consejos de técnica especializada. Nos limitaremos a discutir aquellos aspectos más generales que nos permitan familiarizarnos con un vocabulario básico para tratar temas fotográficos. Sobre esta base cada uno podrá aumentar y extender el estudio según sus conocimientos e inclinaciones en relación con la fotografía.

Primero, una descripción de una cámara fotográfica.

Una cámara, ya sea la más simple o la cámara profesional más complicada, es una caja completamente cerrada a la luz. Dentro de esta caja hay un mecanismo que sostiene la película en un plano fijo. Enfrente de ésta están el objetivo, el obturador y el diafragma que son los que permiten la entrada de la luz y la consecuente fijación de la imagen.

El **objetivo** es un conjunto o sistema de lentes que sirve para obtener una imagen clara y brillante del objeto a fotografiar. Enfocar la cámara significa ajustar los lentes en relación con la proximidad o lejanía del motivo.

El **obturador** es un mecanismo integrado por varias piezas que permite la entrada de la luz en la cámara, y gradúa el tiempo durante el cual el film se expone a la

". . . un procedimiento nuevo para fijar, sin necesidad de recurrir al dibujo, las vistas que ofrece la naturaleza". (Palabras con las que Louis Jacques Daguerre comentaba, en 1829, el descubrimiento de Nicéphore de Niepce. Ambos, Niepce y Daguerre, son considerados como los iniciadores de la fotografía)

LA FOTOGRAFIA

14

luz. En general, está ubicado entre los lentes. Algunos, de más precisión y que ofrecen más rapidez de exposición, están ubicados detrás de los lentes y se llaman obturadores de plano focal. Si el motivo está bien iluminado el tiempo de exposición será breve; si el motivo tiene iluminación escasa el tiempo de exposición se prolongará.

Básicamente, el **diafragma** es un disco horadado que sirve para regular la cantidad de luz que se deja pasar. En forma más elaborada consta de una serie de placas articuladas que forman una circunferencia que se estrecha o ensancha para graduar la abertura del objetivo. El diafragma está ubicado entre los lentes. Cuanto menos iluminado está el objeto de la foto, más abierto debe estar el diafragma.

Pero también la magnitud de la abertura tiene relación con la nitidez de los detalles del motivo, o con lo que se conoce como "profundidad de campo". Al aumentar la abertura se reduce en profundidad el espacio dentro del cual están las partes de los objetos enfocados, y esto impide obtener una imagen detallada y clara.

Dado que ambos, obturador y diafragma, tienen por misión lograr que la película reciba la cantidad de luz conveniente, en la práctica ambos se combinan para lograr este propósito. Por ejemplo, si se quiere fotografiar un objeto en movimiento rápido, el obturador debe permanecer abierto por muy breve tiempo. Entonces habrá que dar al diafragma una abertura mayor para conseguir una foto clara aunque la luz haya actuado muy fugazmente sobre la película.

A continuación, y extractados del manual *Cómo tomar buenas fotografías* 33a. Edición (Rochester, N.Y.: Eastman Kodak Company, 1972), transcribimos algunos consejos y métodos relacionados con la fotografía.

Primero, una discusión acerca de la "mecánica":

LOS CONTROLES DE SU CÁMARA

Hay muchas clases de cámaras. Pero, para sacar buenas fotos, Ud. no necesita una cámara complicada ni una carga de accesorios. Sin embargo, cualquiera que sea el equipo que tenga, debe saber cómo usarlo, y qué posibilidades le brinda.

Ajustes para fotos a la luz del día

Usted puede sacar buenas fotos de todas sus diversiones al exterior si usa la cámara correctamente. Toda la presente sección está dedicada a eso . . . los ajustes para fotos al exterior.

Clasifiquemos las cámaras en tres grupos principales: sencillas, automáticas y ajustables.

Cámaras sencillas

La mayoría de las cámaras sencillas no tienen controles de exposición. Con una cámara sencilla, Ud. puede tomar buenas fotos en días soleados, o con flash, dentro de cierta distancia del motivo. El manual de su cámara le dirá cuáles son los límites.

Cámaras automáticas

Lo que hace "automática" a una cámara es un sistema fotoeléctrico que controla la exposición. Al apuntar° uno la cámara y componer la foto, el sistema de control reacciona a la cantidad de luz reflejada por el motivo y efectúa automáticamente el ajuste para una exposición correcta. Usted no hace sino "decirle" al sistema de control el Índice de Sensibilidad ASA de la película que va a usar. Este índice lo encuentra en el empaque° o la hoja de instrucciones de la película. El manual de la cámara le indicará cómo ajustarla al Índice de Sensibilidad dado. En una cámara como cualquiera de las KODAK INSTAMATIC®, una muesca° que tiene el cargador de película efectúa automáticamente el ajuste al Índice de Sensibilidad.

apuntar: asestar, dirigir la cámara

empaque: envoltura

muesca: hueco que hay en una cosa para encajar otra

Algunas cámaras automáticas van provistas de un lente de "foco fijo". Este lente viene ya enfocado para las distancias comunes de toma. Con una cámara de lente preenfocado, Ud. puede tomar fotos a distancias entre 1,50 m e infinito (hasta donde alcance la vista). Otras cámaras automáticas llevan un lente enfocable, el cual debe ser ajustado a la distancia del caso mediante la escala de distancias en la montura.

Cámaras ajustables

Aun la más complicada, al parecer, de las cámaras ajustables, requiere sólo tres ajustes básicos: foco, velocidad de exposición y abertura de exposición.

FOCO: Una cámara ajustable se enfoca en la misma forma que una cámara automática: mediante la escala para distancias de la cámara al motivo. Algunas cámaras tienen telémetros que facilitan el enfoque. Con casi todo telémetro, simplemente se mueve el anillo de enfoque del lente hasta que las dos imágenes que se ven por el visor coinciden en una sola. Cuando las imágenes coinciden, el lente queda ajustado correctamente para la distancia a que se encuentre el motivo.

VELOCIDAD DE EXPOSICIÓN: El obturador de la cámara controla el *tiempo* que debe durar expuesta la película a la luz que penetre por el lente. Las velocidades de obturación o exposición van marcadas con cifras tales como 30, 60, 125, 250 y 500. (En otras cámaras pueden ser las cifras 25, 50, 100, etc.) *Significan en realidad fracciones de segundo:* $1/30$, $1/60$, etc. En la práctica, velocidades próximas, como $1/25$ y $1/30$, pueden considerarse equivalentes.

Al cambiar de una cifra de velocidad a la mayor siguiente, (por ejemplo, de 60 a 125), se reduce a la *mitad* la cantidad de luz que llega a la película. Cambiando a la cifra menor siguiente, (por ejemplo, de 60 a 30), aumenta al *doble* la cantidad de luz que pasa.

Para casi toda foto a la luz del día, la mejor velocidad de exposición es probablemente 125. La velocidad de $1/125$ de segundo se recomienda en las hojas de instrucciones generalmente para fotos en días soleados. Esta velocidad contribuye a reducir el efecto de movimiento en la cámara, que es el enemigo No. 1 de la nitidez. Resulta fácil prevenir dicho efecto con una alta velocidad de exposición.

ABERTURA DE EXPOSICIÓN: Esta es la abertura variable detrás del lente, cuyo tamaño determina la *cantidad* de luz que llega a la película. En general, uno se refiere a las variaciones de abertura como "aberturas del lente", las cuales también están representadas por cifras que se conocen como "números-f". La siguiente serie de números-f es típica de las cámaras ajustables: 2,8, 4, 5,6, 8, 11, 16, y 22. La cifra más pequeña representa la abertura más grande. La cifra más grande es la abertura más pequeña.

. . . .

Al igual que con las velocidades, cuando Ud. cambia de una abertura a la mayor siguiente (por ejemplo, de f/11 a f/8), penetra doble cantidad de luz. Si Ud. pasa a la abertura menor siguiente (por ejemplo, de f/11 a f/16), la cantidad de luz que penetra se reduce a la mitad.

En algunas cámaras, la numeración para las aberturas puede ser diferente: 6,3, 4,5, 3,5. Estos números-f caen entre los de la serie corriente, y generalmente uno de ellos indica la abertura más grande posible con la cámara del caso.

COMBINANDO ABERTURAS Y VELOCIDADES: Ahora ya sabe Ud. lo que significan los números en su cámara: aberturas de lente y velocidades de exposición. Veamos en seguida cómo aplicar estos dos controles para obtener fotos bien expuestas.

Una forma de determinar la exposición es por medio de un *exposímetro*. Muchas cámaras llevan incorporado un exposímetro; pero Ud. puede usar uno independiente. Al igual que con las cámaras automáticas, hay que "decirle" al exposímetro qué Índice ASA o DIN tiene la película por usar. Tal índice aparece en la hoja de instrucciones. Una vez ajustado el exposímetro al índice, úselo Ud. como recomienda el fabricante del mismo. Con un exposímetro se puede determinar la exposición correcta en una amplísima variedad de condiciones de luz, lo que es una gran ventaja, pues a veces tiene uno que tomar fotos en condiciones inusitadas, tales como en un porche sombreado, en un bosque o en un interior, sin ayuda de flash.

LA HOJA DE INSTRUCCIONES PARA LA PELÍCULA: La otra forma de determinar la exposición es con la hoja de instrucciones. En cada hoja hay una tabla que da la velocidad y la abertura para diversas condiciones de luz, desde pleno sol hasta un día nublado. Aplique la velocidad y la abertura que se dan para la condición de luz que más se aproxime a la que existe a tiempo de tomar una foto.

Repasemos lo anterior por un minuto. Hacer los ajustes de

toma en su cámara es bien sencillo: (1) *enfoque* por la distancia de la cámara al motivo; (2) establezca la *abertura de lente;* (3) establezca la *velocidad de exposición* indicada por el exposímetro o la hoja de instrucciones de la película. Fácil: 1, 2, 3 . . . y todo está listo para la foto. Esto es todo lo que Ud. tiene que hacer como ajustes de exposición.

Después de habernos familiarizado con el uso de la cámara, pasemos a dar algunos consejos acerca de cómo obtener mejores fotografías:

DE FOTOS ORDINARIAS A FOTOS EXCELENTES

No se apresure . . . escoja el fondo

Un fondo uniforme contribuye a que la atención se concentre en el motivo, en tanto que un fondo lleno de cosas diversas generalmente le roba atención. Casi siempre es posible encontrar un fondo simple y adecuado si uno se toma el tiempo necesario. Observe el motivo desde varios puntos de vista y tome la foto desde el más apropiado con respecto al fondo.

Observe el horizonte

Mantenga a nivel el horizonte, o la vista saldrá inclinada. Además, una vista resultará más atractiva si la línea del horizonte queda ligeramente arriba o abajo del centro de interés.

Tenga presentes todos los detalles

Después de componer la imagen en el visor, y antes de apretar el botón, observe detenidamente los límites del recuadro para descubrir cualquier detalle que pueda distraer la atención del motivo. Una vez que haya estudiado toda la escena y esté satisfecho de que no hay nada objetable, apriete el botón.

Evite mover la cámara

Un consejo oportuno es este punto: sostenga la cámara con la mayor firmeza posible, y oprima el botón suavemente y de continuo. El movimiento de la cámara en el momento de la toma es lo que echa a perder fotos con más frecuencia. No un movimiento obvio, sino la leve presión que se ejerce al "disparar", que es suficiente para restarle nitidez a la imagen.

Otra cosa perjudicial para la nitidez de sus fotografías es un lente sucio. Limpie el lente a menudo con un pañuelo suave y sin pelusa, o con una hoja de Papel KODAK para limpiar lentes. (Y tenga cuidado de que los dedos o alguna parte del estuche de la cámara no queden delante del lente a tiempo de la toma.)

En sumario:

a) Conozca su equipo.

b) Busque el mejor fondo posible.

c) Incluya un centro de interés.

d) Estudie toda la vista para detalles objetables.

e) Sostenga la cámara firmemente.

f) Mantenga limpio el lente.

Demos ahora algunas ideas para obtener fotos más artísticas:

PUNTOS BÁSICOS DE COMPOSICIÓN

Quizás Ud. ya haya aplicado las indicaciones anteriores:

Busque el mejor fondo posible.

Ponga en la vista un centro de interés.

Mantenga el horizonte a nivel.

Observe todo el recuadro para detalles que puedan distraer la atención del motivo.

En tal caso, puede ir un poco más allá y tratar de sacar fotografías realmente notables. Con un poco de cuidado en las composición, una fotografía puede resultar mucho más atractiva. No es difícil lograr una buena composición, pero esto requiere al principio un poco más de atención y esfuerzo. (Las cosas de más mérito siempre son resultado de un *poco* más de esfuerzo.) Hay unos cuantos puntos que Ud. debe tener presentes cuando esté componiendo una fotografía.

Ponga el centro de interés fuera del centro

Las imágenes fotográficas resultan menos estáticas y son más interesantes cuando el motivo queda un poco fuera del centro del recuadro. Divida mentalmente la vista en tercios, tanto en sentido horizontal como vertical, y ponga el centro de interés en uno de los cuatro puntos de intersección. Desde luego, "reglas" como ésta se pueden infringir: son muchos los motivos que tienen más interés cuando están centrados en la foto. Pero, más a menudo, la composición es mejor con el motivo fuera del centro.

Tome fotos a través de un "marco"

En ocasiones, para hacer una foto más interesante, se puede encuadrar el motivo. Nos referimos, claro está, a una especie de "marco" dentro de la imagen misma: alguna cosa que esté cerca de la cámara y "bordee" el motivo principal, al menos por un lado. Árboles, cercas, ventanas, pórticos, cualquier cosa que simule una abertura, puede servir para el propósito. Las vistas así tomadas tendrán una excelente perspectiva, ya que el elemento de "enmarque" estará necesariamente más cerca de la cámara que el propio motivo.

El horizonte como elemento de composición

Ponga el horizonte alto o bajo en la vista. Evite en lo posible que la foto salga dividida por la mitad con la línea del horizonte. (Y, desde luego, mantenga a nivel dicha línea, pues un horizonte inclinado da la sensación de que el motivo se va a deslizar fuera de la foto.)

Organice una vista mediante líneas directrices

Pruebe un punto de toma donde las líneas naturales parezcan conducir al centro de interés. Propóngase componer sus fotografías cuidadosamente. La aplicación de las indicaciones anteriores bien pronto será cosa de rutina para Ud.; y en sus fotos estará la prueba del progreso.

Además de las indicaciones anteriores, pueden agregarse las siguientes, relacionadas con efectos especiales de iluminación y uso del flash:

En fotos con flash puede acentuar la impresión de forma y volumen usando el portaflash separado de la cámara y sostenido en alto a un lado

Puede obtener una iluminación muy suave, apropiada para retratos en un interior, dirigiendo las luces al cielo raso°.

cielo raso: techo interior de superficie lisa

Para retratos con iluminación artificial directa, use dos fotolámparas, una junto a la cámara y la otra a un lado, un poco más alta y en dirección de 45°.

Use flash suplementario para una iluminación agradable y una expresión atractiva cuando se trata de fotografiar a una persona con el sol por detrás o a un lado de ella.

Finalmente, algunas ideas acerca de cómo tomar fotografías de obras pictóricas:

Pinturas . . . a ínfimo costo

A Ud. le costaría un potosí° adquirir todas esas obras pictóricas que tanto admira. Pero, por centavos, literalmente, puede "poseer" un buen número de ellas . . . en fotografías. Puede formar una gran colección.

potosí: riqueza extraordinaria

La mejor manera de tomar buenas fotografías de las pinturas que quisiera tener en casa es con la ayuda del flash. Haga las tomas oblicuamente a los cuadros para excluir el semi-reflejo del flash en las telas. Si quiere tomar fotos en una galería de arte o un museo, cerciórese° de que esté permitido.

cerciorarse: asegurarse

En el caso de que no se permita tomar fotos con flash en un museo o galería, quizá pueda tomarlas con la sola luz existente, siempre que la cámara tenga un lente f/2,8 por lo menos. Necesitará, sin embargo, una película de alta sensibilidad, como la Película **KODAK EKTACHROME** Extrarrápida (Luz Diurna), si la luz proviene de claraboyas° o ventanas. Con luz artificial, use Película **KODAK EKTACHROME** Extrarrápida (Tungsteno). Puesto que la iluminación será débil, aplique una velocidad de exposición "lenta" y use un trípode u otro apoyo firme. Un exposímetro, incorporado en la cámara o independiente, es el medio más seguro para determinar la exposición cuando se toman fotos en un interior a la luz existente.

claraboya: ventana en el techo o en la parte alta de las paredes

Núcleos de vocabulario

PALABRAS ANÁLOGAS O SINÓNIMAS

la **fotografía** picture; photograph; photography

la *foto* picture, photograph

el *retrato* portrait, picture photograph

la *instantánea* snapshot

el **cinematógrafo** a motion-picture theater

el *cinema* cinema

el *cine* movie

la **cinta** film

la *película* film, motion picture

el *filme* film

PALABRAS AFINES

la *cámara fotográfica* camera

el, *(la) lente* lens

el *objetivo* camera lens and mounting

el *teleobjetivo* telephoto lens

el *diafragma* diaphragm

el *obturador* shutter

el *disparador* shutter release

el *telémetro* range finder

el *fotómetro* exposure meter

el *visor* view finder

el *filtro* filter

el *carrete* reel, spool

la *placa* plate

el *exposímetro* exposure meter

fotográfico photographic

fotogénico photogenic

fototipográfico phototypographic

fotolitográfico photolithographic

cinematográfico cinematographic

la *fotocopia* photocopy

la *diapositiva* slide, filmslide

el *fotograbado* photoengraving

la *ampliación* enlargement

el *daguerrotipo* daguerreotype

el *microfilme* microfilm

la *radiografía* radiograph

el *foco* focus

la *abertura* aperture, lens opening

la *luminosidad* luminosity

la *distancia focal* focal length

la *exposición* exposure

el *productor* producer

el *guionista* scriptwriter

el *director* director

el *actor* actor

el *guión* script

el *noticiario* newsreel

el, *(la) documental* documentary

el *reportaje* reportage

la *pantalla*   screen
el *proyector*   projector
el *trípode*   tripod

la *cubeta*   developing tray
el *álbum*   album

Algunos verbos relacionados con el tema

fotografiar   to photograph
Fotografié distintos edificios.

fotograbar   to photo-engrave
Había fotograbado toda la imagen.

fotocopiar   to photocopy
Fotocopié varios capítulos.

radiografiar   to radiograph
Para radiografiar se usan los rayos X.

enfocar   to focus
Enfoqué el motivo que deseaba fotografiar.

revelar   to develop
Mandaron a revelar cien fotos.

retocar   to retouch
El fotógrafo retocó la imagen.

ampliar   to enlarge
Amplió la fotografía de su madre.

exponer   to expose
Expuso la película más tiempo del conveniente.

fijar   to fix
Fijó la imagen antes de tiempo.

velarse   to blur, to fog
Las mejores fotografías se velaron.

cinematografiar   to film
Iban a cinematografiar toda la ceremonia.

rodar   to shoot a movie
Estuvieron rodando esa película todo el verano.

filmar   to film
Filmaron varias escenas al aire libre.

doblar   to dub
Esta película está doblada al español.

proyectar   to show
Proyectaron varios pasajes del filme.

producir   to produce
Produjo varios éxitos de taquilla.

dirigir   to direct
Dirigió todo el rodaje en Roma.

sacar fotografías   to take pictures
Saqué sólo instantáneas durante la ceremonia.

tomar fotografías   to make, to take pictures
Sabe **tomar** buenas fotografías.

VARIACIONES DE EXPRESIÓN
ESTILO DIRECTO Y ESTILO INDIRECTO

Para reproducir o repetir lo que nosotros u otros decimos o pensamos podemos recurrir al **estilo directo**, o al **estilo indirecto**.

El **estilo directo** consiste en reproducir exactamente las palabras o pensamientos. Por ejemplo:

Juan pensó: —No estoy procediendo bien.
Le dije: —No quiero ayudarte.
Me preguntaron: —¿Adónde vas?

El **estilo indirecto** consiste en que el que habla o escribe reproduce en ese momento, con sus palabras, lo que otro o él mismo ha dicho. Por ejemplo:

Juan pensó que no estaba procediendo bien.
Le dije que no quería ayudarlo.
Me preguntaron adónde iba.

Si comparamos ambos estilos, notamos las siguientes diferencias:

Estilo directo	Estilo indirecto
Pueden ser oraciones independientes (Juan pensó). (No estoy procediendo bien).	**Son subordinadas** Juan pensó que no estaba [subordinada] procediendo bien.
Se mantienen la entonación original, y los signos de interrogación y exclamación. Me preguntaron: —¿Adónde vas?	**La entonación varía. Los signos desaparecen.** Me preguntaron adónde iba.
Se mantienen los tiempos verbales.	**Los tiempos verbales cambian, generalmente de Presente a Pasado, y de Futuro a Modo Potencial (Condicional)**
Juan pensó: —No estoy [Presente] procediendo bien.	Juan pensó que no estaba [Pret. Imperf.] procediendo bien.
Le dije: —No quiero ayudarte. [Presente]	Le dije que no quería ayudarlo. [Pret. Imperf.]
Me preguntaron: —¿Adónde vas? [Presente]	Me preguntaron adónde iba. [Pret. Imperf.]

Grité: — ¡No iré a la fiesta!
                Futuro

Grité que no iría a la fiesta.
                Potencial

Se conservan las formas
pronominales (pronombres
personales, demostrativos, posesivos)
Le dije: — No quiero ayudarte.
                        pron. pers.

Las formas pronominales cambian.

Le dije que no quería ayudarlo.

Me aseguró: — Éste es el que buscas.
            pron. demostrativo

Me aseguró que aquél era el que
                    pron. demostrativo
buscaba.

Marta gritó: — ¡Quiero el mío!
                    pron. pos.

Marta gritó que quería el suyo.

Se conservan las formas adverbiales.
El jefe decidió: — Aquí nos
                        adv.
detendremos.
El niño dijo: — Lo quiero ahora.
                            adv.

El niño dijo que lo quería entonces.

Se indica con comillas, o raya de
diálogo.
Juan pensó: — No estoy procediendo
bien

Las comillas, o la raya desaparecen.

Juan pensó que no estaba
procediendo bien.

El estilo directo es más vivo y natural, y atrae con más fuerza la atención del interlocutor, lector u oyente. El estilo directo nos vuelca de lleno en la situación aludida; está cargado de afectividad.

El estilo indirecto objetiva la idea, imagen o acción que reproduce. Carece por lo tanto de la afectividad del estilo directo.

Usamos el estilo directo cuando de una manera inmediata deseamos llamar la atención del oyente o lector sobre los hechos a los que nos referimos. Cuando en cierta forma queremos ubicarlo en el tiempo y lugar de la situación, hacerlo participar de la misma.

En cambio si, por ejemplo, la intención es conducir al oyente o lector hacia una reflexión o análisis de estados de ánimo, usamos el estilo indirecto.

Demos ahora una serie de ejemplos de oraciones en estilo directo a las que luego pondremos en estilo indirecto:

Estilo directo
Añadió: — No me lo explico.

— ¡No te muevas! — le ordené.

— ¿Y qué es lo contrario? — le
pregunté.

Leandro dijo: — Esta tiene que ser una
ciudad importante.

Estilo indirecto
Añadió que no se lo explicaba.

Le ordené que no se moviera.

Le pregunté qué era lo contrario.

Leandro dijo que aquella tenía que
ser una ciudad importante.

Crispín afirmó: —Somos hombres, y con hombres nos hemos de enfrentar.

Crispín afirmó que eran hombres y con hombres se habrían de enfrentar.

PRÁCTICA: Modifique en todas las formas que pueda las siguientes oraciones, ya sea cambiando el vocabulario con el uso de palabras sinónimas o análogas, o cambiando el orden de los elementos sintácticos.
1. Para sacar buenas fotos no se necesita una cámara muy complicada ni una cantidad de accesorios.
2. Es una buena idea, siempre que se pueda, tomar fotografías de obras pictóricas para formar una colección.

TEMAS DE COMENTARIO ORAL O ESCRITO

1. Compare un retrato fotográfico con un retrato pictórico. Puede utilizar el retrato que aparece en esta Unidad (ver sección en colores), y cualquiera de los otros que aparecen en el libro.

2. Compare la fotografía de un paisaje con la pintura de un paisaje.

3. ¿Considera que la fotografía es un arte? Puede comparar la fotografía con el arte pictórico; y el cinematógrafo con el teatro.

4. Describa una cámara fotográfica.

5. Dé instrucciones acerca de cualquier aspecto de la técnica fotográfica que usted conozca: cómo sacar una instantánea; cómo sacar una fotografía en un día nublado o con mucho sol; cómo revelar o ampliar; cómo lograr una buena composición fotográfica, etc.

6. Tomando como base alguna de las fotografías que aparecen en la sección en colores o cualquiera que usted posea, escriba acerca del tema: "Lo que pasó después . . ." (de haber tomado la fotografía).

7. Describa cualquiera de las cuatro fotografías que presentamos en la sección colores, o cualquier otra fotografía que pueda presentar junto con su trabajo.

Actividades optativas

1. Saque o busque cuatro fotografías que para usted sean representativas de la ciudad, pueblo, o región donde vive. Haga un comentario de las mismas.

2. Consiga cuatro fotos tomadas alrededor de 1900, 1920, 1940, y una de los últimos años. Analice los cambios en la técnica fotográfica, en el caso de que sean notables, y también, si el tema de las fotografías lo permite, los cambios en las modas y costumbres sociales.

3. Organice un concurso de fotografías entre los estudiantes de los cursos de

español, con el tema: *Lo hispánico*. (o sea que deberán presentarse fotos que de alguna manera representen características o valores hispánicos, ya sean peninsulares o hispanoamericanos). Trate de que el jurado seleccione a los ganadores sobre la base de un doble criterio: la calidad técnica y artística de la fotografía, y el acierto en representar lo hispánico.

BIBLIOGRAFÍA

Emanuel, W. D. *Toda la fotografía en un solo libro: Manera fácil de sacar buenas fotografías*. Octava edición. Traducción de la 62 edición inglesa por Antonio Cuni. Barcelona: Ediciones Omega, S.A., 1971.

KODAK. *Cómo tomar buenas fotografías: Un sencillo manual para todos los que toman fotografías*. 33a. Edición. Rochester, N.Y.: Eastman Kodak Company, 1972.

Pirámide de Kukulcán,
Chichén Itzá, México
Photo by Peter Menzel

IMPERSONAL SENTENCES

With Verbs That Do Not Take a Subject

Impersonal sentences are those that do not have a subject. This occurs in cases in which the verb does not admit a subject, or in which it is preferable to leave the subject unstated, even though it may be understood.

A very common group of impersonal sentences is formed when using verbs that express natural phenomena (**llover, tronar, granizar, amanecer, nevar,** etc.). These verbs are called unipersonal verbs because they are conjugated only in the third person singular. Some of the more common unipersonal verbs include:

alborear to dawn	**Alboreaba** cuando despertó.
amanecer to dawn	**Amanecía** lentamente.
anochecer to grow dark	**Anocheció** de pronto.
diluviar to pour, to rain heavily	**Diluvió** durante tres días.
granizar to hail	**Granizó** toda la noche.
llover to rain	Allí **llueve** con frecuencia.
lloviznar to drizzle	Cuando salimos, **lloviznaba.**
nevar to snow	**Nevó** mucho ese invierno.
relampaguear to lightning	**Relampagueaba** sin cesar.
tronar to thunder	**Tronaba** con gran estruendo.

In some cases these verbs are used figuratively and their subject is stated:

Su boca llovía insultos.
(subject)
El día amaneció hermoso.
(subject)
Los cañones tronaban a lo lejos.
(subject)

Other verbs that can be employed as impersonal verbs are **haber, hacer** and **ser.** For example:

En el accidente **hubo** varios heridos.
Hizo mucho frío por la mañana.
Es tarde para llamarlo.

The verb **haber** often is used in the impersonal form. Its conjugation in the third person singular follows.

233

hay there is, there are	Presente *(Present)*
había there was, there were	Pretérito Imperfecto *(Imperfect)*
hubo there was, there were	Pretérito Indefinido *(Preterite)*
habrá there will be	Futuro Imperfecto *(Future)*
ha habido there has been, there have been	Pretérito Perfecto *(Present Perfect)*
hubo habido there had been	Pretérito Anterior *(Preterite Perfect)*
había habido there had been	Pretérito Pluscuamperfecto *(Pluperfect)*
habrá habido there will have been	Futuro Perfecto *(Future Perfect)*

SUBJUNCTIVE MOOD—MODO SUBJUNTIVO

haya there may be	Presente *(Present)*
hubiera, hubiese there might be	Pretérito Imperfecto *(Imperfect)*
hubiere there should be	Futuro Imperfecto *(Future)*
haya habido there may have been	Pretérito Perfecto *(Present Perfect)*
hubiera habido ⎫ there might have been	Pretérito Pluscuamperfecto *(Pluperfect)*
hubiese habido ⎭	
hubiere habido there should have been	Futuro Perfecto *(Future Perfect)*

CONDITIONAL MOOD—MODO POTENCIAL

habría there would be	Simple, Imperfecto *(Imperfect)*
habría habido there would have been	Compuesto, Perfecto *(Perfect)*

The forms that appear most frequently are the simple tenses of the indicative mood: hay, había, hubo, habrá. Hay is a special form; the third person singular of haber in the present indicative is ha. (The hay form is the combination of ha and y, an archaic adverb of location meaning allí, *there*.) **Hay**—literally: it has there— is the equivalent of *"there is"* and *"there are"*. The following are examples of impersonal sentences with the verb **haber**:

Hay muchas flores en tu jardín.   Hay una flor en un vaso de cristal.

(Note that the verb remains invariable even though in the first example the reference is to *"many flowers"* and in the second example it is to only *"one flower"*. What occurs is that the flowers or flower are not subjects of the sentences but direct objects, and for this reason the verb is not governed by them. These sentences do not have subjects; thus they are impersonal sentences.)

Había una enorme cantidad de arena.
En el lago había centenares de peces.
Hubo muchos voluntarios para el trabajo.
Hubo un solo niño que resolvió el problema.
Habrá varios artistas para entretener al público.
Habrá abundancia de trigo este año.

The verb **hacer** is used impersonally in certain expressions of time and in reference to climate or atmospheric conditions. For example, with time expressions:

Hace diez años que no lo veo.
Hacía mucho tiempo que lo esperábamos.
Mañana **hará** dos semanas que llegó.
El tren partió **hace** dos minutos.

In referring to climate or atmospheric conditions, for example:

Hoy **hace** fresco.
Hacía mucho viento en ese lugar.
Ayer **hizo** treinta grados.
Anunciaron que mañana **hará** mucho calor.

The verb **ser** is used in impersonal constructions when it denotes natural phenomena. For example:

Es tarde, y no ha regresado.   **Era** casi de día cuando me dormí.

With Subjects Purposely Unstated

The impersonal sentences that have been discussed thus far (using unipersonal verbs, and using **haber, hacer,** and **ser**) cannot be constructed with subjects. There is another group of impersonal sentences that may take subjects. However, these subjects purposely are not expressed. This is the case with some sentences which use verbs in the third person plural, and with those sentences which use the particle **se** as a sign of the impersonal. The following examples illustrate the use of the verb in the third person plural:

Dicen que debemos aceptarlo.   **Llaman** por teléfono.
Hablan de países remotos.   Me **regalaron** este anillo.

And now, several examples of impersonal sentences which use the particle se *(in this case, an impersonal sign):*

Se habla inglés.   Se sabe bien cuál será su respuesta.
Se descubre la verdad fácilmente.   Se camina sin pausa.

The passive impersonal sentences can be included in this sentence group. For example:

Se castigó al inocente.   Se llama a los bomberos.
Se persigue al criminal.

Thus, to summarize this discussion, impersonal sentences can be divided into two main groups:
Those with verbs that do not take subjects:
Unipersonal verbs: **amanecer, llover, nevar,** etc.

Haber, hacer, ser

Those with subjects purposely unstated:
Verbs in the third person plural: **dicen, hablan,** etc.

The impersonal sign se

(izquierda) Un grupo de estudiantes izando la bandera de la Federación Universitaria en un edificio de la Universidad de Córdoba (Argentina), como señal de que la misma había sido tomada por los estudiantes (septiembre de 1918). *(debajo)* Un grupo de soldados trata de abrir las puertas de la Universidad de Córdoba para desalojar a los estudiantes que la ocupaban (septiembre de 1918). *Fotos del Archivo General de la Nación, Argentina*

En las últimas décadas, la participación de los estudiantes universitarios en los sucesos públicos y la vida política de muchos países se ha hecho evidente y, por momentos, violenta.

En Latinoamérica esta actitud es de larga data. Durante el proceso de las guerras de Independencia (1810–1824) y la etapa de organización que las siguió, son los graduados de las Universidades los que ocupan las posiciones más importantes en la conducción de las nuevas repúblicas.

A comienzos del siglo XX los estudiantes se agrupan en federaciones, y organizan congresos continentales. Es por estos años, cuando el mundo acaba de pasar por las experiencias cruciales de la Primera Guerra Mundial, y de la revolución rusa, que estalla en una universidad argentina una revuelta que será el comienzo de la llamada Reforma Universitaria. Este movimiento, con los propósitos e ideales que lo animan, se difundirá rápidamente por toda Hispanoamérica.

Las universidades latinoamericanas ofrecen en el presente una estructura administrativa diferente en varios aspectos a la de las universidades norteamericanas.

Las universidades del Estado son gratuitas, es decir que el estudiante no debe pagar por los cursos que toma. Aunque en varios lugares existen las llamadas *ciudades universitarias,* o sea el equivalente a un "campus" que reúne en un radio determinado todos los edificios que forman la universidad, la mayoría de las casas de estudio presentan a las diferentes Escuelas o Facultades diseminadas en distintos lugares de la ciudad. En estos casos no existen tampoco dormitorios estudiantiles. La casi totalidad de los alumnos viven con sus familias, y sólo concurren a la Universidad para participar de las actividades académicas.

La práctica de los deportes es completamente secundaria. La Universidad como entidad en sí no compromete dinero ni esfuerzo en adiestrar atletas u organizar competencias. En cuanto a este aspecto tan diferente de la vida universitaria latinoamericana frente a la norteamericana, algunos opinan que el tiempo y la energía que el joven norteamericano emplea en los deportes, el hispanoamericano lo dedica a la actividad política.

Acerca de las artes (teatro, música, artes plásticas, cinematógrafo), su práctica queda habitualmente

Creemos no equivocarnos, las resonancias del corazón nos lo advierten: estamos pisando sobre una revolución, estamos viviendo una hora americana.
Del Manifiesto *de la juventud universitaria de Córdoba (Argentina). 21 de junio de 1918*

LA REFORMA UNIVERSI— TARIA EN LATINO— AMERICA

15

reducida a aquellas escuelas que específicamente están dedicadas a cada especialidad (Escuelas de Arte Dramático, de Música, de Cinematografía, etc.), las que muchas veces están separadas física o administrativamente de los otros institutos de la Universidad. Por lo tanto, sus actividades pueden quedar ignoradas para la mayoría de los alumnos de la Universidad.

De esta manera, la imagen del estudiante universitario latinoamericano es la de aquél que ingresa a una Facultad o Escuela (Medicina, Leyes, Arquitectura, Filosofía y Letras, Ciencias Exactas, etc.) en la que se dedicará al campo específico de sus estudios sin casi ninguna conexión en el plano social o académico con el resto de los alumnos y profesores de la misma Universidad. Una excepción a esta práctica la constituyen, en los últimos años, los cursos o conferencias interdisciplinarios que se han impuesto necesariamente dada la creciente complejidad y relación recíproca de temas que se observan en el campo del conocimiento.

Pero, también a diferencia del estudiante norteamericano, hay un campo en el que el universitario latinoamericano sí se comunica y relaciona con sus compañeros, y éste es el de la política o gobierno universitario.

En cada Facultad, los estudiantes se adhieren a un Centro de Estudiantes. A su vez los Centros se agrupan en una Federación de la Universidad; y las Federaciones de las distintas Universidades, en una Federación nacional. Por ejemplo, el Centro de Estudiantes de la Facultad de Filosofía y Letras (C.E.F.Y.L.) se une a la Federación de la Universidad de Buenos Aires (F.U.B.A.), y ésta, junto con el resto de las Federaciones de las Universidades nacionales, forma la Federación Universitaria Argentina (F.U.A.).

Como puede suponerse, la importancia y el poder que adquieren estas agrupaciones estudiantiles es muy grande no sólo en el plano específico de la política universitaria sino también en el de la política general del país. En Latinoamérica, muchos cambios de gobierno, revoluciones, o movimientos importantes de opinión han tenido su origen, su centro, o su culminación en las masas de alumnos universitarios.

Otro rasgo distintivo del estudiante latinoamericano es su participación en el gobierno de las universidades. Tomando como ejemplo la estructura de la Universidad de Buenos Aires, cada Facultad o Escuela está gobernada por un Decano y un *Consejo Directivo* formado por ocho profesores, cuatro graduados (alumni), y cuatro estudiantes. Estos representantes de los profesores, graduados y estudiantes son elegidos por votación directa de sus iguales. El Consejo Directivo elige al Decano.

A su vez, la Universidad está gobernada por el Rector y el *Consejo Superior* formado por los Decanos de todas las Facultades, cinco profesores, cinco graduados, y cinco estudiantes.

El Rector de la Universidad es elegido por la *Asamblea Universitaria* formada por todos los Consejos Directivos y el Consejo Superior.

En este sentido las universidades son autónomas, es decir que se dan su propio gobierno sin intervención del Estado. El Estado sostiene económicamente a las universidades, y tiene a su cargo todo el proceso de administración financiera (sueldos del personal, mantenimiento de edificios, bibliotecas, laboratorios, etc.) pero no interviene en la designación de los profesores, organización de planes de estudios, o cualquier otra actividad académica.

Las principales bases de esta estructura de las universidades latinoamericanas es una consecuencia de la Reforma Universitaria.

A continuación transcribiremos fragmentos de tres estudios sobre este movimiento. Primero, los que pertenecen a la conferencia de Gabriel del Mazo[1] "El movimiento de la Reforma Universitaria en la América Latina", que figura en su libro *La Reforma Universitaria y la Universidad Latinoamericana* (Buenos Aires: Compañía Editora y Distribuidora del Plata S.R.L., 1957).

LA OBRA REALIZADA

El movimiento llamado de la Reforma Universitaria en la América Latina, surgió el año 1918 en los claustros° de la Universidad de Córdoba, la más antigua de las Universidades sobre territorio argentino; la más saturada° de tradición ancestral°. El histórico manifiesto de junio de 1918, dirigido "A los hombres libres de Sudamérica", fue la expresión del convencimiento de los estudiantes cordobeses de estar viviendo "una revolución espiritual" y "una hora americana", a la vez que un llamado a la juventud nacional y continental, incitándola a colaborar en la obra que iniciaban.

claustro: galería de una iglesia o convento

saturar: impregnar
ancestral: de los antepasados, antiguo

QUÉ SOSTIENEN LOS ESTUDIANTES DE LA CÓRDOBA DE 1918

Desde los comienzos del conflicto con las autoridades de la Universidad, que fue en lo inmediato una protesta por el estado de atraso espiritual, docente y científico y por el gobierno oligárquico°, los estudiantes buscaron, no un correctivo° momentáneo a esos males, sino una reorganización orgánica fundamental, mediante el establecimiento de instituciones que constituyesen una garantía permanente para la eficacia docente° de la Universidad y para su constante renovación. Nace así la decisión de reformar el régimen de las universidades argentinas y el convencimiento de que solamente *con la ingerencia° constante de los alumnos en su gobierno, se daría una solución de fondo y con firmes perspectivas en el tiempo, a los graves problemas de la enseñanza superior.*

oligárquico: propio de una minoría, generalmente rica
correctivo: remedio

docente: que enseña

ingerencia: participación, intervención

A veces individualmente, otras como expresión del pensamiento de grupos, fueron proponiéndose y discutiéndose entre los estudiantes, fórmulas cada vez más orgánicas de este pensamiento; y para hacerlo institucionalmente efectivo, se constituyó desde el mes de abril el comité Pro-Reforma. El comité dirige al consejo superior de

---

[1]GABRIEL DEL MAZO (1893–1969). Escritor y profesor universitario argentino, autor de numerosos libros sobre temas de educación: *La Reforma Universitaria; Reforma Universitaria y Cultura Nacional; Universidad Obrera; Escuela Nacional de Bellas Artes.*

embrión: germen, principio

docencia: enseñanza

gestarse: desarrollarse, prepararse

embrutecer: entorpecer

la Universidad de Córdoba y al gobierno nacional un denso memorial referido una a una a todas las entidades de gobierno en aquella Universidad, proponiendo su modificación. Entendemos, dice, que las asambleas de las que deben surgir las autoridades de las Facultades y de las Universidades, deben estar formadas *"por todos los profesores, titulares y suplentes en ejercicio, por una representación de los estudiantes y por una representación de los graduados inscriptos".* Esta fórmula, representa en embrión° todo el desarrollo posterior de la concepción reformista en cuanto al problema del gobierno universitario.

El primer pensamiento de los estudiantes fue por lo tanto destinado exclusivamente a la Universidad, y de carácter orgánico político, es decir relativo a la exigencia primordial de organizar democráticamente su gobierno como base de la amplia renovación de vida y métodos que la enseñanza superior de aquella época y de todos los tiempos necesitaría. Si la cuestión esencial de toda Universidad es su docencia°, entendida como proceso de comunión pedagógica, por eso mismo, decían, resolver el problema del buen gobierno de la Universidad se considerará la cuestión previa y decisiva del problema docente. En la Universidad reformada, el estudiante sería su centro vivificador y renovador a través de las generaciones, y la participación del graduado en las tareas y orientación de la Universidad, constituiría una decisiva garantía social. Esta concepción, rica en significado, llevó en sí una gran fuerza transformadora. Fue desarrollada y completada en el citado Manifiesto del mes de junio, que elevó a un planteamiento doctrinario más amplio aquellos principios gubernativos y otros más que habíanse gestado°, y expresó íntegramente el estado de conciencia inicial del movimiento de la Universidad sudamericana reformada, que muy pronto abarcaría concepciones aún más importantes.

Nuestro régimen universitario, aún el más reciente —expresa el Manifiesto— es anacrónico. Está fundado sobre una especie de derecho divino: el derecho divino del profesorado. Se crea a sí mismo. En él nace y en él muere. La Federación Universitaria de estudiantes se alza para luchar contra ese régimen. Reclama un gobierno estrictamente democrático. El concepto de autoridad que corresponde y acompaña a un director y a un maestro en un hogar de estudiantes universitarios, no puede apoyarse en la fuerza de disciplinas extrañas a la sustancia misma de los estudios. La autoridad en un hogar de estudiantes, no se ejercita mandando, sino sugiriendo y amando: enseñando.

. . . .

La hermosa declaración de principios proclama "el derecho sagrado a la insurrección": "Si es que en nombre del 'orden' se quiere seguir burlando y embruteciendo° a la juventud estudiosa —expresa—, el sacrificio será el mejor estímulo para la acción. La única recompensa a que los estudiantes de Córdoba aspiran es la redención espiritual de las juventudes americanas, pues saben que nuestras verdades lo son—y dolorosas—de todo el Continente".

En otra de las páginas de este libro, el autor enumera lo que llama las *Diez "Bases" de 1918:*

1. Coparticipación estudiantil
2. Vinculación de los graduados
3. Asistencia libre
4. Docencia libre
5. Periodicidad de la cátedra
6. Publicidad de los actos
7. Extensión universitaria
8. Ayuda social estudiantil
9. Sistema diferencial organizativo
10. Universidad social

La primera, *Coparticipación estudiantil,* se refiere a la intervención de los estudiantes en el gobierno de la universidad.

La segunda, *Vinculación de los graduados* (alumni), a la correspondiente participación de los mismos en el gobierno de la universidad, como así también a un compromiso más activo de los graduados con la vida de la Universidad de la que egresaron.

La tercera, *Asistencia libre,* alude a la no-obligatoriedad de asistir a las clases.. Esto se aplica especialmente a aquellos estudiantes que por razones de trabajo no pueden concurrir a la Universidad en los horarios habituales. Estos estudiantes pueden aprobar los cursos teóricos por medio de un examen final, aunque no hayan asistido a las clases, siempre que demuestren poseer los conocimientos requeridos en el curso correspondiente. También, el estudiante puede elegir al profesor que crea mejor, en caso de existir las llamadas "cátedras paralelas".

La cuarta, *Docencia libre,* se relaciona con el concepto de "cátedra paralela" al que nos referimos anteriormente. Junto con el curso que enseña un profesor permanente es factible la existencia de otro u otros de la misma materia, con un profesor que no sea permanente y al que los estudiantes pueden preferir.

La quinta, *Periodicidad de la cátedra,* impone que transcurrido un plazo estipulado (habitualmente seis años), los profesores deben volver a ganar, mediante concursos de oposición con otros candidatos, su derecho a enseñar una cátedra.

La sexta, *Publicidad de los actos,* permite que aquél que esté interesado pueda asistir a las clases, conferencias u otros actos o actividades universitarios (inclusive las sesiones de los Consejos) sin estar registrado. También se relaciona con la labor de la radiodifusión universitaria.

La séptima, *Extensión universitaria,* habla de prolongar la influencia y el magisterio de la Universidad entre aquellos grupos que por razones socio-económicas encuentran mayores obstáculos para continuar su educación. Tal el caso de adultos que no pudieron estudiar en su juventud, u obreros o empleados con horarios de trabajo muy rígidos.

La octava, *Ayuda social estudiantil,* se refiere a la atención de otras necesidades de los estudiantes, como la de asistencia médica, comedores estudiantiles gratuitos o casi gratuitos, concesión de becas, etc.

La novena, *Sistema diferencial organizativo,* insiste en que las Universidades atiendan a las características geográficas y sociales propias de la región en donde están ubicadas.

La décima, *Universidad social,* exige de la Universidad un compromiso con la comunidad a la que debe servir, y la consideración de los grandes problemas nacionales.

La aplicación de estos principios provocó, en ocasiones, irregularidades o desórdenes. Por ejemplo, en la práctica muchas veces el gobierno tripartito (profesores, graduados, alumnos) se desequilibra por la indiferencia de la mayoría de los graduados que se desvinculan de la Universidad al terminar sus estudios. Los graduados que participan en el gobierno, y que son una minoría, están generalmente comprometidos con posiciones determinadas las que a veces pueden prevalecer no porque sean verdaderamente representativas del pensamiento de los graduados sino porque están impuestas por aquellos que son más activos y militantes. Lo mismo pasa entre los grupos estudiantiles, y de profesores.

La periodicidad de la cátedra es una defensa contra el profesor que no se mantiene activo y al día en cuanto a la investigación y nivel de conocimientos en su especialidad. Pero también crea, aun en el buen profesor, una sensación de inseguridad, y de temor de perder su cátedra, o sea su trabajo, lo que detiene a muchos para consagrarse por completo a la enseñanza. Así, prefieren mantener otras actividades, y sólo enseñar en la Universidad "part-time".

Pero a pesar de estas y otras objeciones que podrían formularse a los principios de la Reforma, es indudable que su aplicación significó un gran cambio en el sistema universitario, cambio a todas luces positivo y beneficioso en una perspectiva total.

Ahora leeremos un fragmento de "Espíritu y Técnica en la Universidad", escrito por Alfredo L. Palacios[2] en 1943, y tal como aparece en la obra de Gabriel del Mazo, *Estudiantes y gobierno universitario* (Buenos Aires: El Ateneo, 1955):

ingerencia: participación, intervención
azaroso: inseguro, arriesgado
arriesgado: aventurado, peligroso, osado, imprudente, temerario
tesonero: constante, empeñoso, pertinaz, terco, obstinado

La ingerencia° estudiantil en el gobierno de la Universidad fue un azaroso° y arriesgado° experimento iniciado en la Universidad de Córdoba en 1918. Constituye un movimiento original, democratizador de la enseñanza, que carece de precedente en el mundo. En el cuarto de siglo transcurrido después de una lucha tesonera° y de fracasos parciales, se ha extendido a casi todos los países de habla castellana; ha sufrido las alternativas de esta época convulsa y ha triunfado por fin en nuestra Universidad, incorporando sus principios al organismo universitario para renovar los métodos y permitir una

[2]ALFREDO LORENZO PALACIOS (1880–1965). Jurisconsulto, político, profesor y escritor argentino. Realizó una labor fecunda en el Parlamento. Obras: *El nuevo Derecho; Derecho de asilo; Las islas Malvinas.*

colaboración fecunda. No quiere esto decir que haya terminado la función ni la obra de la Reforma; ahora es, al contrario, cuando en realidad empieza. Regularizando el mecanismo de la acción estudiantil, que ha sido como fermento° renovador y fuerza depuradora, suscitando° a la vez a los jóvenes el sentido de la responsabilidad, puede, ahora, y debe contribuir a la formación de un nuevo sentido de la cultura que vaya más a la esencia de la vida y a la formación moral del hombre.

fermento: lo que provoca una transformación, alteración
suscitar: levantar, promover

Sin la colaboración consciente y voluntaria de la juventud, la Universidad realizaría una labor deficiente; pero no puede existir colaboración sin libertad de determinarse en el alma juvenil

Claro está que para ser fecunda esa colaboración se requiere en los maestros una condición insobornable° de rectitud en el pensar y de ejemplaridad en la conducta. Sólo de ese modo podrá influirse eficazmente en la conciencia de los alumnos para modelar y dirigir su inteligencia y su voluntad.

insobornable: incorruptible

Los estudiantes ya no son ajenos a los problemas que en la Universidad se plantean; ya no son extraños a la dirección de los estudios y al gobierno de la Universidad. Son, al contrario, partícipes de la orientación común y en la responsabilidad de sus maestros, y gravitan en la elección de sus hombres dirigentes; todo lo que debe hacerse con dignidad y respeto, pues, comporta deberes ineludibles°.

ineludible: inevitable

Y no es el menor provecho de sus estudios esta experiencia que adquieren en el gobierno propio, con la cual ejercitan el principio de la responsabilidad y aprenden la virtud de la tolerancia al advertir sus propios errores.

La cultura, la ciencia y la técnica profesional, tres formas del conocer, deben ser estructuradas jerárquicamente, por acción de los maestros, más que por la acción de leyes y estatutos. Y para que esta acción se desenvuelva dentro de la Universidad, que es el eje° virtual° de la vida colectiva, es necesaria la colaboración de los jóvenes alumnos.

eje: sostén, fundamento
virtual: implícito, tácito

Por eso resulta incomprensible, desde un punto de vista superior, el empeño en negar la ingerencia estudiantil. No hay un elemento más precioso para el verdadero maestro, que el interés apasionado de sus alumnos por participar en su labor docente y en preocuparse por los problemas del gobierno universitario. Y si esa intervención ha sido frecuentemente hosca° y tumultuosa, es debido al ambiente subalterno de menguados° intereses personales que suelen prosperar, indebidamente, en las casas de estudio, y para que desaparezca será menester° imponer como norma la abnegación y los fines objetivos y sociales de la Universidad. El maestro deberá actuar con el ejemplo de su personalidad y su conducta.

hosco: áspero, intratable
menguado: ruin, mezquino

ser menester: ser precisa o necesaria una cosa

Por fin, fragmentos que sobre el tema de la Reforma Universitaria escribió en 1928 José Carlos Mariátegui[3], y que figuran en su obra *Siete ensayos de interpretación de la realidad peruana* (Santiago de Chile: Editorial Universitaria, S.A., 1955).

LA REFORMA UNIVERSITARIA
Ideología y reivindicaciones

El movimiento estudiantil que se inició con la lucha de los estudiantes de Córdoba, por la reforma de la. Universidad, señala el nacimiento de la nueva generación latinoamericana. La inteligente compilación de documentos de la reforma universitaria en la América Latina realizada por Gabriel del Mazo, cumpliendo un encargo de la Federación Universitaria de Buenos Aires, ofrece una serie de testimonios fehacientes° de la unidad espiritual de este movimiento. El proceso de la agitación universitaria en la Argentina, el Uruguay, Chile, Perú, etc. acusa el mismo origen y el mismo impulso. La chispa de la agitación es casi siempre un incidente secundario; pero la fuerza que la propaga y la dirige viene de ese estado de ánimo, de esa corriente de ideas que se designa — no sin riesgo de equívoco — con el nombre de "nuevo espíritu". Por esto, el anhelo° de la reforma se presenta, con idénticos caracteres, en todas las universidades latinoamericanas. Los estudiantes de toda la América Latina, aunque movidos a la lucha por protestas peculiares de su propia vida, parecen hablar el mismo lenguaje.

De igual modo, este movimiento se presenta íntimamente conectado con la recia° marejada°° postbélica°°°. Las esperanzas mesiánicas°, los sentimientos revolucionarios, las pasiones místicas propias de la postguerra, repercutían particularmente en la juventud universitaria de Latino América. El concepto difuso y urgente de que el mundo entraba en un ciclo nuevo, despertaba en los jóvenes la ambición de cumplir una función heroica y de realizar una obra histórica. Y, como es natural, en la constatación° de todos los vicios y fallas del régimen económico social vigente, la voluntad y el anhelo de renovación encontraban poderosos estímulos. La crisis mundial invitaba a los pueblos latinoamericanos, con insólito apremio, a revisar y resolver sus problemas de organización y crecimiento. Lógicamente, la nueva generación sentía estos problemas con una intensidad y un apasionamiento que las anteriores generaciones no habían conocido. Y mientras la actitud de las pasadas generaciones, como correspondía al ritmo de su época, había sido evolucionista — a veces con un evolucionismo completamente pasivo — la actitud de la nueva generación era espontáneamente revolucionaria.

. . . .

Pero no me propongo aquí el estudio de todas las consecuen-

---

fehaciente: fidedigno

anhelo: deseo, ansia

recio: fuerte, robusto, vigoroso, duro, impetuoso
marejada: agitación de las olas del mar; exaltación, disgusto, murmuración
postbélico: posterior a la guerra (la Guerra Mundial)
mesiánico: del Mesías, redentor, esperanzado
constatación: comprobación, verificación

---

[3]JOSÉ CARLOS MARIÁTEGUI (1891–1930). Escritor y sociólogo peruano. Obras: *La escena contemporánea, Siete ensayos de interpretación de la realidad peruana.*

cias y relaciones de la Reforma Universitaria con los grandes problemas de la evolución política de la América Latina. Constatada la solidaridad del movimiento estudiantil con el movimiento histórico general de estos pueblos, tratemos de examinar y definir sus rasgos propios y específicos.

¿Cuáles son las proposiciones o postulados fundamentales de la Reforma?

El Congreso Internacional de Estudiantes de Méjico de 1921 propugnó: 1) la participación de los estudiantes en el gobierno de las universidades; 2) la implantación de la docencia libre y la asistencia libre. Los estudiantes de Chile declararon su adhesión a los siguientes principios: 1) autonomía de la Universidad, entendida como institución de los alumnos, profesores y diplomados; 2) reforma del sistema docente, mediante el establecimiento de la docencia libre y, por consiguiente, de la asistencia libre de los alumnos a las cátedras, de suerte que en caso de enseñar dos maestros una misma materia, la preferencia del alumnado consagre° libremente la excelencia del mejor; 3) revisión de los métodos y del contenido de los estudios, y 4) extensión universitaria, actuada como medio de vinculación° efectiva de la Universidad con la vida social. Los estudiantes de Cuba concretaron en 1923 sus reivindicaciones en esta fórmula: a) una verdadera democracia universitaria; b) una verdadera renovación pedagógica y científica; c) una verdadera popularización de la enseñanza. Los estudiantes de Colombia reclamaron, en su programa de 1924, la organización de la Universidad sobre bases de independencia, de participación de los estudiantes en su gobierno y de nuevos métodos de trabajo. "Que al lado de la cátedra—dice ese programa—funcione el seminario, se abran cursos especiales, se creen revistas. Que al lado del maestro titular haya profesores agregados y que la carrera del magisterio exista sobre bases que aseguren su porvenir y den acceso a cuantos sean dignos de tener una silla en la Universidad". Los estudiantes de vanguardia de la Universidad de Lima, leales a los principios proclamados en 1919 y 1923, sostuvieron en 1926 las siguientes plataformas: defensa de la autonomía de las universidades; participación de los estudiantes en la dirección y orientación de sus respectivas universidades o escuelas especiales; derecho de voto por los estudiantes en la elección de rectores de las universidades; renovación de los métodos pedagógicos; voto de honor de los estudiantes en la provisión de las cátedras; incorporación a la universidad de los valores extrauniversitarios; socialización de la cultura: universidades populares, etc. Los principios sostenidos por los estudiantes argentinos son, probablemente, más conocidos, por su extensa influencia en el movimiento estudiantil de América desde su primera enunciación en la Universidad de Córdoba. Prácticamente, además, son a grandes rasgos los mismos que proclaman los estudiantes de las demás universidades latinoamericanas.

consagrar: sancionar

vinculación: atadura, relación

enseñante: maestro, profesor

Resulta de esta rápida revisión que como postulados cardinales de la Reforma Universitaria puede considerarse: *primero* la intervención de los alumnos en el gobierno de las universidades, y *segundo*, el funcionamiento de cátedras libres, al lado de las oficiales, con idénticos derechos, a cargo de enseñantes° de acreditada capacidad en la materia.

El sentido y el origen de estas dos reivindicaciones nos ayudan a esclarecer la significación de la Reforma.

Núcleos de vocabulario

PALABRAS ANÁLOGAS O SINÓNIMAS

el, (la) estudiante   student
el alumno   student
el escolar   student
el educando   student
el discípulo   disciple, student
el, (la) aprendiz   apprentice

la escuela   school
el colegio   school, college
la academia   academy
el instituto   institute, school
el establecimiento de enseñanza
   school

el   **maestro**   teacher, master
el profesor   professor
el instructor   instructor
el catedrático   professor
el educador   educator
el pedagogo   pedagogue
el mentor   mentor, counsellor
el ayo   tutor or guardian, teacher
el preceptor   preceptor, teacher

PALABRAS AFINES

el taller: workshop
el laboratorio: laboratory
el seminario: seminary
el conservatorio: conservatory
el aula: classroom

la asignatura   subject of study
el curso   course of study
el cursillo   short course of lectures
el seminario   seminary
la clase   class
la cátedra   professorship; subject of
   study
la disciplina   discipline; a branch
   of knowledge
la materia   subject, topic
la carrera   career

la lección   lesson
el examen   examination
la conferencia   lecture; conference
el concurso   competitive contest
   between candidates for a
   professorship
la disertación   dissertation
la tesis   thesis

el aprendizaje   act of learning
la instrucción   instruction;
   knowledge; learning
el estudio   study
la práctica   practice
el entrenamiento   training
el repaso   review of a lesson

el jardín de la infancia
   kindergarten

la escuela primaria } elementary school, grammar school,
la escuela de primera enseñanza } primary school

la escuela secundaria } high school
la escuela de segunda enseñanza }

el liceo: lyceum; high school
la escuela superior: institution of
    higher learning
la escuela normal normal school
el gimnasio gymnasium; school
la universidad university
la facultad faculty; (in a
    university) branch or school

el bachiller bachelor
el licenciado licentiate
el doctor doctor
el graduado graduate
el director de escuela principal

el inspector inspector,
    superintendent
el decano dean
el rector rector, chancellor

el título title; professional degree
el diploma diploma
el certificado de estudios certificate

el profesorado faculty
el claustro de profesores faculty
el cuerpo de profesores faculty,
    body of teachers

Algunos verbos relacionados con el tema

educar   to educate
Había educado a todo un pueblo.

enseñar   to teach
El maestro **enseñó** la lección

instruir   to instruct
Lo **instruyeron** en el manejo de la máquina.

aprender   to learn
Aprendiste muy rápido.

estudiar   to study
Los alumnos **estudiaron** el problema.

examinar   to examine
El profesor **examinó** al estudiante.

examinarse   to take an examination
Me **examinaré** en julio.

repetir   to repeat
El niño **repitió** el curso.

aprobar   to approve, to pass (in an examination)
Aprobaste el examen sin dificultad.

recibirse   to graduate
Se **recibió** de médico el año pasado.

graduarse   to graduate
Me **graduaré** el próximo verano.

ilustrar   to illustrate, to explain
Illustró su exposición con fotografías.

iniciar   to initiate
Me **inició** en el aprendizaje de esa ciencia.

adoctrinar   to instruct, to indoctrinate
Lo **adoctrinaron** en las verdades de la fe.

explicar   to explain
Ese instructor sabe **explicar** un problema.

demostrar   to demonstrate
Demostró la falsedad de su juicio.

repasar   to review, to study again
Debes **repasar** tres lecciones.

aleccionar   to teach
Aleccionó a su hijo con habilidad.

adiestrar   to teach, to train
El joven fue **adiestrado** por el instructor.

entrenar   to train
El atleta **entrenó** a su discípulo.

ejercitar   to exercise, to train
Debes **ejercitar** tu juicio.

practicar   to practice
Estuvo **practicando** el ejercicio toda la mañana.

cursar   to study
Voy a **cursar** tres materias durante el verano.

dar una lección   to give (to present) a lesson
El alumno **dio una lección** muy buena.[1]

tomar una lección   to take (to receive) a lesson
El maestro nos **tomará la lección** mañana.[1]

VARIACIONES DE EXPRESIÓN
ESTILO INDIRECTO LIBRE

Si se trata de reproducir lo que dice o piensa un personaje literario (por ejemplo, las palabras o pensamientos de un personaje en una novela) a los **estilos directo e indirecto** (Ver Variaciones de expresión en la Unidad *La fotografía*) debemos agregar el llamado **estilo indirecto libre**.

El estilo indirecto libre se ubica en el medio de los otros dos estilos. Participa en parte de las características del estilo directo, y en parte de las del estilo indirecto

Supongamos que en una novela hay dos personajes: Juan, y su mujer, Luisa. Juan ha ocultado a Luisa que ha perdido una fortuna en el juego. El autor puede reproducir los pensamientos de Juan en los tres estilos:

[1]In Spanish, it is the students who "give" a lesson, and the teacher who "takes" it.

Estilo directo

Juan pensó: —No estoy procediendo bien— y se preguntó: —¿Qué hará Luisa cuando se entere de esto?

Estilo indirecto

Juan pensó que no estaba procediendo bien y se preguntó qué haría Luisa cuando se enterara de aquello.

Estilo indirecto libre

No estaba procediendo bien. ¿Qué haría Luisa cuando se enterara de aquello?

Como vemos el estilo indirecto libre:

a) Mantiene la entonación y los signos de interrogación, características éstas del estilo directo.

b) Presenta las transposiciones de verbos, pronombres y adverbios, características del estilo indirecto.

c) No aparece la raya que indica gráficamente el estilo directo, ni el habitual nexo subordinante (que) con el que se encabeza la oración en estilo indirecto.

En cuanto a la relación narrador-personaje, podemos decir que:

a) En el **estilo directo,** habla el personaje.

b) En el **estilo indirecto,** habla el narrador quien reproduce con sus palabras lo dicho por el personaje.

c) En el **estilo indirecto libre** habla el narrador, pero como robándole la palabra al personaje, sin mencionarlo. Con el estilo indirecto libre se trata de reproducir la intimidad del personaje.

Demos otro ejemplo, en los tres estilos:

Estilo directo

Susana pensó: —¡Este es un problema que no me importa resolver!

Estilo indirecto

Susana pensó que ese era un problema que no le importaba resolver.

Estilo indirecto libre

¡Ese era un problema que no le importaba resolver!

El estilo indirecto libre es un procedimiento menos conocido y estudiado que el estilo directo o indirecto, pero su importancia es muy grande dentro de las técnicas narrativas.

PRÁCTICA: Modifique en todas las formas que pueda las siguientes oraciones, ya sea cambiando el vocabulario con el uso de palabras sinónimas o análogas, o cambiando el orden de los elementos sintácticos.

1. La relación positiva entre el alumno y el maestro es la base sobre la que se apoya el éxito de todo el sistema de aprendizaje.

2. "En la Universidad reformada, el estudiante sería su centro vivificador y renovador a través de las generaciones".

TEMAS DE COMENTARIO ORAL O ESCRITO

1. ¿Cuál es su opinión acerca de la participación de los estudiantes universitarios en los acontecimientos políticos del país?

2. ¿Cuál es su opinión acerca de la participación de los estudiantes en el gobierno de la universidad?

3. ¿Cómo entiende la relación profesor-estudiante? ¿Está a favor de asignar al profesor toda la autoridad? ¿Qué opciones tiene un estudiante que enfrenta a un mal profesor?

4. ¿Qué opina de las bases o postulados de la Reforma Universitaria de 1918?

5. Comente el texto de Gabriel del Mazo.

6. Comente el texto de Alfredo Palacios.

7. Comente el texto de José Carlos Mariátegui.

Actividades optativas

1. Haga una lista de todas las organizaciones estudiantiles que existen en su Universidad (Incluya las que corresponden a los no graduados, a los graduados, y a los *alumni*). Trate de conseguir los estatutos o reglas que ordenan el funcionamiento de estas asociaciones. Dé su opinión acerca de la validez, utilidad, y actividades de las mismas.

2. Organice un debate en la clase de español acerca del tema: ¿Los estudiantes deben participar en el gobierno de la Universidad? Designen un juez, un abogado defensor, un fiscal, varios testigos que sostengan opiniones opuestas, y un jurado.

3. Haga una encuesta entre gente de distinta edad, ocupación, y nivel social acerca de la pregunta: ¿Cuál es su opinión acerca de la inquietud estudiantil en las universidades norteamericanas en la década del 60? Saque conclusiones de las respuestas recibidas.

BIBLIOGRAFÍA

Ciria, Alberto y Horacio Sanguinetti. *Los reformistas.* Buenos Aires: Editorial Jorge Álvarez S.A., 1968.

Mariátegui, José Carlos. *Siete ensayos de interpretación de la realidad peruana.* Santiago de Chile: Editorial Universitaria S.A., 1955.

Mazo, Gabriel del. *Estudiantes y gobierno universitario.* Buenos Aires: El Ateneo, 1955.

Mazo, Gabriel del. *La Reforma Universitaria y la Universidad Latinoamericana.* Buenos Aires: Compañía Editora y Distribuidora del Plata S.R.L., 1957.

EPÍLOGO EVALUADOR

Este libro se destina a estudiantes de español que ya posean los conocimientos elementales acerca de esta lengua, y que quieran aumentar sus posibilidades de expresión ya sea en el idioma oral o escrito. En el nivel universitario podrá ser utilizado en los cursos intermedios y avanzados de conversación y/o composición.

El texto ha sido organizado sobre la base de dos propósitos fundamentales. En primer término conseguir atraer el interés de los alumnos con lo que denominamos una motivación imperativa. Si bien éste es un precepto básico en todo libro de texto, se hace mucho más necesario cuando el alumno debe expresarse en una lengua extranjera, circunstancia que naturalmente lo limita. De manera que de lo que se trata es de interesar al estudiante al extremo de hacerle desear expresarse, aun cuando deba hacerlo en una lengua que no domina completamente.

El segundo propósito consiste en ofrecer un libro de estructura abierta en el sentido de que el instructor y los alumnos tengan la posibilidad de seleccionar las unidades que más les interesen, usarlas en el orden que prefieran, e inclusive dentro de cada unidad elegir los materiales o temas que deseen discutir. La estructura abierta sirve así para afirmar aún más la motivación en el estudiante.

Para cumplir lo antedicho se ha dividido el libro en unidades temáticas que versan sobre temas heterogéneos de índole literaria, filosófica, social artística, técnica o práctica. Cada unidad gira alrededor de un tema central que se elabora sobre la base de textos escogidos. Estas lecturas se completan o ilustran con fotografías, reproducciones de pinturas, diagramas, etc.

El esquema básico de los contenidos de una unidad es el siguiente:

1. Breve introducción al tema. Cuando es necesario, párrafos que relacionan el material gráfico y el de lectura.
2. Transcripción de dos o más textos. (En su gran mayoría los mismos están escritos originalmente en español, y pertenecen a autores importantes en la literatura española o hispanoamericana, pero en ciertos casos, por conveniencia o exigencias del tema, se han usado fragmentos traducidos al español de otras lenguas. Tal el caso de las *Confesiones* de San Agustín, escritas originalmente en Latín, o de *La risa* de Bergson, escrita en francés). Los textos se acompañan con notas marginales las que ofrecen sinónimos o explicaciones breves de las palabras que pueden presentar mayores dificultades de interpretación, o que son menos comunes.

3. Una o dos páginas de materiales visuales o gráficos.
4. Notas al pie de página para aclarar aspectos histórico-artístico-literarios.
5. Núcleos de vocabulario, los que incluyen listas de palabras utilizadas en los textos o básicamente relacionadas con éstos, agrupadas por su calidad de sinónimas o afines, y una lista de verbos, con ejemplos de su uso. (Consideramos que estas listas y ejercicios resultan útiles y efectivos para enriquecer el vocabulario de los alumnos). El otro medio para lograr este fin es aconsejar al alumno el uso constante de un buen diccionario bilingüe, y un buen diccionario español. En relación con este aspecto debe notarse que no damos un vocabulario final en este libro. La razón es que sólo consideramos justificado el vocabulario con una sola acepción que traduce específicamente la palabra en consideración del texto que se está leyendo, en aquellos cursos elementales en los que el estudiante tiene grandes dificultades para comprender la lengua, y cuando tal vez es un esfuerzo desmesurado leer varias acepciones para seleccionar la acertada para el texto que se utiliza. Pero en cursos intermedios y superiores, el uso del diccionario es uno de los ejercicios más positivos para incrementar el número de palabras conocidas, las posibilidades de su uso, y para practicar la facultad de discernir. El dar un vocabulario con acepciones únicas es limitativo y contraproducente para el alumno de este nivel.
6. Variaciones de expresión, con las diversas posibilidades que existen en la lengua para expresar un mismo concepto o idea; esquemas sintácticos; modelos de redacción (descripción, narración, retrato, diálogo), etc.
7. Temas de comentario oral o escrito. Más de cinco temas que traten o se relacionen con la idea central de la unidad desde distintos puntos de vista. (Como aclaramos en la Nota en la Unidad I. "Las meninas": "Como verá, algunos de los temas de discusión que proponemos versan no sólo sobre literatura sino también sobre pintura, historia, sociología. En otras unidades podrán aparecer temas técnicos, artísticos, metafísicos, etc. Sabemos que no somos especialistas en estas disciplinas, por lo tanto no se pretende una opinión crítica o erudita. Sólo sus comentarios acerca del tema *Las meninas.* Éste es el único requisito. Usted puede elegir algunos de los temas que siguen, ampliarlos, limitarlos, o desecharlos y encontrar otros.")

8. Breve bibliografía, en aquellas unidades que lo requieran.
9. Actividades optativas, que presentan una lista de actividades relacionadas con el tema central de la unidad, y que pueden ser ejercitadas de una manera libre y voluntaria por parte del alumno.

Además de estas unidades temáticas, el libro contiene unidades de gramática que versan especialmente sobre aspectos de la gramática que, en general, se estudian superficialmente o que sólo aparecen en forma de apéndices en los textos elementales. Este es el caso de la "Acentuación," "Separación en sílabas", "Signos de puntuación", "Formación de palabras", "Oraciones impersonales", etc. Estas secciones de gramática están en inglés porque lo más importante aquí es que el estudiante comprenda rápidamente, y que adquiera una idea clara de las reglas y normas gramaticales, lo que resulta mucho más sencillo si se le dan las explicaciones en su lengua materna.

El libro ofrece <u>quince unidades básicas</u>, o sea el promedio aproximado de un semestre de clases. Como indicamos anteriormente el libro es de estructura abierta, es decir que las unidades son independientes entre sí de manera que el instructor puede elegir el orden que prefiera, o puede asignar a algunas más tiempo, y suprimir otras. Dado que inicia el libro, y que además está en muchas formas relacionada con otras unidades, aconsejamos no suprimir la primera, "Las meninas". Pero si el instructor lo considera más oportuno, puede comenzar el curso con la segunda, "Instrucciones", o con cualquier otra unidad, y luego tratar "Las meninas". Fuera de ésta no hay otra exigencia de correlación. En cuanto a las unidades gramaticales, pueden tratarse intercaladas con las temáticas, utilizarse como material de consulta, o en la forma que se considere más apropiada.

Proponemos aquí este Prefacio, ahora en español, como Epílogo evaluador, es decir que el Instructor y los alumnos pueden discutir y analizar cada uno de los aspectos señalados en el mismo en relación con los resultados generales del curso, y en especial con la utilidad del libro.

Si se desea, puede responderse al siguiente cuestionario:

1. ¿Le resultó interesante este curso? ¿Cree que con él ha mejorado su conocimiento del español?
2. ¿Además de lo relacionado con el aprendizaje de la lengua castellana en sí, piensa que el contenido de las lecturas, y las discusiones en clase sirvieron para acrecentar su cultura general?
3. ¿Cree que en usted se cumplió lo que llamamos una *motivación imperativa,* o sea que los temas de discusión y comentario le interesaron al extremo de hacerle desear expresarse, aun cuando debía hacerlo en una lengua que no es la materna?
4. ¿Qué opina de la *estructura abierta* del libro en cuanto a permitir la utilización libre de los materiales?
5. ¿De todas las unidades temáticas tratadas, cuál le interesó más, y por qué? ¿Cuál le gustó menos, y por qué?
6. ¿Los materiales de lectura le resultaron difíciles? ¿Piensa que se le ofreció suficiente material, o cree necesario agregar otros textos?
7. ¿El vocabulario utilizado le resultó difícil? ¿Le costó mucho trabajo leer los textos?
8. ¿Le resultaron útiles los núleos de vocabulario?
9. ¿Qué piensa de la idea de agrupar varias lecturas que traten el mismo tema (por ejemplo en la Unidad I, el texto de Ortega, y el poema de Aleixandre)?
10. ¿Qué piensa de los ejercicios de Variaciones de expresión (Tomar una oración y cambiar sus estructuras sintácticas o el vocabulario)? ¿Cree que con esos ejercicios aumentó su habilidad para usar el español?
11. ¿Qué opina de los temas propuestos para conversación o composición? ¿Le costó trabajo "encontrar" un tema para escribir o discutir? ¿Preferiría que se le diera un solo tema?

12. ¿Qué piensa de las páginas de gramática (Acentuación, Separación en sílabas, Formación de palabras, Signos de puntuación, etc.)? ¿Cree que los temas están bien explicados, y le solucionaron algunas dudas o aspectos del español que usted no había estudiado antes con detalle?

13. ¿Tiene algunas ideas o sugerencias acerca de métodos de aprendizaje, uso de los materiales, organización de los mismos, etc., que supone positivas para un mejor aprovechamiento del curso?

APENDICE

NOMENCLATURAS Y CONCEPTOS GRAMATICALES BÁSICOS USADOS EN ESTE LIBRO

Un problema inmediato y fundamental que se presenta al considerar temas gramaticales es el de las definiciones y nomenclaturas. Las mismas dependen del criterio (sintáctico, morfológico, semántico, psicológico, etc.) que se adopte.

Si se revisan distintos tratados de gramática española, se observarán a veces grandes diferencias acerca de conceptos básicos como por ejemplo la definición de oración, pronombre, objeto directo, denominación de tiempos verbales, etc.

No creemos que sea oportuno o práctico para un estudiante de español como lengua extranjera en este nivel intermedio complicarse con las discusiones teóricas especializadas.

Por lo tanto, en las páginas siguientes sólo nos limitaremos a precisar a través de aclaraciones sintéticas o cuadros explicativos algunos de los términos o conceptos gramaticales usados en este libro.

Sustantivo

Usamos indistintamente la denominación de sustantivo, substantivo, o nombre.

Grupo sintáctico nominal

Llamamos así a las construcciones cuyo centro es un sustantivo. Las mismas pueden estar formadas por:

a. Sustantivos unidos por conjunciones. Por ejemplo:

<u>Violetas</u>   y   <u>margaritas</u>
  sust.   conj.   sust.

<u>Flores</u>   y   <u>árboles</u>   y   <u>frutas</u>
  sust.   conj.   sust.   conj.   sust.

b. Sustantivo acompañado por otro sustantivo en aposición o complemento explicativo. Por ejemplo:

<u>Washington</u>, <u>capital</u> de Estados Unidos
  sust.   sust. en aposición

<u>Carlos V</u>, el <u>Emperador</u>
  sust.   sust. en aposición

c. Sustantivos con artículo y adjetivo. Por ejemplo:

la blanca mano
art.   adj.   sust.

el vacuo espejo
art.   adj.   sust.

d. Sustantivo con preposición y otro sustantivo. Por ejemplo:

parte de la colección
sust.   prep.   sust.

anillo de oro
sust.   prep.   sust.

Verbo

Los accidentes verbales son las variaciones que el verbo sufre en su forma a través de su conjugación. Los accidentes verbales son:

Voces: Activa y Pasiva
Modos: Indicativo, Potencial, Subjuntivo, Imperativo
Tiempos: Presente, Pasados, Futuros
Personas: Primera, Segunda, Tercera
Número: Singular, Plural

Por su forma, el verbo se descompone en dos partes: **radical, y desinencia o terminación.** De acuerdo con su terminación, los verbos españoles se agrupan en tres clases:

Primera conjugación: terminados en **ar.** Verbo tipo: **amar**
Segunda conjugación: terminados en **er.** Verbo tipo: **temer**
Tercera conjugación: terminados en **ir.** Verbo tipo: **partir**
Las formas que se conjugan con el auxiliar **haber** se llaman formas **compuestas.**

La conjugación completa de un verbo castellano ofrece 17 tiempos: 8 en el Modo Indicativo, 2 en el Potencial, 6 en el Subjuntivo, y 1 en el Imperativo.

Daremos a continuación la conjugación completa del verbo CANTAR, de la primera conjugación.

cantar

MODO INDICATIVO

Presente *(Present)*	**Pretérito Perfecto** *(Present Perfect)*
canto	he cantado
cantas	has cantado
canta	ha cantado
cantamos	hemos cantado
cantáis	habéis cantado
cantan	han cantado

Pretérito Imperfecto *(Imperfect)*

cantaba
cantabas
cantaba
cantábamos
cantábais
cantaban

Pretérito Pluscuamperfecto *(Pluperfect)*

había cantado
habías cantado
había cantado
habíamos cantado
habíais cantado
habían cantado

Pretérito Indefinido *(Preterite)*

canté
cantaste
cantó
cantamos
cantasteis
cantaron

Pretérito Anterior *(Preterite Perfect)*

hube cantado
hubiste cantado
hubo cantado
hubimos cantado
hubisteis cantado
hubieron cantado

Futuro Imperfecto *(Future)*

cantaré
cantarás
cantará
cantaremos
cantaréis
cantarán

Futuro Perfecto *(Future Perfect)*

habré cantado
habrás cantado
habrá cantado
habremos cantado
habréis cantado
habrán cantado

MODO POTENCIAL *(Conditional)*

Simple o Imperfecto *(Imperfect)*

cantaría
cantarías
cantaría
cantaríamos
cantaríais
cantarían

Compuesto o Perfecto *(Perfect)*

habría cantado
habrías cantado
habría cantado
habríamos cantado
habríais cantado
habrían cantado

MODO SUBJUNTIVO

Presente (Present)

cante
cantes
cante
cantemos
cantéis
canten

Pretérito Perfecto *(Present Perfect)*

haya cantado
hayas cantado
haya cantado
hayamos cantado
hayáis cantado
hayan cantado

Pretérito Imperfecto *(Imperfect)*
cantara o cantase
cantaras o cantases
cantara o cantase
cantáramos o cantásemos
cantarais o cantaseis
cantaran o cantasen

Pretérito Pluscuamperfecto *(Pluperfect)*
hubiera o hubiese cantado
hubieras o hubieses cantado
hubiera o hubiese cantado
hubiéramos o hubiésemos cantado
hubierais o hubieseis cantado
hubieran o hubiesen cantado

Futuro Imperfecto *(Future)*
cantare
cantares
cantare
cantáremos
cantareis
cantaren

Futuro Perfecto *(Future Perfect)*
hubiere cantado
hubieres cantado
hubiere cantado
hubiéremos cantado
hubiereis cantado
hubieren cantado

MODO IMPERATIVO
canta
cante
cantemos
cantad
canten

FORMAS NO PERSONALES O VERBOIDES

Infinitivo simple: cantar
Infinitivo compuesto: haber cantado
Gerundio simple: cantando
Gerundio compuesto: habiendo cantado
Participio: cantado

Voz pasiva

Tomemos una oración en **Voz activa** y hagamos los cambios para ponerla en **Voz pasiva:**

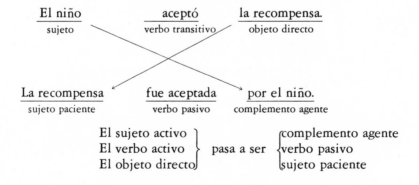

El **verbo pasivo** se forma en español con el verbo **ser** o **estar** (en el mismo tiempo del verbo activo), más el participio (concordando en género y número con el sujeto).

La Voz Pasiva admite dos tipos de construcciones:

1. Construcciones con verbo en Voz Pasiva

   Son aquéllas en las que aparece el verbo **ser** o **estar** más un participio. Por ejemplo:

   > El jefe **era amado** por sus soldados.
   > El cuarto **estaba decorado** por el artista.
   > Buenos Aires **fue fundada** por Pedro de Mendoza.
   > El primer paso **estaba dado.**

2. Construcciones con **se** (signo de Pasiva)

   Es la construcción más frecuente, y tiende a reemplazar a la anterior. Por ejemplo:

   > Se escuchan los cantos. (Se prefiere a "Los cantos son escuchados".)
   > Las puertas se abren al mediodía. (Las puertas son abiertas al mediodía.)
   > Se escribe el apellido. (El apellido es escrito.)
   > Se pelan las patatas. (Las patatas son peladas.)

Oración simple

En la estructura de una oración simple pueden distinguirse el Sujeto y el Predicado; y dentro del Predicado el Núcleo verbal, el Objeto directo, el Objeto indirecto, y los Complementos circunstanciales. Por ejemplo:

El pintor	regaló	la obra	al rey	durante la entrevista	en el Palacio.
	verbo	O.D.	O.I.	C. circuns. de tiempo	C. circuns. de lugar

SUJETO — PREDICADO

Los Complementos circunstanciales pueden ser:

El pintor regaló la obra

durante la entrevista	**de tiempo**
en el Palacio	**de lugar**
generosamente	**de modo**
para conseguir favores	**de fin**
por su admiración al monarca	**de causa**

y también: **de tema o argumento**
            de cantidad
            de medio o instrumento
            de compañía

Oración compuesta

La oración compuesta está formada por dos o más grupos sintácticos oracionales.
Estos grupos pueden estar **coordinados, yuxtapuestos, o subordinados.**
Ejemplos de oraciones compuestas formadas por oraciones **coordinadas:**

[Compró un álbum nuevo de tapas fuertes] y [se fue al parque.]
[Serán ceniza,] mas [tendrá sentido.]

Ejemplos de oraciones compuestas formadas por oraciones **yuxtapuestas:**

[Me aproximé;] [lo observé por largo rato.]
[Anochecía;] [el paisaje se tornaba borroso;] [todo era silencio.]

Ejemplos de oraciones compuestas formadas con oraciones **subordinadas:**

[Alguna vez pensó ‖que en los libros hallaría remedio para su mal.‖]
    subordinada sustantiva

[los autógrafos ‖que más le gustaban‖ eran los de los aviadores.]
    subordinada adjetiva

[‖Cuando me anunciaron su visita‖ sonreí enigmáticamente.]
    subordinada adverbial